未来企業

レジリエンスの経営とリーダーシップ

THE KEY
How Corporations Succeed by Solving the World's Toughest Problems

Lynda Gratton
リンダ・グラットン
著
吉田晋治
訳

プレジデント社

The Key

by Lynda Gratton

この旅路を導灯として照らしてくれたチャールズ・ハンディに本書を捧げる。

Message

日本の読者のみなさんへ

リンダ・グラットン

私は過去五年間にわたり、「働き方の未来コンソーシアム」において、世界に今後大きな影響を及ぼす要因についての研究をおこなってきました。これらの要因が一人ひとりの将来にとってどんな意味があるのかについては、日本でも多くの方に読んでいただいた『ワーク・シフト』に書いたとおりです。人々がより密につながり合い、より激しい競争にさらされ、そしてより脆弱な世界に生きている時代、どんなふうに働き、どんなふうに生きていくのか。このことを考えるために、日本のみなさんが、『ワーク・シフト』を職場や家庭内での会話のなかで、あるいは大学のゼミや読書会で何度もとりあげてくださったことは、私にとって何よりも嬉しいことでした。

本書『未来企業』は、いわば、『ワーク・シフト』の企業バージョンです。この本で私は未来の世界を形づくる要因が、企業とそこで働く人々にどんな影響を及ぼすのかについて書きました。企業は今後、どのような活動にどのような方法をもって取り組むべきか。どんな企業文化がもっとも望ましいのか。未来企業を導いていくリーダーの条件とは何か——これらの問いについての私なりの答えがここにあります。その中核にあるのは、不確実性の増す世界においてもっとも重要な能力は「レジリエンス」である、という考え方です。

レジリエンスという言葉のおおもとの意味は、「負荷がかかって変形したものが、元の形状に戻る力」です。これが転じて、ストレスからの回復力、困難な状況への適応力、災害時の復元力、といった意味合いでも使われるようになりました。

本書では、世界のレジリエンス、企業のレジリエンス、個人のレジリエンス、というようなかたちでこの言葉をつかっています。メインテーマである企業のレジリエンスについては、「三つの領域」で考えています。企業の中核となる一つめの領域が、従業員が知性と知恵を増幅し、精神的活力を高め、互いの結びつきを深めることができるような職場環境です。企業のレジリエンスは、社外でも試されます。地域のことを考え、サプライチェーンの末端まで配慮した活動が二つめの領域におけるレジリエンスを形成します。もっとも外側にある三つ目の領域におけるレジリエンスは、企業がその資源や能力を活用して若者の失業問題や、気候変動といったグローバルな課題に取り組むことによって実現されます。

本書『未来企業』では、未来を見据えて、この三領域のそれぞれにおいてレジリエンスを強める取り組みをおこなっている企業の事例を、日本を含め、世界中から集めて紹介しています。

『ワーク・シフト』が日本の読者のみなさんに熱狂的に受け入れられたことは存外の喜びでした。本書『未来企業』からも、それに負けないくらいの驚きや刺激を受け取っていただけることを願ってやみません。本書を通じて、日本のみなさんとともに、未来の働き方、未来の企業の在り方についての議論をさらに深めていくことができるよう願っています。

目次

Preface　A Love Letter to Corporations

はじめに　企業へのラブレター

私たちはいま、世界じゅうで深刻な問題に直面している。多くの家庭が若年層の失業に苦しみ、先進国は恥ずべき収入格差や貧困を抱え、重大な気候変動の兆候は疑う余地がない。ベビーブーム世代は次世代に何が残せるかを問われており、若者たちは自分たちが受け継ぐべき世界に不安を抱いている。さらにこれらの問題は、一つの国や地域にとどまるものではないために、誰も責任を持って取り組まないという事態も起こりうる。しかし、いま手を打たなければ、私たちの子どもや後に続く世代の生活を台無しにしかねない。

私たちはこれらの拡大しつつある問題にいかに取り組むべきか。過去数十年間は、各国政府や、世界銀行などの国際機関が問題解決の主体だったが、ここ数年の間に、こうした問題に取り組むための影響力や能力を高め、存在感を増しつつあるのがグローバル企業である。

グローバル企業やその経営陣に対する風当たりが、かつてないほど強くなっていることは言うまでもない。特にリーマンショック以降、企業の不祥事が新聞の紙面をおおいに賑わし、資本主義や企業に対する信頼は失墜した。二〇一一年、ニューヨークで、格差拡大や失業率増大の引き金となった金融業界に不満を持つ若者が中心となって展開したウォール・ストリート占拠運動は、その象徴的な出来事だった。私のMBAクラスでも、受講生たちは「企業の経営陣は企業イメージを良くするために、いかにも環境に対して配慮しているように装いながら、実際は株主のニーズを最優先している」といった発言を憚らない。ある企業での従業員意識調査からは、非人間的でストレスのたまる仕事を押しつけ、人間の潜在能力を台無しにしている「ブラック企業」の実態も明らかになった。また、メディアは資源を悪用して環境を汚し、二酸化炭素を大量に排出して気候に悪影響を及ぼす元凶としての企業の姿を報じている。こうした状況を見るにつけ、「企業経営者はモラルの指針を失った」と批判する識者がいる理由も十分に理解できる。[1]

金融危機、原油流出、経営陣への過剰な報酬、敵対的買収といったマイナスの側面が相次いで明るみにでたことにより、「企業は悪」というイメージが強まったのは疑いようがない。私たちは、企業を強欲で邪悪、貪欲で利己的なものと考えている。企業をテーマにした書籍や映画――『ウォール・ストリート』『シリアナ』『マイレージ、マイライフ』『市民ケーン』など――に描かれた内容を思い起こすと、こうした思いはさらに強くなり、企業はそもそも良くないもので、一般市民をひどい目に遭わせるために存在しているとさえ思えてくる。

私たちは労働者として、消費者として、投資家として、企業に対する感情や期待をかつてないほど大きな声で主張するようになっている。その結果、おそらく一般市民の意見や追及に対する企業の説明責任は過去に例を見ないほど重大になった。好むと好まざるとにかかわらず、経営者は従業員、消費者、投資家に対する配慮や責任をこれまで以上に求められている。

しかし「企業は悪」という考えは、言うまでもなくその本質を見誤ったものだ。私たちが働き、その商品を購入し、投資している企業とは、本来は人間の集まりであり、チームであり、コミュニティである。当然、過ちを犯すこともある。しかし一人ひとりが成長して組織としての能力を高めれば、野心的な目標を設定し、行動力、決断力を発揮することができる。

私たちの世界は、昔は想像もできなかったテクノロジーやグローバル化によって様変わりした。これから先、さらに速いスピードで世界はまたしても様変わりするだろう。この急激な進化により、私たちはまったく新しい問題に直面し、イノベーションをもって対応することを迫られる。

困ったことに、かつて役に立った革新的なツールが未来の問題の解決には使えなくなりつつある。つまりこういうことだ。組織や技術が最後にきわめて大きくシフトしたのは、一八五〇年頃にピークを迎えた産業革命のさなかだった。その後、働き方が大きく変化し、労働者が都市に移住して多くの職人技が失われるという深刻な問題が起こったが、人間の努力と創造性により、産業革命がもたらしたさまざまな問題は解決された。

しかし、今回は事情が違う。この新たな産業革命がもたらす問題は大規模でグローバルなものであり、しかも急激に進行している。その負の影響を覆すのは、かつてにくらべてはるかに難しいだろう。したがって、まったく新しいツールと革新的な方法が必要となる。人間同士のつながりと、自立共生《コンヴィヴィアリティ》を促進するための革新的なツールが急速に広まっているが、これらを企業が活かすには、人間の可能性や目的に沿って使うことをこころがけなくてはならない。それができれば組織の知性と知恵を増幅し、社員の精神的活力を高め、社会とのつながりを深めることが可能である。リーダーシップ育成の責任者は、リーダーになるとは何を意味するのかを考え直し、有能な人材をリーダーの地位につけるように努めなければならない。

この不安定な世界においては、企業の従業員や経営者がそれらに立ち向かう意思を持ち、中心的な役割を担うことがきわめて重要である。実際、企業はトラブルの種となるどころか、正しい人材が正しく舵を取れば、こうした問題に立ち向かうためのイノベーションを見出すうえで鍵となる役割を担うことができる。そしてその役割を積極的に担うべきだ。

本書の内容は大きく三つに分けられる。第1部で探るのは、働き方の変化とこうした変化が企業に与える影響である。第2部、第3部、第4部では、企業の取り組みとして、社内のレジリエンスを高めること、地域社会とのつながりやサプライチェーンを強化すること、グローバルな問題に立ち向かうことについて詳しく説明する。締めくくりの第5部では、リーダーシップを再定義し、リーダー、フォロワーを含めた私たち全員の役割について考えたい。

過去四〇年にわたるテクノロジーの進化とグローバル化によって、企業を取り巻く環境は一変した。二〇〇〇年以前に出版されたビジネス書（私自身の本も含む）を開けばすぐに気づくだろうが、取り上げられているのは、アメリカのゼネラル・エレクトリック（GE）、インテル、コカ・コーラ、ヨーロッパのBP、ユニリーバ、ノキア、日本のトヨタ自動車、富士通といった先進国の企業に関する話ばかりだ。私が一九九〇年にロンドン・ビジネススクールで教えはじめたとき、フォーチュン誌の世界企業ランキング上位五〇〇社のうち、新興国の企業は二〇社にも満たなかったと記憶している。一〇年後にはその数が九〇社を超えていた。

鉄鋼メーカー、ミタル・スチール（現アルセロール・ミタル）の歴史はこうしたグローバルな競争力の変化をよく表している。一九九〇年の時点では、同社はインドの無名な鉄鋼メーカーに過ぎなかった。一九九三年の秋季学期、私は同僚のスマントラ・ゴシャール教授と共に、創業者のラクシュミー・ミタルにロンドン・ビジネススクールのMBAクラスで講義をしてほしいと依頼した。ミタルは妻のウシャと娘のヴァニシャを連れて登場し、自身のビジネス哲学と目標について語ってくれた。学生たちはみなおとなしく話を聞いていたものの、インドからやってきた田舎の鉄鋼メーカーの社長に興奮するようなことはなかった。おそらくGEのジャック・ウェルチ、あるいはエンロンのジェフリー・スキリングの話だったらもっと興味をもって聞いたはずだ。だがそれからわずか七年後、アルセロール・ミタルは世界最大の鉄鋼メーカーへと成長し、ラクシュミー・ミタルはMBAクラスの誰もが間違いなく夢中になって話を聞きたがる存在になった。

テクノロジーは世界じゅうの企業同士をつないでいるだけでなく、企業と巨大な市場や数十億人という人々をもつないでいる。一部の企業はこうした巨大市場とつながることで大きく成長した。付加価値（賃金、経常利益、有形固定資産の償却額、無形固定資産の償却額の合計）を尺度とした場合、世界最大の経済組織のうち二九は国家ではなく企業である。[2] 二〇〇〇年の時点で、当時世界最大の企業だったエクソンモービルの付加価値は、世界二二〇カ国のうち一八〇カ国の国内総生産（GDP）を上回っていた。同社が事業展開していたほとんどの国の経済規模をはるかに上回っていたことは間違いない。同じく二〇〇〇年の時点で、ウォルマートの従業員数は世界一の一三〇万人だった。二〇一二年には二〇〇万人に迫り、サプライチェーンも含めれば数千万人に達するだろう。このままいけばこれらの巨大企業は成長し続けると予想される。世界最大規模の企業五〇社が所有する固定資産の価値は、一九八三年から二〇〇一年までの間に約七倍に膨れ上がった。

こうした巨大企業は私たちの生活全般に影響を与える。企業で働いている人もいればサプライチェーンで働いている人もいる。こうした企業の商品を購入したりサービスを利用したりすることもある。株式を購入して直接投資している人もいれば、年金や預金というかたちで間接的に投資している人もいるはずだ。良くも悪くも、企業は私たちの生活と密接に関わるようになっており、それは避けようがない。では、こうした巨大企業は新たに獲得したグローバルな競争力と影響力を生かして何をしているのだろうか。

このかつてないほど強力になった企業が地域社会に多少は良い影響をもたらしてきたのは確かだ。雇用を創出し、クレジットや市場を身近なものにして、新たなテクノロジーを取り入れ、商品やサービスの価格を下げ、（場合によっては）納税や雇用を通じて地元経済を豊かにした。[3]

企業が社会に良い影響をもたらすのはいまにはじまったことではない。ヨークのテリーズとロントリー、バーミンガムのキャドバリーなど、クエーカーと呼ばれる宗教団体の理念に基づいて社会活動をおこなうイギリスのチョコレートメーカーを例に挙げよう。これらはクエーカーに属する一家がその理念に基づいて創業した企業である。[4] これらの会社の従業員は、病気になると快復するまで仕事を休むことを許され、本が読みたければ工場の敷地内に建てられた図書館に足を運べばよかった。図書館だけでなく、従業員向けの学校や病院も建てられた。そもそもクエーカー教徒は飲酒(産業革命で生活が大きく変わり、飲酒の習慣が広まっていた)を慎むべきとされていたことが、このチョコレート工場の設立の背景にあった。創業者は、おいしいチョコレートドリンクを製造すれば、労働者が当時人気のあったジンに手を出さずに済むかもしれないという思いでこの工場をつくったのである。

とはいえ、仮に時計の針を巻き戻すことが可能だとしても、キャドバリーやロントリーを創業したクエーカーの一家の価値観や温情主義に戻ろうと主張するつもりはない。私が言いたいのは、いまや巨大な力と機能を手に入れた企業は、その力を従業員や地域社会のために積極的に使うべきだということである。企業はこれ以上ないほど複雑な協力体制を体現しており、人々に自立共生の場を提供し、そのサプライチェーンによって多くの人の生活に影響を及ぼしている。

明るい未来のためには、企業経営者が自社の活動内容やその目的を公開し、世界の一員であることを自覚したうえで、企業に課せられた役割とは何かという厄介な問いにいまいちど立ち返る必要がある。

そのために考えるべき困難な課題もある。ストレスや緊張が高まるこの世界で、従業員のレジリエンスを高め、意欲をかきたてるために何ができるか。PR活動以外の手段で地域社会との関わりを深めるにはどうすればいいか。経営陣は自社の戦略のなかでどのような選択を迫られるか。従業員は自分たちの働き方について何を期待してしかるべきか。サプライチェーンや協力会社の従業員は何を求めているのか、あるいは求めるべきなのか。

私が企業と初めて接点を持ったのは、ヨークにあるテリーズでチョコレートの箱詰めのアルバイトをしたときのことだ。もう四〇年以上も前のことだが、当時の興奮や企業に対する関心はいまも薄れていない。ある意味で、本書は企業へのラブレターである。とはいっても、青春時代に同級生の男の子に書いたような感傷的なラブレターではない。労働者として、消費者として、投資家として、私たちが企業に期待していること、その期待に応えるために、企業にかかわるすべての人たちが協力する方法を書いたラブレターである。市場経済を活性化させながら良い社会を築いていくにはどうすればいいかを考えるための本なのだ。

企業で働く人は、よき社員、よき市民、よき家庭人として見られることを望んでいる。働きがいが感じられる仕事をし、誇りを持って地域の人と接し、家族が直面している問題にもきちんと向き合いたいと思っている。子どもに自慢できるような職場で、胸を張って「やり抜いた」と言えるような仕事をしたいと望んでいる。

本書を読み進めればわかるはずだが、経営者や従業員が素晴らしい活動をおこなっている企業は世界じゅうにある。だが一方で、使命を十分に果たしていない企業も世界じゅうにある。

私たちが個人としてできること、企業に求めていくべきことはいくらでもあるはずだ。搾取の構造は改めることが可能である。人々がいつでもどこでもつながっているこの世界では、膨大な情報がグローバルに共有され、イノベーションがグローバルにおこなわれる。そのことを通じてこれまでの行動を改める余地がある。また、限りある資源を管理しながら大切に使うことを当たり前のこととして浸透させることもできる。働く人は、やりがいや成長を実感できる職場、気力・体力の回復、有意義な企業理念を通じて人間らしさを取り戻すことも可能なのだ。

企業の経営陣には、自分たちが相互に依存した世界の一員であることを自覚してもらいたい。自社がいつどこでどんな活動をおこなったとしても、それは世界じゅうに影響を及ぼす。資源をめぐって争うのではなく、連携し、協力することによって成功に近づくことができる。

現代の企業には実に多くが求められている。その期待に応えるべく企業を機能させるには、私たち一人ひとりの果たすべき役割がある。私は自分の研究の成果を通じて問題提起をする。企業で働いているあなたは、実際に行動を起こせる立場にある。企業がつくり出した商品を購入しているあなたは、消費行動や社会への発言を通して、企業が世界をより良くするための力になれることを証明できる立場にあるのだ。

PART I

Building Resilience in a Fragile World

第1部

変化を糧に
成長する企業とは

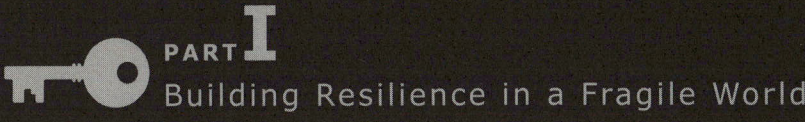

今後数十年のうちに、新たに誕生する数々のテクノロジーが、かつてないほど広い地域の人間同士をつなぎ、人と仕事との関わり方を変えることで、世界は一変するだろう。こうしたテクノロジーの発展によって各地域の結びつきが強まり続けるのと同時に、グローバル化によって商品、サービス、さらには仕事が遠く離れた地域にまで送り届けられる。だが世界を変えていく要因は、テクノロジーとグローバル化だけではない。

私たち一人ひとりは、人口構成や時代の価値観、社会通念の影響も受けている。高齢化で若年層が減ったために、地球上の数十億人の生涯労働時間が延びている一方で、中国の多くの地域では各家庭の子どもの数を一人か二人に制限する政策がとられている。また、中東諸国やナイジェリアなどでは青少年が人口に占める割合が高くなっている。

過去一〇年間で、社会は大きく変化してきわめて不安定になった。第1章で述べるように、昔に戻ることはもちろんできない。エネルギー、経済、地政学の分野で起こっているこのような変化は不安定で、たゆまぬ適応努力と長期的視野をもって対応する必要がある。

未来をより深く理解するために、私は世界じゅうの企業の経営陣と協力して二〇〇八年に「働き方の未来コンソーシアム」を立ち上げた。自社の将来性を高め、不安定な世界のレジリエンスを高めるために企業がどのような戦略を立てているのかを知るためだ。コンソーシアムの活動を通じて、短期主義で目先の利益を追求している企業もある一方で、世界を見据えたリーダーが、未来に備えて社内のレジリエンスを積極的に高めている企業もあることがわかった。

個人、リーダー、そして企業のあり方や選択は、偶然の産物ではない。何も考えずに生きていては、望むような未来は手に入らない。第2章で述べるように、社内のレジリエンスを高め、従業員や投資家、影響を受ける地域社会にとってより良い未来を築くにはどうすればよいか、十分考えてこそあるべき未来が実現できるのだ。

Chapter 1 Trends Shaping Corporations and Work

第1章 変わり続ける企業と仕事

世界はすでに大きく変わりつつあり、今後数十年の間にこうした変化はさらに加速して複雑になっていくだろう。とはいえ、企業の経営陣がこれらの変化に備えるための手掛かりがゼロというわけではない。確かに不透明ではあるが、未来への道筋を示す兆候は十分にあるからだ。これから数十年の間に企業と仕事のあり方に大きな影響を与えると思われる七つのトレンドを紹介しよう。それぞれについて考えるべき課題を二つずつ挙げた。

1 商品と労働のグローバル市場のバランス変化
2 人間と仕事が高度につながった社会
3 有能な人材の偏在
4 労働の空洞化
5 スキルギャップの拡大
6 貧困と格差

7　超異常気象

グローバル市場のリバランシング

各企業のレジリエンスは、世界のバランスが大きく変わるたびに試される。レノボを例に挙げると、一九九〇年には独自製品の開発に着手したばかりだったこの中国のテクノロジー企業は、二〇〇五年にはＩＢＭのパーソナルコンピュータ部門を一七億五〇〇〇万ドルで買収し、世界第三位のＰＣメーカーに成長していた。また、一九九〇年には地方の一醸造所に過ぎなかった南アフリカ醸造社（ＳＡＢ）は、二〇一〇年には世界最大のビールメーカーの一つにまで成長していた。

このグローバルなリバランシングは、労働人口が集中する場所が変わったことによるものでもある。実際、先進国の労働人口は二〇一〇年から二〇三〇年までに八億三五〇〇万人から七億九五〇〇万人に減少するが、新興国の労働人口は約一〇億人増えて四六億人に達すると見込まれている。[1]

こうした労働人口分布の変化に伴い、イノベーションや新しいアイデアが生まれる場所も変化している。かつてはシリコンバレーなどのイノベーションの中心地でグーグルやアップルといった企業が誕生し、ＢＭＷやシーメンスなどのドイツ企業が魅力的で高性能な工業製品を製造していた。だが一九九〇年代半ば以降、中国とインドの企業が自国内にイノベーションハブを形成し、「世界のバックオフィス（企業の事務処理部門）」や安価な製造業者といった立場から脱却した。結果として、イノベーションは世界的な現象となった。二〇一一年の時点で、フォーチュン５００企業のうち、九八社は中国に、六三社はインドに研究開発施設を持っている。

問1　リーダーとして、このグローバルなバランスの変化とそれに伴う世界観の変化を理解するために何が必要だろうか？

問2　企業のグローバル化が進み、世界じゅうに事業展開するなかで、機能、企業、国の境を越えて知識やイノベーションを生かし、共有するにはどうすればよいだろうか？

人間と仕事が高度につながった社会

安価な通信手段は驚くほどのスピードで普及している。二〇一〇年の時点で五〇億人が携帯電話を所有し、二〇二〇年にはその数が六〇億人を超えると同時に、五〇億人が約五〇〇億台の端末を使ってインターネットに接続し、安価で情報やサービスを利用するようになると予測されている。[2]

このどこからでもつながれる状況が人間や企業に好ましい影響を与えるであろうことは想像に難くない。[3] 世界じゅうの有能な人材が急拡大しているグローバルな求人市場にアクセスし、イノベーションを起こして容易に広めることができるのだ。すでにオーデスク、イーランス、グルといったプラットフォームが企業とスペシャリストの橋渡しをしていて、世界じゅうからウェブデザイナー、ソフトウェアプログラマー、外交員、翻訳者、管理者などの仕事を探すことができる。それと同時に、イノセンティブなどのプラットフォームのおかげで、厄介な問題を抱える企業が解決の糸口になる知識を持った個人やグループを探すこともできる。

問1　この新たに生まれているプラットフォームを利用して企業内外の人材との結びつきをつくることで、企業はどのように高度接続社会を活用することができるだろうか？

問2　バーチャル化が進む労働環境は人と人との社会的なつながりにどのような影響を及ぼすだろうか？　人間関係が希薄になった労働環境で信頼を築き、協働するにはどうすればよいだろうか？

有能な人材の偏在

グローバルなバランスが変化し、どこからでもつながることができる時代には、有能な人材が集まる地域が新たに生まれる可能性がある。シリコンバレーの発展は移民に支えられたところが大きく、一九八〇年から一九九九年までに誕生した新興企業の約二五％はインドまたは中国の起業家によって創業された。これらの企業は二〇〇五年までに五二〇億ドルを稼ぎ出し、四五万件近くの新規雇用を創出したと推定される。彼らのおかげで、社会学者リチャード・フロリダの言う「スパイキーな世界」になりつつある。とてつもないイノベーションを起こす才能とやる気のある人材がいくつかの地域に偏っているのだ。[4]

専門的な仕事をしているクリエイティブ・クラスが集まる地域では、こうした創造性の集積地がすでに形成されている。たとえばアメリカの場合、金融部門であればニューヨークへ、バイオテクノロジー部門であればボストンへ、メディアや戦略情報の分野であればワシントンへ、といった具合に人々が移り住む状況が変わらない限り、こうした才能の偏在はなくならない。ヨーロッパの場合、ロンドンは世界の金融および創造性の中心地、ミラノとローマはファッションや工業デザインの中心地、シュトゥットガルト、フランクフルト、マンハイムは高性能な工業製品の中心地という状況が続くだろう。新興国の場合、インドのバンガロールに強力なテクノロジーの集積地がすでに三つ誕生し、上海はアジアの金融の中心地となりつつあり、ヨハネスブルグとナイロビが商業と電気通信の分野でアフリカのリーダーになる可能性がある。

経営陣にとって、これは矛盾した現象に見えるかもしれない。技術の進化のおかげで仮想空間で働くことが当たり前になり、無人島や山の上でも仕事ができるようになる一方で、人々が都市に流れ込み、同じような才能や関心を持った人々が一部の地域に集中するという一見矛盾した現象が起こっている。

問1　企業がこの新たに出現している有能な人材の集積を最大限に生かし、世界じゅうから最良の人材を集めるにはどうすればよいだろうか?

問2　人材の流入で急成長している都市の多くは不安定で、住民への負担が大きくなっている。こうした都市のレジリエンスを高めるために、企業は何ができるだろうか?

労働の空洞化

技術革新によって数十億人がつながった世界では、自動化や定型業務の海外委託によって、中程度のスキルが要求される日常業務に対する需要が低下する。

現時点ですでに、ホワイトカラーの営業、事務、管理といった仕事、ブルーカラーの製造、加工、操業といった仕事が「空洞化」しつつある。かつて、こうした仕事は若者が経験を積むための足掛かりになることが多かった。[5] その一方で、高度なスキルが要求される仕事とあまりスキルが要求されない仕事に対する需要は高まる一方だ。前者に属する仕事としては、弁護士、エンジニア、ＩＴスペシャリストといった専門知識、専門技術、直感力、説得力、協調性が不可欠な仕事がある。これらの仕事では、テクノロジーの進化は人間の仕事を奪うのではなく、むしろ人間の能力を補い、生産性を高める役割を果たす。スキルがあまり要求されずに空洞化を免れている仕事としては、ウエイター、銀行の出納係、店員といった型通りではないサービス業がある。これらの対人業務を本質的に機械化するのは難しい。失われつつあるのは、経験を積むための足掛かりとなっていた中程度のスキルが要求される仕事である。

問1　どうすれば高度なスキルが要求される仕事をつくり出すことができるだろうか？　これまで先輩からの指導によって受け継がれてきた専門技術や直感力を、若い世代に身に付けさせるには何が必要だろうか？
問2　急速に需要が低下している、中程度のスキルが要求される仕事に就いている人々を支援するために何ができるだろうか？

スキルギャップの拡大

どの国においても、不況期に割を食うのは若者たちだ。実際、二〇一二年の時点で、スペインでは若年層の失業率が五〇％近くに達し、先進国の多くで二〇％を超えていた。これは単に景気が悪化したからではなく、求人市場の構造や働き方が大きく変わり、労働が空洞化した影響もある。とはいえ多くの地域で、求人件数は増えているのに若年層の失業率は高いという矛盾した状況が生まれている。たとえば二〇一〇年、アメリカでは求人件数が三〇〇万件あったにもかかわらず失業率は上がり続けた。研修制度が十分に整っておらず、将来どの仕事の需要が高まるのか不透明で、能力開発の機会が限られているため、スキルギャップは拡大の一途をたどっている。興味深いことに、景気対策が十分で教育機関と企業の連携が密接なシンガポールなどの国ではこうしたスキルギャップがほとんどなく、若年層の失業率が低い。

社会的流動性が明らかに失われつつある先進国では、このスキルギャップがさらに広がっており、若者が高度なスキルが要求される仕事に就くことを一層難しくしている。幅広く教育や能力開発に投資をしていない国では、こうした労働市場の二極化がさらに進むだろう。とくに、科学、テクノロジー、エンジニアリング、数学といった分野への投資を怠ると、スキルギャップは広がる一方で、長期間にわたって失業率が悪化し、低い社会的流動性を固定化させてしまう。[6]

問1　地域社会において人々が即戦力となり得るスキルを身に付けられるように、企業はどんな役割を担うことができるだろうか？

問2　若年層の失業の原因となっている複雑な社会構造を変えるために、企業、政府、教育機関はいかにして連携すればよいだろうか？

貧困と格差

中国、インド、ブラジルなどの成長を続けている新興国では、ここ三〇年で貿易や資本の入出量が大幅に増えているが、後発開発途上国の多くはそのような状況にない。かつて世界銀行のチーフエコノミストを務めていたジョセフ・スティグリッツの言葉を借りると、「二〇世紀の終わりの一〇年間に貧困の削減が何度も約束されたにもかかわらず（中略）実際は貧困にあえぐ人は毎年平均で二・五％ずつ増えた」のだ。[7]二〇一〇年に世界銀行は約二〇億人がグローバル化から完全に取り残された国で暮らしていると報告した。そのなかにはパキスタン、インドネシア、そしてアフリカや南米の大半の国々が含まれる。これらの地域では、国民所得の減少に伴って貿易が縮小し、経済成長が頭打ちになって貧困が進んでいる。アフリカ人のほとんどは四〇年前のほうが裕福だった。

こうした地域では収入格差も広がりつつある。たとえばモロッコからバングラデシュ、さらにインドネシアまでを含めたイスラム圏からフィリピンにかけての地域では、一人あたりの平均収入が全世界の平均の半分である。

第二次世界大戦の終結以降、全世界で貧困を撲滅するためにおよそ一兆ドルの助成金や貸付金が投じられてきたにもかかわらず、世界銀行の報告によると地球の全人口の半分近くがいまでも一日二ドル未満で生活し、全人口の六分の一が一日一ドル未満で生活している。[8] グローバル化の好影響がグローバルに享受されているとはいえない。コフィー・アナン前国連事務総長によると「現在われわれが直面している中心的な課題は、グローバル化の恩恵を全世界の人々に行き渡らせ、数十億の人々を貧困と疎外の状況にとどめないこと」である。[9]

貧困の問題は格差の問題でもある。アメリカを例に挙げよう。一九七六年には所得上位者の一％の家計が全所得の九％を占めていたが、二〇〇七年にはその数字が二四％に跳ね上がった。[10] これは先進国だけの現象ではない。新興国でもすでに格差が広がる兆しを見せている。インドではバンガロール、ハイデラバード、ムンバイ、ニューデリーといった地域での経済成長が著しく、国内の他の地域との差が急速に広がっていて、中国の巨大都市の多くも似たような状況になっている。インドと中国は共に経済成長が頭打ちになっていて、これまでのところ各地域の特色を生かして国家として発展するための基盤をつくるまでには至っていない。二〇一〇年、インドの国民一人あたりGDPは九七八ドルだったのに対して、ビハールをはじめとする農村部ではわずか二〇〇ドルにとどまっていた。

こうした収入格差は、地域社会やそこに暮らす人々の感情、レジリエンスに影響を与える。経済学者のリチャード・ウィルキンソンとケイト・ピケットが多くの地域に暮らす人々の幸福度を調べたところ、収入格差が大きい地域ほど幸福度が低く、社会に対する不満が大きいことがわかった。[11]経済学者のラグラム・ラジャンの考えでは、いま歯止めをかけなければこの格差はこのまま定着し、教育や医療を受ける機会にまで影響を及ぼし、さらなる格差につながりかねない。[12]その結果、世界経済の亀裂が表面化するケースが増え、社会の分裂や権力争いに拍車がかかる。

問1　地域社会や広範なサプライチェーンに携わる人々の暮らしを豊かにするために、企業はどんな役割を担えるだろうか？

問2　貧困に立ち向かうために、企業は非政府組織（NGO）とどのように連携すればよいだろうか？

超異常気象

地中海沿岸が酷暑に見舞われる。イギリスで夏に雨が続く。アメリカでハリケーンがかつてないほど猛威を振るう。インド亜大陸で干ばつが長びく。極地で氷が溶ける。すでに現実のものとなっているこうした異常気象は、何かの前触れで、人類が地球の自然環境を根本的に変えてしまう時代に突入したのかもしれない。その変化がどのようなものになるかは議論の余地があるだろう。だが科学界では、人類がこのままのペースで消費し続け、地球全体で石油、石炭、ガスに依存した状態を打破するために思い切った手を打たなければ、これから先、二酸化炭素濃度が上がって気温が〇・六度上昇した二〇世紀中の変化さえも霞んで見えるほど極端な変化が起こるだろうという共通認識が広がっている。気候変動に関する政府間パネル（ＩＰＣＣ）の最も控えめな見通しでは地球全体で平均一・八度前後気温が上昇すると予測されているが、四・〇〜五・〇度上昇するというさらに悲観的な予測もある。[13]

気温が〇・六度上昇しただけでいまの状況を招いたことを考えると、その八倍近く気温が上昇した場合の影響は計り知れない。それだけ気温が上昇すると、アマゾンの熱帯雨林の大半が干ばつと火災で失われ、あらゆる穀物の生産量が減少し、全人類の三分の二以上が水不足に見舞われ、海面が上昇して数十億人とまではいかなくとも数百万人が移住せざるを得なくなる、といった状況が予想される。これだけ大きな環境の変化は過去三〇〇〇万年の間なく、人類が適応するのはかなり困難で、しばらくは地球規模で紛争が続くだろう。[14]二〇〇六年にイギリス政府が発表して世界中から注目を集めた「スターン報告」よると、もし対策を講じなければ、やがて世界のＧＤＰの五〜二〇％が気候変動によって失われるという。一方でＩＰＣＣの二〇〇七年の報告書では、二酸化炭素濃度が凄まじく高くなり、極地の氷が溶けて干ばつが広がると予測されている。[15]

問1　企業とそのサプライチェーンの二酸化炭素排出量を大幅に削減するために、どのような組織的対策が考えられるだろうか？

問2　資源の有限性や気候変動といった複雑な問題に立ち向かうためのイノベーションを活性化するために、企業同士が連携するにはどうすればよいだろうか？

まとめ

こうしたトレンドは、知恵やアイデアを増幅し、かつてないほど前向きで好ましいかたちで人間同士をつなぐチャンスでもあるが、企業のサプライチェーン、製造ネットワーク、地域社会、会社の評判、コンプライアンス、財務にとってのリスクでもある。

Chapter 2

Spheres of Corporate Resilience

第2章

レジリエンスの三つの領域

将来にわたって成長し、世界のレジリエンスを高めるような企業を生み出すための用意は整っている。人類は努力と創造性をもってその準備してきたのだ。今後、世界じゅうの数十億という人々が、数世紀にわたって蓄積されてきた知識に簡単にアクセスできるようになっていくだろう。私たちは、少人数のグループのなかで、あるいは仮想空間における巨大な群衆の一員として、アイデアを交換したり、生産的に仕事をおこなうことができる。つながり合った最高の知性を生かして、世界じゅうの人々の生活全般に影響を及ぼすイノベーションを起こすことができる。そうなれば、この先数十年間は豊かな時代が続く――そんな未来を思い描く人たちもいる。[1]

しかし、世界が不安定さを増す兆候もある。巨大な群衆が世界の限られた資源をうまく分け合うのは不可能に近い。権力を手にすると、まるで衝動に抗えないかのように権力を振りかざして他者を食い物にする人もいる。強欲や浪費癖といった人間の弱さが度を超すと、かつてないほど資源を無駄遣いして世界をさらに不安定にしかねない。

世界じゅうの企業経営者と話をすると、大半は、前向きに、しかるべき準備をして未来を迎えたいと考えている。とはいえ、未来のチャンスや問題に備えるのはたやすくないことも認めている。世界を変えつつあるトレンドが絡み合い、目の前のデータの多くはあいまいでさまざまな解釈が可能であり、影響を受ける人々が多すぎることから対策を講じても意図せざる結果を招きかねないという複雑な状況をつくり出している。おまけに、テクノロジーを中心とするこうしたトレンドの多くは、容量が二年ごとに二倍になるという「ムーアの法則」に従って加速しているのだ。

多くの企業経営者は、次の一〇年間がきわめて重要になると考えている。企業経営者の影響が及ぶ領域は、三つの円としてイメージすることができる。最も内側の領域（社内のレジリエンスを高める）、真ん中の領域（社内と社外の垣根を取り払う）、最も外側の領域（グローバルな問題に立ち向かう）の順番で説明していこう。

領域1　内なるレジリエンスを高める

企業の中核となる社内のレジリエンスが失われると、企業で働く人々は目標を達成するための気力も能力も失って、イノベーションを起こすことができなくなるだけでなく、地域社会に手を差し伸べたり、グローバルな問題に立ち向かったりすることもできなくなる。社内のレジリエンスという核を構築するのは、企業が持っている資産と能力である。特に重要なのは人的資産だ。企業の従業員は、知性と知識を増幅し、意欲を高め、社会的つながりを生かすことを通じて能力を発揮することができる。

・「知性と知恵」という無形資産は、従業員が個人として、チームのメンバーとして、賢い群衆の一員として、洞察力と分析力を高められる場合に生まれる。
・「精神的活力」も重要だ。従業員にやる気があってじっくり考えられる状態であれば、仕事に創造性とイノベーションをもたらしやすくなる。
・「社会的つながり」は企業が持っている社会的な資産であり、企業全体に張り巡らされ、企業の枠を超えてサプライチェーンや社会にまで及ぶネットワークの奥行きと広がりのなかに存在している。

知性と知恵、精神的活力、社会的つながりは従業員の毎日の行動によって増幅され、威力を発揮するようになる。従業員がどのように行動するかは、組織の取り組みや構造によって影響を受け、リーダーの目標や理念によっても変化する。従業員、組織の構造や取り組み、リーダーの目標や理念が組み合わさって、社内のレジリエンスの中心となる能力が決まる。第2部では、この社内のレジリエンスを高める方法について具体的に述べていく。

領域2　社内と社外の垣根を取り払う

社内のレジリエンスを高めるのは、企業が長期にわたって将来性を維持するためにきわめて重要

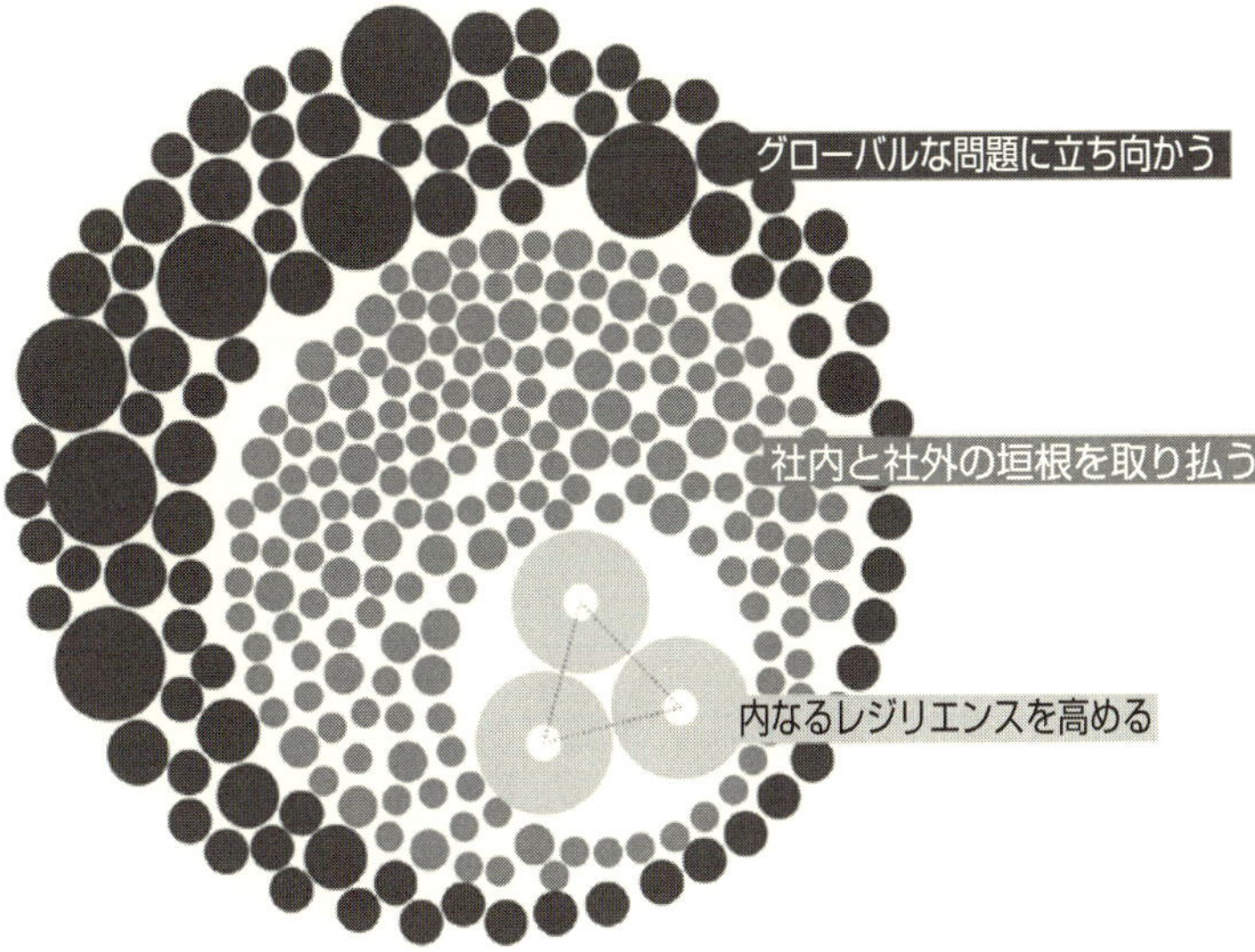
グローバルな問題に立ち向かう
社内と社外の垣根を取り払う
内なるレジリエンスを高める

だ。その一方で、企業は自分勝手に活動できる存在ではなく、地域社会と深く関わっていることを自覚することを求められている。第3部では、企業が近隣や広範なサプライチェーンとの関係を築く方法について詳しく見ていこう。

領域3　グローバルな問題に立ち向かう

企業は世界全体から影響を受けている。事業展開していない地域からも影響を受けていることは否定のしようがない。なぜなら、そこには有能な人材、未来の顧客、イノベーションといった多くのチャンスがあるからだ。だが同時に、急激な環境悪化、格差の拡大、若年層の失業、貧困の広がりといった深刻な問題もある。いま事業展開している地域ではこうした問題が表面化していなくても、将来、これらの問題は企業の発展や従業員の成長の大きな妨げになるかもしれない。こうした世界規模の問題は複雑で、解決するためには多くの人々の協力が必要だ。さらに、企業内外の人々が長期にわたって幸福に暮らせるか否かにも影響を与える。

第4部では、グローバルな問題に立ち向かうために尽力している企業を詳しく紹介する。なかには、グローバルな問題を解決することを本業としている企業もあるが、多くの企業では、他の企業や機関との協力や連携を模索している。

世界の脆弱性を与件とし、レジリエンスを高め、企業の内側と外側を隔てている垣根を取り払ったとき、リーダーシップのあり方が大きく変わる。第5部では、リーダーシップをどのように定義し直せばいいのかを考えていく。

〉〉〉まとめ

本書の冒頭にある企業へのラブレターは、企業が明確な目的を持ってその人材や資金を投入して不安定な世界で起こっている問題に立ち向かうことに期待を寄せて書いたものだ。そのために何ができるのか、企業はどんな役割を担えるのかをはっきりと示すのは難しい。だが企業が社外に目を向けるには、まずは内なるレジリエンスを高めなければならないのは明らかである。

PART II

Building Inner Resilience

第2部

内なるレジリエンスを高める

企業は、イノベーションを起こせる人的資産をもって、社会のレジリエンスの源泉となる大きなチャンスを手にしている。ここでいう人的資産は三つのかたちをとる。それを三角形で表現してみよう。

三角形の一つ目の頂点は知性と知恵である。私の心理学者としての初仕事は、一九七〇年代にブリティッシュ・エアウェイズでおこなった従業員の知能測定である。急速にグローバル化を進めていた同社は不透明な問題や複雑な問題に直面しはじめていて、こうした問題を解決するには認識力が高い人ほど向いていると考えていた。社内のレジリエンスを高めるには、知性と知恵を備えた人材を見きわめてから重用することはきわめて重要であり、第3章で説明するように、組織が成功してレジリエンスを高めるために中心的な役割を果たすと考えられている。

だが、人間の持つレジリエンスは知性だけではないことがわかった。一九八〇年代に何人もの研究者が、「レールを外れて」自分の潜在能力を発揮できない幹部がいるのはなぜかという疑問を持った。その調査結果から、こうした幹部が知性を欠くという理由で「レールを外れる」ことはめったにないとわかった。[1] 第4章で詳しく述べるように、彼らが失敗したのは、一つには精神的な活力に問題があるためだった。仕事がますます細切れ化してストレスがたまるものになっているために自分の潜在能力を十分に発揮することができなかったのだ。三角形の二つ目の頂点が見えてきた。

研究者たちが、人的資産の三つ目の頂点について理解しはじめたのは、それから一〇年後の九〇年代になってからだった。企業の潜在能力やレジリエンスは（各自が非常に知性的で感情的に安定していたとしても）個人にだけ備わっているものではなく、社会的つながりにも備わっているとわかったのだ。人間がどれだけの価値を生み出せるかは、他者との関係がどれだけ強くて深いかによって大きく変わってくる。[2]

二つの系統の研究によって、この点についての理解が深まった。一つは、コミュニティ内部における人間関係や人脈の詳細な分析である。これにより、コミュニティの内部で情報が組織の階層通りにトップダウンで伝達されることはめったにないとわかった。情報は独自の経路をたどって伝達され、異なるグループ同士をつなぐ人脈を持つ「橋渡し役」が存在するのだ。[3]この研究によって、「社会資本」と呼ばれる社会的ネットワークが企業のレジリエンスや革新力に大きな影響を与える可能性があることが明らかになった。[4]もう一方の研究では、どのような従業員がこうしたコミュニケーションを可能にするのかに目を向け、協調する姿勢やスキルの重要性と、それらを従業員に身に付けてもらうために企業に何ができるかを明らかにした。[5]第5章で述べるように、知性を獲得して心理的なレジリエンスを高めるには、チーム間、コミュニティ間でアイデアや知識をスムーズに伝達できるようにしなければならないのだ。

こうして徐々に、知性と感情と社会性という人間が持つ三つの資質は、互いに独立したものではないことがわかってきた。むしろ、それぞれの資質は他の資質にとって重要な役割を果たし、絶えず補完しあっている。知性と知恵を増幅し、精神的活力を高め、社会的つながりを生かすために、企業が組織として大きな役割を果たすことも明らかとなった。

問題は、レジリエンスを高める鍵となる人材の育成が非常に難しいことである。仕事は細切れ化してきて、かつてないほどバーチャルなものになりつつある。従業員同士のつながりは薄れ、仕事のペースが速くなっているため精神的にきわめて大きな負担がのしかかっている。とはいえ、従業員同士をつなぎ、刺激的で満足感が得られる仕事を提供し、従業員がイノベーションを起こして創造性を発揮する可能性を爆発的に高めるための取り組みをおこなっている企業も存在しているのだ。

人的資産の三角形

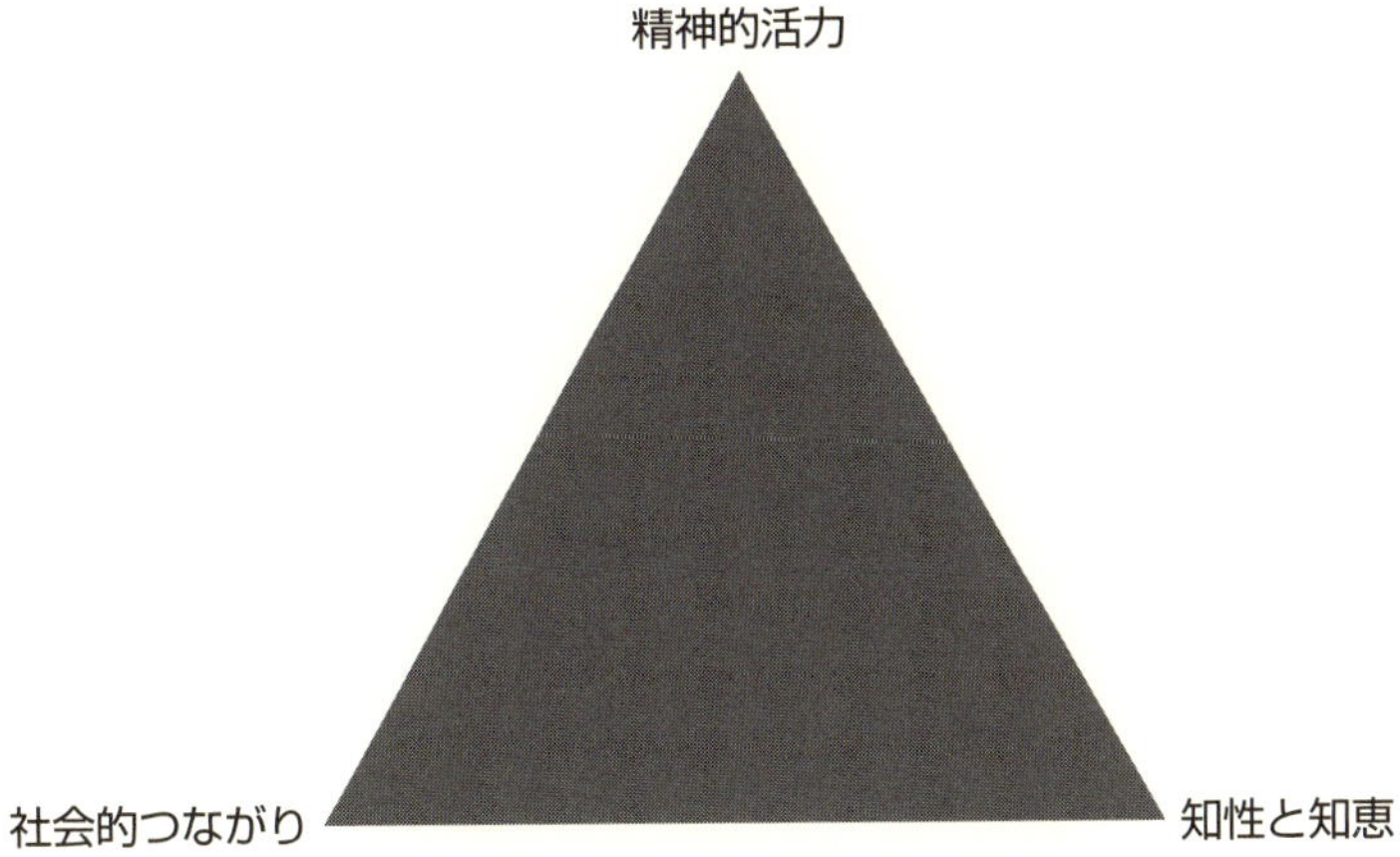

Chapter 3　Amplifying Intelligence and Wisdom

第3章　知性と知恵を増幅する

大企業は、世界じゅうでこれ以上ないほど有能で創造性を持つ人材を発掘し、つなげる能力を持っている。グーグルをはじめとする一部の企業では、高度に発達した人材サーチをおこなっている。グーグルほどではなくても、多くの企業は定期的に世界じゅうから有能な人材を集め、社内の知的水準を高め続けている。企業が生き残り、レジリエンスを高めるためには、複雑な問題や不透明な問題を解決する能力を高め、イノベーションを起こせる知的で賢い人々のネットワークをつくる必要があり、こうした人材発掘はきわめて重要である。だがそのためには、数千人、数十万人の人々が持っている知識、アイデア、洞察力を増幅してからつなぐ必要がある。と言うと、とてつもなく大変な作業のように思えるが、後で述べるように、実際には、企業が組織的におこなっている日常業務こそがその基盤となることが多い。

企業の前に立ちはだかる複雑な問題や不透明な問題の多くは、高度な知識を持ち、問題分析力・解決力を備えた人でなければ手に負えないのが現実だ。なかでも企業は、複雑な問題よりもむしろ不透明な問題に手を焼くことが多い。複雑な問題と不透明な問題の違いについて、例を挙げて説明しよう。チェスは複雑なゲームだ。どちらのプレーヤーも、最初の駒の配置、それぞれの駒の動かし方、プレーヤーが交互に駒を動かすこと、といったルールを理解している。したがって一流プレーヤー同士がチェスをプレーすると非常に複雑な状況が生まれるが、ルールは明確なうえに両者が合意しているのだから、不透明な状況とは言えない。次に、結婚直後に相手の両親をはじめて夕食に招待する場合を想像してみよう。この場合、もてなす相手は二人だけで、ディナーテーブルと少々の食事があればいいのだから、確かにあまり複雑な状況ではない。しかし、どう振る舞えばいいのか誰にもわからないため、不透明な状況である。もちろん、何について話すか、相手はどんな食事が好みなのか、どれくらいのペースで食事を提供すればいいか、といった「ゲームのルール」は次第に明らかになる。だが最初は、どのように振る舞えばいいのかまったくわからないし、その点は招かれた方も同じである。[1] したがってこれは不透明な状況だ。

後で述べるように、世界じゅうの企業は、オープンなイノベーションや実験といった新たな手法を利用したり、自立共生のためのツールを活用したりして、複雑な問題や不透明な問題を解決する能力を高めようとしている。

膨大な知識と自立共生のためのツール

高度接続社会の到来により、社内における知性や知恵の生まれ方が大きく変わろうとしている。[2]

携帯電話で二人の人間が一対一で会話できるようになっただけでなく、社会哲学者のイヴァン・イリイチが名づけた「自立共生《コンヴィヴィアリティ》」が実現しているのである。[3] 私たちは一対一でつながるだけでなく、数千人とつながりを持ってインターネット上にある膨大な情報を共有できるようになったのだ。

こうしたツールのおかげで、世界じゅうのどこからでもノートパソコンを使って膨大な情報にアクセスし、知識を増やすことができる。だが、それで本当に知性が高まったと言えるのだろうか。こうした膨大な情報を使えば何でもできるのだろうか。答えは、人類が時間をどう使うかによっても変わってくる。一八〇〇年代の人々は、未来においては、自由時間が増えると予想していた。退屈な仕事を機械任せにして、人間はより文化的で知性的な活動に時間を割けるようになると考えたのだ。ある意味でこの予想は正しかった。確かに、少なくとも一八〇〇年代の肉体労働者とくらべれば、余暇は増えた。私たちの多くがこの時代の人々よりも長い自由時間、豊かな生活、充実した教育、そして長い平均寿命を享受している。だがヴィクトリア朝時代の人々にとって、現代人がこの間延びした余暇をどう過ごすかを予想するのは難しかった。

確かに好きに使える時間は増えたが、多くの人はその時間をテレビを見ることに費やしている。あなたが一九六〇年生まれの人であれば、かれこれ五万時間もテレビを見てきた可能性もある。テレビ番組のほとんどはそれほど役に立つものではない。世界じゅうの人々が毎年テレビを見て過ごしている数兆時間は、何も生み出さない（ただ座って見ている）だけでなく、他人とつながるチャンスを失う（自分だけの世界にいる）時間でもある。だが、こうした状況が一変し、知性、アイデア、創造性をおおいに増幅して多くの人とつながりを持てる兆しが見えてきた。この現象は「知的余剰」とも呼ばれる。[4] 人々はテレビをただ受動的に見るのではなく、互いにつながりはじめ、このつながりを通じて、一日九〇億時間にも及ぶと思われる膨大な知的余剰を生み出すようになる。この知的余剰の素晴らしい点は、テレビを見ているときとは違って、集団で行動を起こし得ることである。百万人が同時に一時間テレビを見ても、せいぜい視聴率が上がる程度でしかないが、百万人が同時にインターネットにアクセスすれば、それは集団行動になる。つながりを持ち、コンテンツを充実させ、オンラインで対話することで、膨大な情報を未来のために活用できるようになるのだ。

人間はつながりが深いほど相手を理解し、共感するようだ。[5] かつては年齢、所属グループ、国籍など、共通点の多い相手に共感する場合が多かったが、数十億人がつながる時代になると、人種や性別に関係なく自分と同じ考えの相手に共感するようになる。世界各地の情熱を同じくする市民が互いに結びついて「群民」となり、有毒な廃水を垂れ流した企業に説明責任を要求したり、3D印刷に関するアイデアを交換したり、イノベーションを起こして問題を解決しようとする従業員グループをつくったりしているのである。

企業が知性と知恵を増幅するには

こうしたツールは、職場にも大きな影響をもたらしつつある。その結果、企業が直面している問題を解決してレジリエンスを高めるために、知性と知恵を増幅することがかつてないほど中心的な役割を果たすようになっている。その方法は主に四つに分けられる。以下、それぞれについて詳しく説明していこう。

1　アイデアを掘り起こす
2　オープンイノベーションを活用する
3　実験をして認識を深める
4　リスク負担を高く評価する

アイデアを掘り起こす――インフォシスの賢い群衆

企業が誕生して以来、共同作業のほとんどは少人数のグループが直接顔を合わせておこなってきた。だが知性を増幅するためのツールのおかげで、少人数のグループが直接顔を合わせて共同作業をするだけでなく、バーチャル環境を通じて数千人が密につながり、アイデアや情報を交換できるようになってきた。

問題の解決に少人数のグループで取り組む代わりに、一四万人で取り組むとどうなるか想像してもらいたい。洞察力や考え方が異なる膨大な数の人々が集まり、知力を結集するさまを。インドのIT企業、インフォシスはまさにこの実現に挑んでいる。同社はグローバルなネットワークを構築し、三三カ国に及ぶ数千人の従業員に意見を出させ、問題の解決案を交換させることで、さまざまな革新的アイデアを掘り起こそうとしている。このグローバルなネットワークの威力で、トレンドを見つけ、現状に対する疑問を投げかけ、さまざまな意見を出し合って、数千人が議論を戦わせるのだ。

インフォシスの経営陣は、この「賢い群衆」を最大限に生かす方法を本気で見つけようとさまざまな試みをおこなっている。最終目的ははっきりしている。経営戦略づくりや問題解決を経営陣だけでおこなうのをやめ、従業員からも広く意見を募ることである。そのためには古いやり方を改め、働き方やコミュニケーションの方法を一新し、改善していく必要がある。従来の経営手法では、経営戦略をより完璧なものにするために、経営陣は次第に密室のなかで戦略を練るようになっていた。しかしこの新しい問題解決手法を取り入れるにあたって、数千人という人々のアイデアや洞察力を増幅するという方法を選択したのだ。

【若者の声に耳を傾ける】

まず経営陣が取り組んだのは、社内のヒエラルキーを覆し、入社わずか数年の若い従業員の声に耳を傾けることだった。数千人という若い従業員の声を生かすことで、彼らが日常業務をこなすだけでなく、インフォシスの長期的な発展のためにより積極的な役割を担う意欲を持つことを期待したのである。この取り組みをさらに加速させ、二〇〇九年には若い従業員のグループが同社の年次戦略会議で経営陣に直接意見を伝えられるようになった。この話し合いの首尾は上々だった。経営陣の多くにはY世代（一九八〇～九五年頃の生まれ）の子どもがいるが、社内で若者たちの考え方を知る機会はそれまでほとんどなかったのだ。

その後、インフォシスは若い従業員の意見を長期的な戦略決定に生かすための取り組みをさらに推し進めた。それを可能にしたのは、仮想プラットフォームの急激な進化だ。経営陣は最新テクノロジーとY世代との話し合いから生まれたアイデアを組み合わせ、社内全体でのスムーズな話し合いを可能にする仮想プラットフォームをつくった。それにより、情報のやり取りが活発になった。たちまち一万二〇〇〇人を超える従業員がこのプラットフォームにアクセスし、アイデアを共有して、自社が直面している問題について理解を深めた。

【自立共生のためのツールを生かす】

経営陣はこの成功を足掛かりにして、六五都市以上にいる従業員同士が顔を見ながら話し合えるミーティング、自社チャンネルでのテレビ放送、アイデアを書き留めるための仮想黒板、重要なテーマについて話し合える「ナレッジカフェ」、社内の専門家とのチャット、全社規模での質疑応答など、世界じゅうでさまざまな取り組みをはじめた。その結果、二〇一〇年末までに四万六〇〇〇人以上の従業員が参加しておよそ二万のアイデアを提供し、これによってインフォシスの未来の戦略が練り上げられた。インフォシスで人事部門のグローバル責任者であるナンディタ・グルジャールには、その勢いが凄まじいものに感じられた。[6]

インフォシスの若手社員にとって、コミュニケーションは大きな問題でした。実にトップダウンなやり方に思えたのです。そこで、コミュニケーションを双方向にしてよりスムーズなものにするために、あるテクノロジーを考案しました。それは、「インフィ・テレビ」と「インフィ・ラジオ」を組み合わせてイントラネットで放送するというものでした。フェイスブックに似た「インフィ・バブル」と呼ばれるシステムも考案され、毎日一〇万アクセスに達しています。

こうした話し合いにより、新時代のデジタル消費者についての見識、将来性についての見通し、業務簡素化についての提案など、「賢い群衆」のさまざまな知恵を掘り起こすことに成功した。

【協創《コ・クリエーション》のプラットフォームをつくる】

インフォシスの経営陣は、次に、より積極的に協創して問題を解決するためのツールを社内で提供した。二〇一一年に導入された「イノベーション・コ・クリエーション・プラットフォーム」という仮想プラットフォームをつかえば、従業員は共同作業をおこなう相手を見つけ、詳しいデータにアクセスし、専門家に助言を求めてアイデアを提供することができる。

こうした取り組みのおかげで情報が世界じゅうにスムーズに伝達されるようになり、ただちにフィードバックが得られるようになった。また、社内で最も知識が豊富でやる気のある従業員がどこにいるのかも特定できるようになった。その結果、経営戦略に強い関心を持ち、やる気にあふれた従業員の人脈が築かれたのである。彼らは次第に、各地域、各部署で生まれたアイデアを生かすための中心的な役割を担うようになり、なかには経営戦略に関するヒントを得るために勤務時間の二五％以上を世界各地の同僚との話し合いに費やしている従業員もいる。

【本物のデータを公開する】

世界中の同僚と経営戦略について話し合えるプラットフォームづくりへの投資を増やしていくなかで経営陣が直面した問題の一つは、機密性の高い情報の扱いだった。従来の常識では、自社に関する機密情報を閲覧できるのは経営陣のみであり、こうした情報はめったに公開するものではなかった。だが本物の情報が得られなければ、従業員が経営戦略について真剣に話し合うのは難しくなる。自由な発想で適切な意思決定を従業員にさせるには、機密情報も含めて本物の情報をリアルタイムで提供しなければならないことに気づいたのだ。本物のデータがなければ、どんな話し合いも空虚な理想論になるだろう。具体的には、業界シェア、収益性、他社と比較した競争力といった機密情報が社内で公開された。言うまでもないが、従業員を心から信用していなければこのようなことはできない。

テクノロジーが進化して「賢い群衆」のつくり方が明確になるにつれ、こうした群衆の知恵の生かし方もさらに洗練されてきた。こうした知恵は、社内の人材を活用して利益を追求するためのものから、社外の人材を活用して公益を追求するためのものにまで拡大されてきている。後で述べるように、ゼネラルミルズ、カーギル、ＤＳＭといった企業の研究チームは、同じような仮想プラットフォームを使って共同作業をおこない、飢饉や栄養失調という世界でも最も差し迫った問題に立ち向かっている。

オープンイノベーションを活用する

経営戦略やサービス・製品に関する素晴らしいアイデアやイノベーションの種は、すべてが社内で生まれるわけではなく、社外で生まれることもある。一つの企業がアイデアを独占することはできない。企業はこれ以上ないほど創造性と革新力を備えた人材を掻き集めようと躍起になっているにもかかわらず、それを実現できていないのが実情である。地球上に数十億人が暮らしていても、自社が格闘している厄介な問題を解決する頭脳と洞察力を持った人材はほんの一握りだけかもしれないのだ。

そのため、企業は思いもよらない問題に直面すると、解決できる人材を探すために社内だけでなく社外にも目を向ける。アイデアを社外に求めるのはいまにはじまった話ではない。膨大な情報が必要な企業の研究開発部門は数十年前から、個別のテーマに対応して社内で保有している情報を補完するために、大学の研究者や専門の研究機関を頼りにしてきた。通常、こうした問題は専門性が高いために外部組織の協力を仰ぐことがあり、依頼を受けた研究機関はチームを編成し、各メンバーの能力に応じて作業を割り当てる。

このやり方は思考を形成する過程では効果的だが、思考の範囲と多様性を広げるには限りがある。というのも、こうしたチームはもともと存在する協力関係のなかにおけるスキルをもとに構成員を選んでいるからだ。

アイデアや洞察力を無制限に求めることができるとしたら、その威力は計り知れない。イノベーションについて調べたところ、最も刺激的で革新的なアイデアの多くは、さまざまな異なる意見を持った見ず知らずの人々がたくさん集まることでもたらされるとわかった。[7] 一〇年前には、このようにアイデアを無制限に求めるのはほぼ不可能だったが、いまやオープンイノベーションのおかげで、問題を世間に公表し、その問題に関心があり、解決につながる知識を持つ人材を世界じゅうから探せるようになった。

問題解決の仲介をする――イノセンティブ

オープンイノベーションを活用して企業と適切な人材との仲介をするイノセンティブというプラットフォームがある。その本質は、問題を公表するという行為にある。つまり、問題に対する見識が狭い社内のチームで解決しようとするのではなく、直面している問題をより一般的なものと捉え、できるだけ多くの人の関心を集めるのだ。問題解決に興味を持った人は「解決者」としてイノセンティブに登録する。解決者には、業界に精通した専門家もいれば、近い分野の知識を持つ人もいる。すでに解決策が頭に浮かんでいる人もいれば、自分の知識でどんな問題を解決できるのかこれから考えるという人もいる。

人々がイノセンティブに登録してアイデアを提供しようとするのはなぜだろうか。自立共生のためのツールは、「興味深く、有意義で、目的がはっきりしていて複雑な仕事」が目の前にあると、時間を割いて取り組みたいと考える人がいることを明らかにした。無報酬でウィキペディアに寄稿している人たちがその代表例だ。ウィキペディアの目的は、世界じゅうの多くの人々に編集や寄稿をしてもらうために十分な刺激を与えることである。同じことは、数千人のプログラマーが無報酬で複雑な指揮体系のもとで協力しながら開発したオープンソースプラットフォームの一つ、リナックスについても言える。

こうしたことから、興味深い問題を解決するという興奮を味わえることに加えて、場合によってはかなりの報酬が得られる可能性もあるという理由で人々がイノセンティブに登録するのはむしろ自然なことかもしれない。問題の解決は次のようにおこなわれる。まずは問題の全体像が示され、作業内容が細かく分けられる。ここで「チーム・プロジェクト・ルーム」と呼ばれる仮想ルームにアクセスして、同じ作業に取り組もうとしている人々と顔を合わせる。この仮想ルームはオンライン上のセキュリティで保護された作業空間であり、複数の人間が仮想チームとして共同作業をおこなうことができる。チームは解決策を練り上げ、一つの提案としてイノセンティブに送信する。問題を訴えた企業はこの提案を取り入れながら問題の解決に向かう。

コネクト・アンド・ディベロップ戦略—— P&G

一部の企業は、自社の機能を高めてイノベーションを実現するために、オープンイノベーションがきわめて重要と考えている。[8] プロクター・アンド・ギャンブル（P&G）のイノベーション専門家は、この方法を取り入れた。同社の幅広い製品を開発していくには、絶えず活性化を図り、イノベーションを実現していく必要がある。かつてはP&Gのイノベーションは社内で実現されてきた。そのために世界各地に研究施設を建設し、世界じゅうから素晴らしい人材を集めてきたのである。こうして集められた七五〇〇人の研究者たちはいまでも研究に勤しんでいるが、同社はイノベーションに関する問題を世間に公開し、アイデアを社外からも募るようになった。

二〇〇一年に立ち上げられたP&Gのオープンイノベーションは「コネクト・アンド・ディベロップ戦略」と呼ばれる。この戦略を遂行するために、P&Gは同社が誇る世界規模の社外ネットワークを活用し、政府、民間の研究所、教育機関、研究機関からアイデアを募り、サプライヤー、小売業者、競合相手、取引相手、個々の起業家との連携を図っている。コネクト・アンド・ディベロップ戦略の活動や推進で特に重要な役割を果たしているのは、世界じゅうの「ハブ」と呼ばれる中心的な地域を拠点に活動する七〇人のテクノロジー起業家のネットワークである。この有能な社外協力者が最初に社内の経営陣と協力して同社が直面している問題を明らかにし、何をおこなう必要があるかをより厳密に定義したうえで、テクノロジーの概要を作成する。次に、個々の問題を解決するための知識を持つと思われる人々を解決者の最初の候補として探し求める。そのために、関連する分野の文献を読み漁り、関連する特許データベースを綿密に調べ、さらにさまざまなデータソースを調べ上げて、P&Gに協力しているサプライヤーが持つ幅広い研究者ネットワークを活用する。[9]

解決者の最初の候補となる人々が見つかると、自社の仮想ポータルを使ってテクノロジーの概要を公開する。（インフォシスのプラットフォームに似た）社内向けのポータルもあれば、社外向けのポータルもある。社外向けのポータルはイノセンティブ、ナインシグマといった他のオープンソースプラットフォームともつながっている。

当初の問題の概要を慎重に定義して、解決者の最初の候補となる人々を管理し、こうした問題解決のために時間を割くように促すことが最初の重要な段階である。だが、このような急成長しているオープンイノベーションでつまずきやすいのは、新たに生まれたアイデアをP&Gの経営陣が検討するときである。こうした問題解決者が思いつく膨大な数のとりとめのないアイデアには、問題の本質とは無関係なものが多い。そのためP&Gではアイデアの選別がきわめて重要とされていて、社内のいたるところでアイデアの選別を繰り返しおこなっている。

P&Gのプロジェクトチームの関心を引くアイデアが見つかると、すぐに企業目標に基づいて評価され、「P&Gはこの製品を開発するための技術インフラを保有しているか？」「市場で利益を上げられる可能性はどの程度か？」といった一連の実務的な質問の対象になる。こうした質問と照らし合わせてもそのアイデアが有望だと思われる場合、消費者パネル調査が実施され、反応が良ければ、製品としての開発が決定される。使用許諾などの契約に関連した手続きが完了すると、社外で生まれたアイデアであっても社内で生まれた多くの製品と同じようにP&Gの製品として開発されるようになる。P&Gは社内のみでおこなっていた研究開発を一種のオープンイノベーションにシフトさせることに成功し、二〇一五年までにコネクト・アンド・ディベロップ戦略によって年間売上に三〇億ドルを上乗せすることを目標にしている。

実際には、大規模なコミュニケーションや情報公開により、複雑な問題や不透明な問題を理解するのがきわめて難しくなる場合もある。「賢い群衆」の力をもってしても解決の糸口が見つからない場合はどうすればいいのだろうか。

実験をして認識を深める

「賢い群衆」の知性を結集すれば、凄まじい規模でアイデアを集め、洞察力を高めて、知識を増やすことができる。だが不透明な問題が厄介なのは、群衆のなかに問題の解決方法を知っている人が誰もいない場合や、そもそも群衆の共通認識が間違っている場合もあることだ。問題を取り巻くさまざまな状況が複雑で、問題と問題の間にどのような関係があるのか不透明な場合、どれだけ知識豊富な人間が解決に乗り出したとしてもお手上げになるかもしれない。

このように複雑で不透明な問題に立ち向かう場合、問題の本質を見きわめるには新しい情報やアイデアを獲得する必要がある。後で述べるように、こうした新しい情報やアイデアは、実験をおこなって問題の背景をはっきりと浮き彫りにした結果として得られることが多い。

実験の役割をわかりやすくするために、「グループ内で報酬をどのように分配するのが最善だろうか?」「経費を杓子定規に処理するのはどうすればやめられるだろうか?」という複雑で不透明な二つの問題について考えてもらいたい。企業は常にこの手の問題を抱えている。「賢い群衆」の力を結集すれば、問題の内側にあるさまざまな要素について理解が深まり、こうした要素の最適な組み合わせ方がわかってくるかもしれない。だが問題の本質を理解したときに、こうした要素やその組み合わせ方に関する知識を群衆が持ち合わせていない場合は、実験によって必要不可欠な情報を得ることができる。

チームの編成と報酬の分配に関する実験――ゼロックス

企業が組織として成功するために、各チームの業績を高めることがかつてないほど重要になりつつある。チームがうまく機能すれば大きな成果を上げられるが、機能しないことも多い。チームが複雑なものになる理由の一つは、その編成方法にある。たとえばライター、グラフィックアーティスト、プロジェクトマネジャーなどで編成される設計チームのように、それぞれの作業の関連性が高いため、多くの人が協力しなければならないチームもある。他方、各自が自分の担当地域について責任を持つ営業チームのように、それぞれが独立性の高い仕事をしているチームもある。さらに、各自が独自の研究プロジェクトを進めつつも、大規模なプロジェクトでは協力することもある開発研究所の研究者グループのように、関連性の高い仕事と独立性の高い仕事の両方に携わっているチームもある。チームが機能しなくなる理由の一つは、報酬の分配方法によっては各自のやる気を損なうことがあるためだ。たとえば、協力が必要なのに報酬が均等に分配されていないチームもある。どのように報酬を分配すればさまざまなタイプのチームのやる気を最大限に引き出す可能性が高くなるだろうか。

この複雑な疑問に対する答えを得るために、コーネル大学のルース・ワーグマン教授は独創的な実験を思いついた。彼女は、組織のなかで誰がどれだけ報酬を得ているかという情報は、嘘や噂話や思い込みだらけだと気づいた。つまり実験的なアプローチが役に立つ可能性があると気づいたのだ。チーム内の報酬の分配方法に関しては誰もが自分なりの考えを持っているが、それは本当に正しいのだろうか。企業が報酬の分配方法を間違えると、数百万ドルが無駄になり、従業員のやる気を大きく損なって業績を低下させることにもなりかねない。

報酬が業績に与える影響を調べるために、ワーグマンはまずゼロックスの経営陣に話を持ちかけ、すでに編成されている一五二のチームに所属する八〇〇人の保守技術員を対象として、共同で長期的な疑似実験をおこなうことにした。[10] 各チームの業務内容は大きく違う。メンバー同士の作業内容の関連性が高いために緊密に協力する必要があるチームもあれば、各メンバーが独立性の高い仕事をしているチームもあり、関連性の高い仕事と独立性の高い仕事の両方をおこなっているチームもあった。ワーグマンたちは、こうしたさまざまな業務形態があるなかで、報酬をどう分配するのが最適なのかという点に関心を持っていた。

実験を開始するにあたって、まずは各チームの業績と意欲を測定した。具体的には、チームとしての業績と個人としての業績を測定し、協調、支援、学習といった行動について調べた。次に、実験的に報酬の分配方法を変えた。チーム全体の業績に基づいて報酬が分配されるチーム、個人としての業績に基づいて報酬が分配されるチーム、チームと個人の両方の業績に基づいて報酬が分配されるチームに分けたのである。四カ月後、そして八カ月後に、再び各チームの業績と意欲を測定した。

ワーグマンとゼロックスの経営陣は、実験前の予想が間違っていたことに気づいた。各チームの業績は報酬の分配方法によって大きく変化すると考えていたのだ。だが、チームの業績に大きな影響を及ぼすのは報酬の分配方法ではなく業務形態だとわかった。協力が必要なチームは報酬の分配方法に関係なくチーム内での協調、支援、学習が増え、生産性が高まった。とはいえ、報酬の分配方法の影響が表れる部分もあることがわかった。それが最も大きかったのは、各メンバーの意欲だった。特に、メンバー同士の作業内容の関連性が高いチームでは、チーム全体の業績に基づいて報酬を分配すると意欲が高まった。ところが、各メンバーが独立性の高い仕事をしているチームでは、チーム全体の業績に基づいて報酬を分配しても意欲は高まらなかった。こうした独立性の高いチームのメンバーをやる気にさせるのは、個人の業績に基づいて報酬を分配する方式だったのである。

また、独立性の高い仕事と関連性の高い仕事の両方をおこなっているチームと、チームと個人の両方の業績に基づいて報酬を分配する方式に関しては、奇妙な実験結果も得られた。こういった業務形態や報酬の分配方法だと、意欲が低下して業績が悪化したのだ。こうしたチームの構成員は、独立性の高い仕事に挑むときほど意欲が湧かず、チームで仕事をするときほど興奮することもなかった。同じことは、チームと個人の両方の業績に基づいて報酬が分配される方式についても言える。こうした業務形態や報酬の分配方式だと、業務の進め方もわかりにくい。

ゼロックスの経営陣にとってこうした結果はにわかには信じがたいものだった。独立性と協調性の両方を高めようとしてチームをつくり、報酬を分配していたにもかかわらず、まるで逆効果だったのである。独立性と協調性は並び立たないのだ。チームの業績を高めるには、独立性の高い仕事をさせて個人の業績に基づいて報酬を分配するか、協力しておこなう仕事をさせてチームの業績に基づいて報酬を分配するかのいずれかにしなければならない。折衷案はうまく機能しないのだ。この実験結果を受け、ゼロックスはチームの編成方法と報酬の分配方法について明確なルールをつくった。

非効率な仕事を減らす実験――ロシュ

企業に対する根強い批判の一つに、仕事ぶりがあまりに非効率的で融通がきかないというものがある。階層が多すぎて、それぞれの階層で無責任な判断が重複しておこなわれているというわけだ。非効率な仕事の一つに経費報告書の作成がある。一般に、こうした報告書は何段階もの承認を得る必要がある。このような非効率な段階をなくすには何が必要だろうか。

ロンドン・ビジネススクールでロシュの幹部たちが話し合っていたときに、まさにこの話題になった[11]。幹部たちが集まったのは、ロシュのような企業の成功に不可欠なイノベーションについて話し合うためだった。仕事の進め方について議論を重ねるうちに、彼らの多くが非効率的な仕事のせいで従業員の意欲がおおいに損なわれていると考えていた。こう考えているのは彼らだけではない。ロンドン・ビジネススクールの講座に参加する多くの経営者からも同じような話を聞く。

ロシュの経営陣は直感的に、組織的なイノベーションを実現するためには、非効率な仕事の進め方を改めて、もっと簡潔に仕事を進めたほうが良いと感じていた。非効率な仕事をなくすのは可能なだけでなく必要だと考えていたのだ。この考えを実証するために、実験をおこなうことにした。

まずは、よくある非効率的な仕事として、出張とその費用に関する承認を選んだ。幹部たちにとって、これはその価値と労力がまったく見合わない仕事の典型で、精神的にも肉体的にも負担が大きく、意欲を損なう仕事だった。ある幹部は、その場にいた全員の気持ちを代弁するように「私は四〇〇〇万ドル分の売上に対して責任を負っているのに、二ドルのコーヒー一杯を購入するのにも承認を得なければならない」と話していた。その当時、ロシュの年間出張費は合計で五億八〇〇〇万ドルにのぼっていたため、その影響は予想以上に大きいと思われた。

経営陣は次に、実験の進め方を決めた。スイスのバーゼルにある本社とドイツのグレンツァッハ＝ヴィレンの営業支店から同じ規模のグループ同士を見つけ出してペアを一つずつつくった。どちらのペアも各グループの人数は五〇人なので合計二〇〇人が対象ということになる。バーゼルとグレンツァッハ＝ヴィレンの両方で、二つのグループのうち一方を対照グループとして、出張について以前と同じように許可をとらせることにした。もう一方のグループが実験グループである。このグループには、試験的に「出張費は自分で管理できるようになった」と伝えた。標準的な規則（ビジネスクラスを利用する資格の有無など）に従い、実験グループのメンバーは出張する時期を自分で決め、承認を受けなくても旅行会社を通じて航空チケットの手配や宿泊予約をできるようになった。唯一の条件は（ここが重要なポイントだが）、各メンバーの出張費がイントラネットで公開され、誰でも確認できるという点だった。

この実験では「自分で管理できるようになると意欲が高まるか、それとも出張費が公開されることに反対するか?」「自分で管理することで処理が迅速になるか、それとも自分で手配するのは耐え難いほど厄介な仕事になるか?」「自分で管理する従業員の出張費は、事前に承認が必要な従業員より高くなるか?」という三つの疑問について検証した。

対照グループと実験グループでは結果に大きな差がついた。自分で出張費を管理できる実験グループでは四五%のメンバーの意欲が向上した。より重要なのは、八三%のメンバーがこの管理方法のほうがロシュという企業の価値観に見合っていると考えていたことである。自分で管理するグループのメンバーの大半は仕事の効率が上がり、従来のやり方よりも時間を無駄にしなくなった。前年の同時期とくらべて実験グループでは出張費が減った。同じ期間における二つの対照グループの出張費は前年とほとんど変わらなかった。

ここまで見てきたケースでは、いずれも実験によって問題に対する理解が深まり、解決策を見つけることができた。実験はグループの知性を増幅するのに大きな役割を果たす。では、実験がそれほど多くの企業でおこなわれていないのはなぜだろうか。一つには、解決策をすぐに見つけ出そうとしている企業が多いためだ。だがそれだけではない。事実より直感に基づいた経営判断の背後には、意思決定を迅速にしたいという願望や、失敗を嫌う社風があることが多い。では、リスクを取ることを評価するには何が必要だろうか。

リスクを取る姿勢を評価する——タタ

実験で何らかの結果が得られたとしても、その結果がいつも正しいとは限らない。インフォシスの経営陣らが気づいたように、クラウドソーシングやオープンイノベーションを利用すれば、社内での情報伝達を活性化し、知恵を増幅して洞察力を高めることができる。しかし従業員がそれを生かして行動を起こそうとしなければあまり意味はない。問題なのは、このような行動を起こしても失敗する場合が多いことである。では、従業員が積極的なリスクを取るよう促すために企業は何ができるだろうか。

数十年にわたってタタ・グループを率いてきたラタン・タタにとって、リスクに挑戦することは大きな意味を持っていた。二〇一一年の時点で、同グループは八〇以上の国に事業展開し、年間売上高は一〇〇〇億ドルに達し、従業員数は四五万人を数える。会長職からの引退を間近に控えていたラタン・タタは、自社のレジリエンスを高め、全従業員の知性を増幅して洞察力を高めてつながりを築くことにそれまで以上に力を注ぎはじめた。彼は、イノベーションを促すためには敢えて他人と違うことに挑むヒーローが従業員のなかから生まれるのが一番だという信念を持っていた。この考えに基づいて「タタ・グループ・イノベーション・フォーラム」と呼ばれるタタ・グループの首脳陣とグループ各社のCEOを合わせた一二名から構成される委員会を設立した。

世界各地のチームが提案書を提出すると、一〇地域の同僚による一連の審査を受ける。二〇〇六年には三五のグループ企業から提出された一〇一件の提案書が表彰を受けた。二〇一二年には七一のグループ企業から提出された二八五二件の提案書が表彰されるまでにその数が増えた。表彰式が毎年おこなわれる四月二六日は、インドの偉大な数学者シュリニヴァーサ・ラマヌジャンが一九二〇年にこの世を去った日である。興味深いことに、表彰は三つの部門に分かれている。うち二つはほとんどの企業と変わらず、有望なイノベーションを最近実現したチームと革新的な試作品を生み出したチームが表彰される。残りの一つがかなり変わっており、「あえて挑んだ」賞と名づけられたその賞では、大きなイノベーションを実現しようとして本気で取り組んだものの失敗した試みが表彰される。ラタン・タタにとってその根拠は明らかで、「失敗は素晴らしい企業をつくるための金鉱」となるからだ。

インドの経営陣はことのほか失敗を人に知られるのを嫌っていたことを考えれば、当初「あえて挑んだ」賞に対する反応が鈍かったのは驚くべきことでもないだろう。世界各地のグループ企業がこの部門にこぞってエントリーするようになるにはかなりの時間がかかったが、二〇〇六年の一二件から二〇一二年の八七件にまで増えた。最近の「あえて挑んだ」賞の候補となった試みには、タタの自動車「ナノ」へのプラスチック製のドアの取り付けがある。このドアはすべての安全性試験をクリアしたが、消費者に浸透しそうになく、本採用とはならなかった。その他に候補となった試みには、建物用の自冷式タイルの開発や、新興国で広く流行している内臓リーシュマニア症を治療するための低価格の薬品の研究などがある。表彰は現在も続けられ、二〇一二年の受賞者は当時タタ・サンズの副会長で後に会長になったサイラス・ミストリーから表彰された。

〉〉〉まとめ

社内や社外での知性と知恵の増幅は、個人や組織のレジリエンスを高めるために重要な役割を担う。ここまで見てきたように、多くの企業は素晴らしいアイデアを増幅してつながりを築くことのできるさまざまな最新ツールを取り入れて、これを実現している。

Chapter 4 Enhancing Emotional Vitality

第4章 精神的活力を高める

前著『ワーク・シフト』のなかで、「ジル」という架空のキャラクターの二〇二五年のある一日の過ごし方を紹介した。彼女の一日はせわしなく過ぎていく。常に着信メッセージへの返信に追われ、世界各地の同僚とつながり、ティーンエイジャーの娘の学校でのできごとについて話し合い、送られてくる山のような情報に目を通す。ジルのストーリーと彼女の慌ただしい一日が多くの読者の反響を呼んだので、私たちはジルの生き方をショートフィルムにした。タイトルは「細切れ化《フラグメンテーション》」である。このショートフィルムは、新たなテクノロジーによって世界じゅうの人々が異常なほどつながり合うようになった状況を描いている。ジルが身をもって体験しているように、多くの人が自宅で働き、仕事のスケジュールを自分で立てられるようになる一方で、ジルと同じようにいつも時間に追われて疲れ果てていることだろう。新しいテクノロジーは仕事を楽にするどころか、機嫌の悪い二歳児のように絶えず注意が必要なため、じっくり考えて革新的なアイデアを生み出す時間がほとんど残らないのだ。

ジルは私が未来を想像して生まれた架空のキャラクターだが、すでに世界の各地でジルのような働き方が現実のものとなっている。人々は疲れ果てて幸せを感じなくなり、気力を失っていることがさまざまな調査結果から見てとれる。その結果、個人のレジリエンスと企業のレジリエンスを高めるための鍵である精神的活力が失われつつある。[1]

なぜ仕事でストレスがたまるのか

誰もが全力で働き、常にメールを返信し、寝室でも電話で連絡を取り合うようになっても、生産性は高まらない。生活の自然なリズムに逆らって全力で働くようになると、精神的な余裕が失われ、洞察力を深めてイノベーションを起こすためにじっくり考えたり好きなことをしたりする時間がなくなるからだ。[2]仕事がきつくストレスのたまるものになっている理由はいくつかある。

1　仕事でも家庭でも疲れが残る
2　世代間の摩擦が大きくなった
3　ストレスのたまる仕事が増えた
4　時間が足りない！

常にデジタル端末に縛られているという理由だけでなく、企業がそのような働き方を要求していることも人々が活力を失い、イノベーションのために時間を割けなくなっている理由の一つである。

産業革命以前には、一日のリズムや季節の移り変わりに合わせて、ほとんどの仕事を自宅や地域社会のなかでこなしていた。産業革命以降、徐々に仕事が機械化されていった。自宅で仕事をしていた人々の多くは工場に移り、自然なリズムに合わせて働くのではなく、決まった時間に仕事をするようになった。機械化が進んだのは工場での労働だけではない。事務作業や専門職、管理職といった仕事も一九世紀の工場での労働と同じように、決まった時間に決まった場所でおこなうようになった。

仕事でも家庭でも疲れが残る

私が子どもだった一九六〇年代には、このような働き方はほとんどの人にとって悪いものではなかった。少なくとも私にはそう見えた。父は毎朝自宅を出てイギリスのカンブリア州西海岸にあるドーマン・スミスの工場に通った。工場の責任者としての仕事は大変だったが、夜に帰宅する頃には、母にお風呂に入れられた私たちがおやすみなさいを言おうと待っているのがわかっていたし、ゆったりとくつろぎながらおいしい夕食を食べるのを心待ちにしていた。携帯電話もパーソナルコンピュータもないおかげで週末に仕事で呼び出されることはなく、伸び伸びと過ごすことができた。父は、週末はもちろんサマータイムの夜もお気に入りの湖水地方で散歩をしたり、バターミア湖で船を走らせたりすることが多かった。

気力や体力には浮き沈みがある。わくわくしているとき、やる気に満ちているとき、自信があって強気になれるときには前向きなエネルギーが出る。落ち込んだとき、いらいらしたとき、腹を立てたとき、不安なときなどには負のエネルギーが働く。気力や体力は一日のなかで変化するものだ。自分がどのような感情を抱くかには、さまざまな要因が関係する。一つには持って生まれた性格がある。父は（私もだが）、もともとポジティブで強気な性格であり、それが父の活力に影響を与えていたことは想像に難くない。とはいえ、一日のなかで自分がどのような状況に置かれるかによっても活力は変化する。前向きに熱中できる状況もあれば、いらいらしてネガティブにしかなれない状況もある。

働く人の精神的活力に、家庭や職場が大きな影響を及ぼすことが調査から明らかになった。家庭や職場における活力は互いに影響を与え合うこともわかっている。[3]

父の現役中に調査したわけではないが、父の活力は職場でも家庭でもたいてい高かった。職場は興味深い仕事を通して同僚との親睦を深める場だった。帰宅したときにも疲れ切ってはいなかったし、また家から職場に向かうときも元気だった。父にとって自宅は体力を回復するだけでなく、散歩をしながらじっくり考えて気力を取り戻すことのできる場でもあった。父は毎日前向きな気持ちで職場に向かっていた。

疲労に関する最近の研究により、現代人のほとんどは、私の父のように家庭でも職場でも精神的活力にあふれているわけではないということがわかった。一つには、グローバル化とテクノロジーによって常に人とつながっている状態のせいで、絶えずプレッシャーがのしかかっているためだ。世界と張り合うには、速く走って遅れをとらないようにする必要がある。おそらく、父の時代よりもずっと速く。

だが変化したのはグローバル化によるプレッシャーだけではない。父が職場から帰宅すると、そこそこしつけの良い四人の子どもたちが出迎え、おいしい食事が待っていた。母は大学卒で、昔から聡明で創造性があり働き者だった。そして一九三〇～四〇年代に青年期を過ごした多くの女性たちと同じく、常に良き妻、良き母であろうとした。母は学校時代のほとんどの友人たちと同じように、出産後も職場に復帰して収入を得ることは考えていなかった。だが母が生きている間に状況は一変した。母の娘である私は、大半の女性が仕事を続けてキャリアを積み重ねる最初の世代の一員である。いずれは、私の娘にあたる世代の女性たちも同じ道を選択するだろう。

いまや父と同じような家庭生活を送る男性はほとんどいなくなった。たとえばアメリカでは、二〇一一年になると、従来型の専業主婦家庭は一七％にも満たなくなった。[4] その理由は、以前とは比較にならないほど多くの女性が社会に進出していると同時に、離婚する夫婦の割合が高くなったためである。したがって職場から帰宅しても入浴を終えた子どもたちやおいしい夕食が待っていることはめったになく、いまやほとんどの親たちはかたちだけの家庭生活を維持しようと躍起になっている。私自身、夫と私の両方がフルタイムの仕事を持ちながら二人の子どもを育てることで同じ経験をした。

ここで重要なポイントがある。オフィスで決まった時間だけ仕事をするといういまの働き方は、産業革命中に定着したものだ。一九六〇年代までは、この働き方で問題はそれほどなかった。グローバルな競争によるストレスはまだそれほど感じられず、何よりも女性が家庭を守っていたおかげ

良い仕事 ー 家庭サイクル

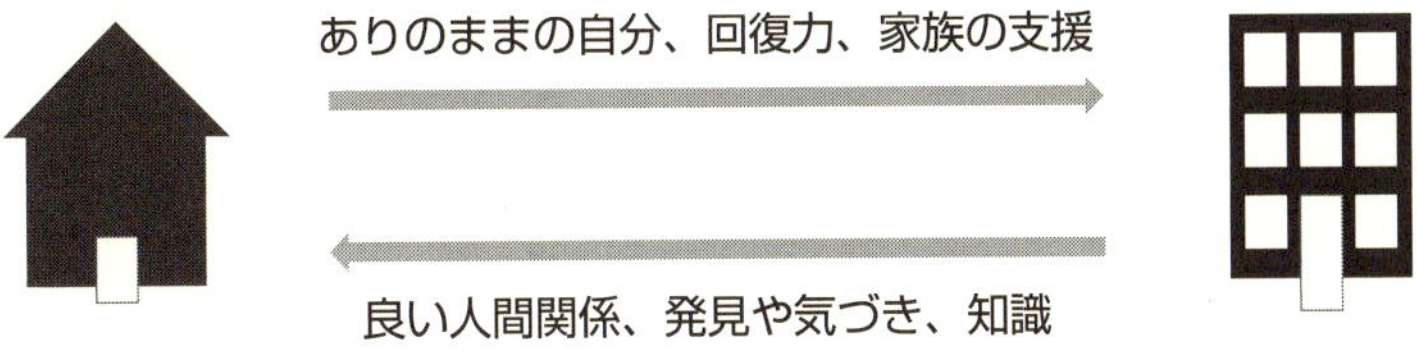

悪い仕事 ー 家庭サイクル

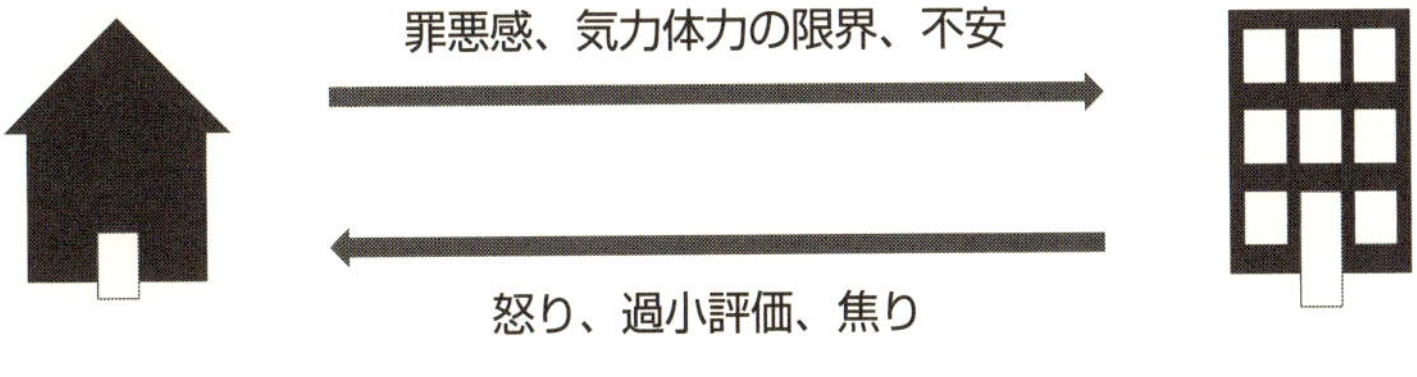

で男性は仕事に専念できた。それが、一九六〇年代に父が職場でも家庭でも気力が充実していたように見えた理由の一つである。

一九六〇年代以降、こうした状況が変わりはじめた。仕事を持つ女性が増え、グローバル化によってストレスが増大し、労働時間が延びたのだ。にもかかわらず、働き方はほとんど変わらなかった。実際、多くの企業では仕事の進め方が二〇年前とほとんど変わっていない。

組織が変化に対応できていないことによる負の影響は甚大である。男性は全力で働き、家庭での責任も果たすという大きなプレッシャーにさらされている。一方で女性は社会進出こそ増えたものの、企業のトップに登り詰めることはめったにない。[5] 才能と多様性の宝庫である女性たちを失うことで企業が失うものは大きい。[6] 同時に、男女を問わず、組織のレジリエンスを高めるためにきわめて重要な個人の精神的活力も損なわれつつある。

世代間の摩擦が大きくなった

職場における従来の働き方は次第に受け入れがたいものになり、職場でもプライベートでもネガティブな感情を生んでいるように見える。なかでも若者たちには深刻な影響が出ている。

私がこれに気づいたのは、研究チームと一緒に世界各地のY世代の若い技術者四〇〇〇人以上に仕事で体験したことについて話してもらったときだ。私たちは仮想プラットフォームをつくり、彼らがアイデアを投稿したり意見を交換したりできるようにした。三日間をかけて世界じゅうの三〇人以上のまとめ役と協力し、議論の流れをつくり、その内容を理解することに努めた。予想していた通り、テクノロジーがうまく活用されていないことへの苛立ち、職場を明るくするために同僚が果たした役割の重要性、指導や支援ができる上司のもとで働く喜びなど、若者たちは仕事についていろいろな意見を聞かせてくれた。これらはどれも最初から予期していた意見だったが、意外だったのは若者たちが自身の健康を非常に気にしていたことである。ジムに通うのが大事だと話す若者もいれば、週末にランニングに勤しむのが重要だと話す若者や健康的な食生活を重視している若者もいた。彼らの多くはまだ子どもがいないため、ある意味で自身の健康に関心が向くのもわからなくはない。だが、私にはそれだけではないように思える。

研究チームがY世代からさらに詳しく話を聞くと、彼らはX世代（一九六五～七九年頃の生まれ）と同じように、仕事人生を短距離走ではなくマラソンのように続くものと捉えていることが明らかになってきた。私を含めたベビーブーム世代にとって仕事は短距離走だった。大変な仕事もあるし辛い思いをすることもある。だが定年が五〇代半ばと決まっていたおかげで、いつまでも働き続ける必要はなかった。私たちが就職したばかりの頃の企業は、きわめて階層的な従来型の構造だった。私たちの世代はこうした階層的な構造を少しは改めた（たとえば階級の数を減らした）ものの、やり残したことも多かった。仕事をする場所や時間といった、文化に深く根差した厄介な問題には手をつけず、次の世代に先送りしてしまった。

その結果、職場がX世代とY世代で占められるようになると、非常にフラストレーションのたまる場になった。彼らの多くは若い頃から高度接続社会に身を置いている。テクノロジーは生活に不可欠なものとなり、社会における習慣や行動も大きく変わった。この世代は仮想空間でくつろぎ、平等な立場で働けることに喜びを感じるようになった。したがって彼らが従来の働き方にフラストレーションを覚えるのはわからなくもない。

だが、テクノロジーの使い方や働き方の違いだけが世代間の緊張を生み出しているのではない。私を含めたベビーブーム世代の多くは信じられないほど幸運だったのだ。戦後の好景気のなかで生まれ、先進国で育てられた私たちは両親の世代より健康面でも金銭面でも恵まれていた。先進国はますます豊かな社会になっていったため、良い教育を受け、未来に希望を持ち（若年層の失業率はかなり低かった）、社会に出てからも中程度のスキルが要求される仕事が失われる「空洞化」の脅威にさらされることはなかった。私たちはこれから先も世界が成長し続けると思っていたし、こうした成長の恩恵を十分に受けてきた。終身雇用に守られ、住宅ブームのおかげで資産を増やし、教育ローンを抱えることもなく、手厚い年金を期待することができた。実際、ベビーブーム世代の多くは、五〇代半ばで定年退職するつもりで社会に出てきた。したがって仕事人生は短距離走だったのだ。五〇代になれば間もなく定年退職して第二の人生を楽しめると思っていたからこそ、二〇歳から五〇歳までは懸命に仕事をしてもいいと思っていたのだ。

しかし、X世代やY世代の生き方は私たちとはまるで違う。X世代は冷戦の影に怯え、経済状況も政情も不安定ななかで育った。親世代の離婚率は上昇し（一九五〇年から一九八〇年までの間に、アメリカの離婚率は二六％から四八％に上昇）、父親世代とくらべて同じ年齢における収入が一〇％減少した。終身雇用制度が崩壊するのを目の当たりにしたこの世代は、自力で仕事人生を切り拓いていく必要があった。Y世代のなかには、きわめてひどい状況に陥っている人もいる。教育ローンを抱え、住宅ブームに乗れる見込みはなく、老後に年金がきちんと支払われる保証もないため、七〇代や八〇代まで働き続けなければならない。仕事のグローバル化によって非常に大きなプレッシャーがのしかかり、戦場さながらの世界で自分の居場所を求めて戦っていかなければならないのだ。[7]

ストレスのたまる仕事が増えた

Y世代には六〇年間働き続けるというマラソンが待ち受けている。だからこそ、いまから健康を保つことに必死なのだ。Y世代の多くやその親たちにとって、自宅と職場は、私の父の時代のようにどちらかといえば活力を高められる場所ではなく、はるかに辛い思いをする場所になった。私がハンス＝ヨアヒム・ウルフラムと共同で二〇〇五年におこなった、数百人を対象とした職場と家庭での過ごし方についての調査の結果を見れば明らかである。[8] 多くの人は、長時間仕事をして帰宅したときには疲れ切っているにもかかわらず、幼い子どもがいたり、年老いた両親の介護をしたり、共働きをしたりしているため、家庭でも同じようにやることが多くて辛い思いをしていると話していた。職場での疲れが帰宅したときも残っている原因としては、仕事の要求がきつい、長時間労働を強いられているといった要因の他に、仕事の進め方に対する葛藤もあった。このように、職場でも家庭でも負の影響があることで、体力と気力が大きく削がれていることがわかった。人間がこのような負のスパイラルに陥ると、仕事に情熱を持って前向きに取り組みにくくなり、イノベーションを起こして創造力を発揮しようとしなくなる。

多くの人にとって、仕事のストレスが増大しはじめていることは明らかだ。たとえば、世界保健機関（WHO）の報告書のなかで、イギリスの労働者のうち仕事が「とてもきつい」または「かなりの緊張にさらされている」と答えた人の割合が一九八〇年代以降右肩上がりで上昇していることがわかった。[9] これは危険な状況である。仕事のストレスが大きくなったことと関連して、心臓病のリスクが二〇％上昇しただけでなく、さまざまな精神疾患や肉体的な健康リスクが高まっているのだ。[10] これはイギリスだけで見られる現象ではない。二〇〇九年に七五カ国の一〇〇〇社を対象とした世界的な調査で、六〇％以上の労働者が職場でのストレスが大きくなったと答えている。この調査からは、職場でのストレスが最も大きく上昇したのは中国（八六％）で、大企業（従業員数一〇〇〇人以上）の従業員は全体のおよそ二倍の確率でストレスを感じていることがわかった。[11]

時間が足りない！

精神的なレジリエンスは、時間の使い方からも影響を受ける。時間の使い方とストレスのメカニズムについては、時間配分の理論で知られるノーベル賞受賞経済学者のゲーリー・ベッカーによると、先進国の人々は貨幣化できる活動にばかり時間を使うようになっている。[12] 要するに、報酬がもらえる活動には時間をかけるが、報酬がもらえない活動にはあまり時間をかけないのだ。

ベッカーの最大の懸念はこの点にある。産業化によって耐え難いほどのストレスが労働者の多くにのしかかり、労働者たちは長時間働いて、ろくに食事をとる時間もなく、社会的な交流も乏しく、長い通勤時間のために睡眠不足で、いつも時間に追われていると感じている。こうした現象をボストンカレッジの経済学者ジュリエット・ショアは「時間的貧困化」と呼んだ。[13]この貧困化は、年間労働時間が毎年着実に延びているアメリカとイギリスで特に顕著である。一九七三年の平均労働時間は一年間でおよそ一六七〇時間だったが、二〇〇六年までにこの数字は一八七〇時間にまで増えていた。

多くの人にとって平日は過酷なものになった。P&Gの前CEO、A・G・ラフリーが、多くの人にとって当たり前となった働き方について次のように述べている。[14]

朝は五時~五時半の間に起床する。一汗かいて六時半か七時までにはデスクにつき、午後七時頃まで全力で働いてから帰宅。妻のマーガレットと一緒に一息つき、夜遅くに再び仕事に戻る。一日中、ひたすら働くのだ。この職に就いて最初の年には、毎週土曜日と日曜日の朝にも働いていた。

私が若手の技術者を対象におこなった調査でも同じ結論に達した。A・G・ラフリーと同じく、ほとんどの人は夜まで働くと答え、特にリーダーシップを発揮しなければならない立場にある人は、圧倒的多数が週末にも働くと答えていた。

働き方の未来について考えると、明らかに「抑制と均衡によって仕事のプレッシャーが軽くなることはない」という結論が得られる。「人工知能のアシスタント」が絶えず流れ込んでくる情報量を抑え、負担を軽くできることを期待する向きもあるが、その願いはおそらく打ち砕かれるだろう。むしろ、グローバル化の加速、高度接続社会、仕事のボーダーレス化といった働き方の未来に影響するさまざまな要因により、プレッシャーは増大する一方だ。未来の働き方は、いまよりもっと私たちから活力を奪うものかもしれない。共同作業やテクノロジーでつながることを強制されていつも仕事に追われて疲れ果て、人口の過密した都市への長い通勤時間がますます苦痛になる一方で、二四時間週七日、ほとんど休むことのないグローバルな生産体制によって活力が次第に奪われていく。

　打開策は、テクノロジーの利用を増やすことではなく、従業員と経営陣が仕事や働き方についての考えを改めることにある。これは働き方を変えることであり、社風や規範のあり方を変えることである。社会心理学者のシェリー・タークルが警告したように、いまやマルチタスクや電子メールへの執着が当たり前になっている。[15] 膨大な要求にさらされながらも自己管理を慎重におこなって、仕事のある日にもじっくり考える時間をつくらなければならない。

　働き方をしっかりコントロールできなければ、活力を高められる見込みはほとんどない。それどころか、データが山のように押し寄せ、絶えずプレッシャーにさらされて常につながった状態に置かれると、従業員はいつも不安やストレスを抱えることになる。

精神的活力を高めるために企業は何ができるか

これは未来にとって良い兆しではない。従業員が仕事で疲れ果て、コミュニケーションの細切れ化によって仕事を一定のペースで進めることができなくなり、常にプレッシャーがかかった状態だと、未来に備えるために必要な勇気や創造性を発揮してイノベーションを起こし、精神的活力を高めるのは非常に難しくなる。

個人のレジリエンスと精神的活力を高めるために、企業としてどのような取り組みをおこなえばよいのだろうか。個人の活力は組織が成功するための「燃料」である。この重要だが限りある資源を補給できれば、従業員や組織の業績を高めることができる。この資源が失われれば、未来に備えるのは難しくなる。[16]

職場が創造性やイノベーションを発揮できる場所になれば、ベビーブーム世代が取り掛かってやり残した仕事を終わらせる方法を若い世代が見つけてくれるはずだ。非効率的で融通の利かない仕事の進め方を撲滅し、従業員が自分で働き方を選べるようにするのである。企業が従業員の活力を奪うのではなく高めるためには、三つの方法が考えられる。

1 働き方を変える

2 仕事中に自由時間をつくる

3　自然なリズムに合わせる

働き方を変える――BT

定時労働に慣れた経営陣の考え方を改めさせるのは容易ではない。チーム全員がその場にいるほうがはるかに管理しやすく、全員の勤務時間が同じほうが生産性を監視しやすいのは確かだ。勤務時間を柔軟に変えられるようにしようとすると失敗することが多いのはそのためである。上司が最初から「いること重視」の傾向を持っていて、部下が懸命に働くのはオフィスにいて監視されている場合のみだと考えている場合もある。[17]

仕事をする時間と場所を変えるには覚悟がいる。この覚悟を決めた企業の一つにBTがある。同社はイギリスをはじめとして世界一七〇カ国以上で事業を展開し、九万人以上の従業員を抱えている。この改革を主導したのはフレキシブル化を推進していたキャロライン・ウォーターズで、彼女はいままでと違った働き方があることをまずは地方都市のカーディフで実験を試みた。

【実験から学ぶ】

この地名に聞き覚えのない読者に説明しておくと、カーディフはウェールズの首都で、当時は興味を持ったBTの幹部がこのイギリスの外れにある地を訪れようとしても、たどり着くにはほぼ丸一日かかった。要するに、実験には最適な場所だった。

実験グループは、可能な限りフレキシブルに働くよう指示された。始業時間を早くする、終業時間を遅くする、週末に仕事をするなど、勤務時間を変えてもよかったし、自宅に仕事を持ち帰るなど、仕事をする場所を変えても構わなかった。働き方を変えるこの実験をはじめてから三カ月後に出た結果は悲惨なものだった。自宅で仕事をしていた従業員は、普段通りの仕事ができなかったりデータが手に入らなかったりすることにいら立ちはじめ、他のチームメンバーとの関係を維持することにも苦労し、次第に孤独感を強めていった。いら立っていたのは彼らだけではなかった。メンバーたちが次第に金曜日は欠勤し、月曜日は遅刻してくるようになったことに、マネジャーが怒りはじめたのだ。そのため、マネジャーは二四時間週七日を通じて顧客に質の高いサービスを提供するのはほぼ不可能になったと感じた。この三カ月間の実験結果の報告書がBTの本社に提出されると、経営陣はこれ以上傷口が広がらないうちに実験を中止したいと考えた。

【勤務ルールを決める】

にもかかわらず、キャロライン・ウォーターズたちのチームは実験を継続し、じっくり腰を据えて新しい「勤務ルール」づくりをはじめた。全員が仕事をしなければならない時間を決め、自宅でできる仕事と直接顔を合わせておこなわなければならない仕事をより厳密に分けて、ユーザーインターフェイスを改善し、テクノロジーを簡素化する必要があるという点で意見が一致した。

この新しいルールをつくったうえで実験を再開したところ、六カ月以内に当初の問題が解決され、チームはフレキシブルな働き方を楽しみはじめた。実際、その業績は対照グループと同じ水準まで上がっていた。一年もしないうちに、フレキシブルな働き方をしていた実験グループの業績が対照グループを上回りはじめた。顧客サービスの質が上がり、仕事で得られる満足感が大きくなって、仕事に取り組む時間が延びたのである。

カーディフの実験から二〇年後、BTはその教訓を糧に積極的にフレキシブルな働き方を取り入れている。二〇〇九年には一万四〇〇〇人以上が自宅で仕事をこなしていて、それから三年もしないうちにBTでは七万人以上がフレキシブルな働き方をするようになった。カーディフのような僻地で実験をおこなったのは良いアイデアだった、とウォーターズは振り返る。[18]

働き方を変えるといった実験は、全社で大々的におこなうのではなく、必ず組織の中心から離れた場所でおこなわなければなりません。次に、早い段階でマネジャーとチームメンバーの間で摩擦が起こるポイントを見きわめるために、互いに学習できる関係を築くことに力を注ぎます。その過程で、新しい働き方や業績の測定方法が明らかになりました。BTで最も大きな変化は、勤務時間ではなく仕事量を測定しはじめたときに起こりました。実験前は、オフィスで何時間を過ごしたかによってチームの業績を測定していました。実験後は、仕事量によって業績を測定するように変わったのです。

彼女はこれが難しいことも認めている。働き方を変えるといっても、「出社」すべきという考えを捨てるのは難しい。しかし、勤務時間ではなく仕事量で業績を測定することを発表したところ、チームのメンバーは仕事さえきちんとこなせば好きな時間に働いても構わないと考えられるようになった。彼らの意識が出社することから仕事をすることに変わったのである。

日々の仕事の進め方を変えるだけでも、活力を高めたり失ったりするのに大きな影響を及ぼす可能性はあるが、決定的な差が生まれるのは長期的な仕事の進め方を変えたときであることが多い。ベビーブーム世代にとっての仕事は三〇年間の短距離走だったが、この先六〇年間仕事をするかもしれないY世代の従業員にとってはマラソンなのだ。マラソンを走り切るには、一日のなかで活力や精神的なレジリエンスを高める工夫を凝らすだけでなく、週単位、月単位、年単位でもこうした工夫を凝らしていかなければならない。

仕事中に自由時間をつくる——WLゴア

私の同僚だったバビス・マイネメリスは、ロンドン・ビジネススクールで長年教授を務めたのち、故郷のギリシャに戻った。彼は仕事のリズムやそのリズムが創造性に与える影響について研究していた。フレキシブルな働き方の導入は、仕事の進め方を自分でコントロールできれば、職場と家庭で気力と体力を保つことができるだけでなく、より自然なタイミングでそれらを回復できる、ということが前提となる。とはいえ、気力や体力を回復する方法は「働かない」ことだけではなく、仕事をしながら精神的活力を高めることもできるとわかった。特に、仕事中に予定を決めず、好きに使える時間があれば、創造性を伸ばす絶好の機会となる。

化学会社デュポンで最も大きな収益をもたらしている特殊繊維「ケブラー」の誕生には、社員が「好きに使える時間」が大きな役割を果たした。この製品は、チームが六カ月間の「自由時間」にアイデアを探していたときに生まれた。期間中、チームのメンバー以外はこのプロジェクトのことを誰も知らなかった。主任化学者はこのプロジェクトを秘密にしていた理由を尋ねられて、「新しいアイデアを自分で探すことに時間を費やすのが私たちの仕事なので、誰の許可を得る必要もなかった」と答えている。[19] 同じことはグーグルのエンジニアにも当てはまる。彼らは収益性や市場性ばかりを追求するのではなく、勤務時間の二〇%を非主力事業に費やすことが指示されていて、元CEOのエリック・シュミットは、同社の新製品の大半がこうした補助的なプロジェクトの産物として誕生すると考えている。[20]

自由に使える時間によって組織のレジリエンスを高めている企業として最もよく知られているのは、おそらく繊維会社のWLゴアだろう。たとえば、あるエンジニアは同社の医薬品工場で、自由時間を使ってマウンテンバイクのギアを改良していたときに「ライドオン」と呼ばれる自転車用ケーブルを発明した。彼はさらにそのアイデアを生かし、ディズニー・ワールドなどでそれまでギターの弦を使って操られていた巨大な人形を操るためのケーブルを開発した。ギターの弦が切れやすいことに気づいたときに、切れにくいギターの弦はどうすれば開発できるかという疑問を持ったのだ。その答えを見つけるために、彼は音楽を趣味にしていた同僚、そしてWLゴアの切れにくい「グライド」というデンタルフロスの開発に携わった同僚と協力することにした。五年間にわたり、三人は自由時間を一緒に過ごすこともあればそれぞれで過ごすこともあったが、「誰の許可を得る必要も何をしているのか咎められることも」なかった。[21]彼らはついに自由時間を生かしてアコースティックギターの弦を新たに考案し、この新製品はそれまで同社が参入していなかった市場で三五％のシェアを獲得するに至った。

デュポンやグーグル、ＷＬゴアで採用されているこの自由時間のおかげで、少なくともしばらくの間はいつもの仕事のプレッシャーから解放される。その時間は、仕事のプレッシャーを感じずに活動できるし、他人への責任も軽くなり、規則に従って働き続ける必要がない。新しいアイデアや行動、考え方を模索し、試せるのはこのようなときだ。すぐに新しい製品や解決策を思いつくとは限らないが、さまざまなアイデアが生まれることで、意見の幅が広がる可能性がある。[22・23]こうした多様な働き方こそが、個人の気力を高めて企業のレジリエンスを高めるうえできわめて重要な役割を果たすのである。

自然なリズムに合わせる――デロイト

一週間、あるいは一カ月を好きに使えれば十分に英気を養うことができるだろうが、さらに長期にわたって休む場合はどうだろうか。仕事をしていると、高速道路を下りるように、しばらく出世から遠ざかりたいと思うときもある。かつては、このようにあえて出世を遅らせるのは「女性や母親の問題」とされていた。多くの家庭で母親が育児のほとんどを担当していたからだ。[24]しかし、出世を遅らせるのは、次第に若い女性だけが考えるべき問題ではなくなりつつある。

コンサルティング会社のデロイトは、数年前から出世を意図的に遅らせることに重点的に取り組んできた。二〇〇五年には同社の代表でありデロイトの「女性の働き方について考える取り組み」のリーダーを務めるキャシー・ベンコが、デロイトで女性が働き続けるのがなぜこれほど難しいのかを調べはじめた。一般に、コンサルティング会社は勤務時間が長く出張が多いため（勤務時間の八〇%が出張ということもある）、男性優位の業界である。結婚して家庭を持つようになると、仕事とプライベートを両立させるのはますます難しくなる。これは男性にも女性にも言える。ベンコは家族構成の変化についても調べた。同社の従業員の間では、男性が働いて妻が家庭を守るという従来型の家族構成はほとんど見られなくなり、妻と夫のどちらもが仕事をしていて、共働きについてどうするか話し合っている夫婦が多いことがわかった。問題の根本的な原因を調べるなかで、女性がデロイトを退社した後の動向を追跡したところ、大半の女性は仕事を完全にやめるのではなく、他の会社に移って仕事を続けていることもわかった。つまり、デロイトは貴重な人材を失っていたのである。

【出世を〝梯子〟ではなく〝格子〟で考える】

従業員の出世の仕方を調べたところ、ベンコはたとえ幹部であっても常に昇進し続けるわけではなく、実際は波打つ曲線のように出世している場合が多いことにも気づいた。彼女は「出世の梯子」から「出世の格子」へと考え方が変わったという。[25]

「出世の梯子」というアイデアは私たちの考え方や働き方に深く根づいていて、人々の世界観や物事の道理にも大きな影響を与えています。この考え方を変えない限り、大規模な改革をおこなうことはできないと気づきました。そこで、「出世の梯子」という発想を捨てて、よりわかりやすい方法を選びました。

企業全体で何らかの取り組みをおこなったり方針を変更したりする代わりに、ベンコらは各従業員が自分に合ったペースで出世できるようにしたのだ。そうすることで、各自が短期的にも長期的にも自分の出世のペースをより客観的に評価できるようになり、結果として各自が自分に合ったキャリアを築けるようになるというのが彼女の考えだった。

この変化を実現するには、従業員が四つのことを選択できるようにする必要がある。一つ目は「ペース」であり、いつでもキャリアを加速する（出世する）か、それとも減速する（同じ役職にとどまる）かを決めることができる。二つ目は「仕事量」だ。仕事量を落とさずに働くか、それともしばらく勤務時間を短縮するかを決めることができる。三つ目は「働く場所」。しばらくは在宅勤務を取り入れることもできる。四つ目は「仕事における役割」で、次のプロジェクトで中心的な役割を果たすか、それとも補助的な役割を果たすかを決めることができる。この四つの点を考慮しながら仕事をすれば、各自がそのときの自分の状況に合った働き方を選べるようになる。[26]

出世を自由に遅らせることができるようにすることで、デロイトの経営陣は各自の状況や希望に合わせてキャリアを築くことを従業員に促している。デロイトのような企業にとって、すぐ昇進しなければ会社を去るしかないという「アップ・オア・アウト」の考え方は時代遅れなのだろう。彼らの働き方に対する考え方は、労働の機械化よりも生活の自然なリズムの影響を強く受けている。このことがかつてないほど重要なのは、多くのY世代は仕事とプライベートをもっと両立したいと考え、若い親たちは育児に時間をかけたいと願っていて、ベビーブーム世代は次第に退職を意識して準備し始めているからだ。

≫まとめ

この章の冒頭で、細切れ化した生活を送り、常に自立共生のための最先端のツールによって送り込まれてくる山のような情報に追われているジルのストーリーを紹介した。ジルは職場と自宅の両方で辛い思いをしていて、活力とレジリエンスを失いつつある。企業の経営者が創造性を発揮して仕事の進め方を見直し、仕事をオフィスから切り離し、より自然なリズムに合わせて働けるようにしない限り、仕事のストレスは高まる一方であることは明らかだ。こうした対策はいずれも実現可能で、この章で見てきたように、他社が見習うべき手本として素晴らしい取り組みをおこなっている企業もある。必要なのは覚悟と勇気だけだ。

Chapter 5 Harnessing Social Connections

第5章 社会的つながりを築く

人間関係は、常に文明の発展に大きな役割を果たしてきた。私たちは会話を通じて情報を交換し、協調して厄介な作業をこなし、素晴らしい製品やサービスを生み出してきた。いま、この人間関係の性質や範囲が大きく変わろうとしている。第三章で紹介したインフォシスの全従業員同士をつなぐ仮想プラットフォームのようなテクノロジーは一〇年前には存在すらしていなかった。これはまだ序の口に過ぎず、次の一〇年間でさらに刺激的な進化が起こると予想される。

では、これからの人間同士のつながりはどうなるのだろうか。人類が誕生して以来、人間同士のつながりのほとんどは直接顔を合わせて話し合うことによって築かれてきた。考え方の異なる人間同士が直接対話することで相反するものの見方や、さまざまなアイデアが持ち寄られて計り知れない価値が生み出されてきたのだ。

直接言葉を交わすのが望ましいのは確かだが、多くの企業では次第にそれが不可能になりつつある。大半の人にとって、直接会話する機会が「サイバー空間での協働」に取って代わられた。世界各地にいる相手とつながりを築いて知識を共有しなければならないのである。

バーチャルな働き方が当たり前になるにしたがって、世界じゅうの企業が仮想空間ではあっても本物のつながりを築けるようになってきた。こうしたサイバー空間での協力に関するルールが形成されるにしたがって、バーチャルな環境での管理に対する理解が進み、認識が深まっている。その結果、直接的なつながりでは不可能な方法で人間同士のつながりを深めることができるようにまでなった。

私たちは他者とのつながりを求める存在だ。アイデアを交換して噂話に花を咲かせ、ジョークを飛ばし、共に働きたいという思いを持っている。社会的つながりの歴史を振り返ってみると、DNAの発見をはじめとするイノベーションの大半で、直接顔を合わせての話し合いが人間関係を築く強力な手段となってきた。だが、ヒッグス粒子の発見に代表される人類の最近の発見からわかるように、バーチャルなつながりも、企業がレジリエンスを高めるためにきわめて重要なアイデアや洞察力を生かすための基盤になる場合がある。

直接のつながりの威力――DNAの発見

秋も深まった一九五〇年のある日、フランシス・クリックとジェームズ・ワトソンはケンブリッジ大学にある薄暗いキャヴェンディッシュ研究所のなかで話し合いをしていた。二人は共同で遺伝学、生物化学、物理化学、X線結晶学をはじめとするさまざまな科学分野の大変な研究に没頭していた。意見が一致することもあったが、衝突することもあった。無理もない。二人は学歴も違えば年齢も一回り離れていて、およそ似た者同士とは言い難かったからだ。二人はそれまでに研究してきた科学分野も専門分野も違っていた。クリックが物理学とX線結晶学の専門家だったのに対して、ワトソンはウイルスや細菌遺伝学の専門家だった。そのため当初は共通の話題があまりなく、意見が一致することはめったになかった。にもかかわらず二人は協力し合い、多くの研究者が挑んだもののの解決に至らなかった謎を解くことに成功した。DNAの分子構造である。二人の科学に対する情熱が実を結んで、分子生物学で最も大きな発見の一つにつながったのだ。

幸いなことに、私たち人間は互いにゆるくつながれていて、協力する生き物のようだ。[1] 実際、この考えを裏づける証拠が次々と見つかっている。[2] 人間には生まれつき同族意識が備わっているらしい。私たちは他者と、特に親しい相手と知識を共有することを欲し、直接顔を合わすことができる相手を信用する。たとえ最初は相手を信用していなくても、一緒に過ごす時間が長くなるほど相手に対して好感を持つようになるという傾向もある。したがってクリックとワトソンのように互いを深く知り、直接顔を合わせて議論を戦わせ、時間をかけて信頼関係を築ける状況に置かれれば、自然と協力するようになるのだ。

企業がレジリエンスを高めるには、このような信頼関係を築いて社員同士が連携することが不可欠だが、労働環境は次第に自然な協力を実現しにくいものになりつつある。世界各地から数千人との話し合いに参加しているインフォシスの従業員を例に挙げよう。その労働環境はクリックやワトソンの時代とまるで違っている。話し合いをしている相手と肩を並べて一緒に歩くことはめったになく、インフォシスの仮想プラットフォーム上ではまったく知らない相手と話し合うことが多い。

自然に助け合える相手とはよく知っている相手であり、同じ地域にいる相手であり、毎日直接顔を合わせる相手である。[3]ただし、インフォシスのグローバルな話し合いでも、テレビ電話を使って相手の姿を「見る」ことはできるし、イングランドのキングストン・アポン・ハルからアクセスしている相手ともインドのハイデラーバードにいる相手と同じように話し合うことができる。

インフォシスの従業員だけでなく世界じゅうの多くの労働者にとって、協働は「自然」な活動ではなくなっている。サイバー空間も含めてはるかに複雑な環境でおこなわれる、努力して意識的におこなわなければならない活動になっているのだ。

クリックとワトソンがケンブリッジ大学の研究所でともに研究をしていた時代に時計の針を戻すことはできない。世界を一変させたグローバル化とテクノロジーが、自然な協力関係をむしろ後退させてしまったかもしれないが、協力関係の前提条件はほとんど変わっていない。相手を信頼し、相手に敬意を払うことが密接に協調して知識を共有するために不可欠であることに変わりはない。そうでなければ、知識をただため込むだけでイノベーションは生まれなくなる。

協力して仕事を行うための環境はがらりと変わった。この変化には三つの次元がある。まず、直接顔を合わせて話し合う機会が減り、世界じゅうの多くの企業では電子メールやテレビ会議といったテクノロジーを介してつながることが当たり前になった。それによって、対面のコミュニケーションの親密性や直接性もかなりの部分失われた。第二に、かつては研究施設や大学の研究所でじっくり時間をかけておこなわれていた話し合いが、いまや凄まじいテンポでおこなわれるようになった。チームを編成して同じ作業に取り組み、あっという間に終わらせるようになったのである。第三に、クリックとワトソンは専門分野こそ違っていたかもしれないが、共通点は多かった。共に男性であり、先進国で質の高い教育を受けたという点も同じだった。テクノロジーによるつながりがなければ成り立たない現在の多くのグループやチームとくらべて、二人には共通点がはるかに多かったのだ。社内のチームやグループは次第に、性別も違えば国籍も学歴も違い、専門分野も違う人々で構成されることが多くなっている。[4] その結果、多様化が進む世界ではクリックとワトソンのように共通点の多い者同士が話し合う機会は非常に珍しくなっている。むしろ、複雑で多様なチームについて独自に研究したところ、現在の協力体制はもろく、国の違いや専門分野の違いで「断層」が生まれやすいことがわかった。[5]

社内のレジリエンスを高めるためにつながりと社会資本が中心的な役割を果たすことがわかってきたなかで、私たちは非常に大きな問題に直面している。企業は、従業員同士が直接顔を合わせない場合でも、話し合いが短時間しかおこなわれない場合でも、従業員同士に共通点がほとんどない場合でも、つながりを築かなければならないのだ。そのうえ、協働して信じられないほど複雑な仕事をこなすためのアイデアを生み出すというきわめて難しい課題も抱えている。

仮想空間で共通点の少ない人々が集まり、複雑な仕事をこなすための協力体制を迅速に築き上げるのはあまりにも大変で実現不可能にさえ思える。テクノロジーによるつながりのもたらす効果が今後急速に低減する可能性もある。だが、それはまったく違う。実際には、つながりや協力を深めることで目覚ましい成果が出ている事例が世界じゅうにいくつもあるのだ。

バーチャルなつながりの威力――ヒッグス粒子の発見

複雑な共同作業がもたらす驚異的な威力は、DNAの分子構造に引けを取らないほど素晴らしい発見を科学者が発表した二〇一二年三月一四日に明らかになった。欧州原子核研究機構（CERN）のメンバーが、ヒッグス粒子をついに発見したと発表したのである。この粒子は、物質が質量を持つことを説明するために四五年にわたって研究が続けられていたものだった。

この発見で本当に驚くべきことは、少人数のグループが直接顔を合わせながら話し合って発見したのでもなければ、ケンブリッジ大学のような正式な学術機関の研究所や研究室で話し合っていたのでもなかったことである。それどころか、この発見は世界じゅうから膨大な数の研究者がサイバー空間に集まり、信じられないほどの膨大なデータについて研究したことによる並外れた規模での協調の賜物だった。この偉業がどのように成し遂げられたかを理解すれば、グローバルで多様な企業における協調の性質についてより深く考えることができる。

この複雑な共同研究がどのように成し遂げられたかを理解するには、CERNと関わりを持つ複数のチームが共同で一つの作業に取り組んだことを知るのが重要である。[6] すべてのチームが、CERNの実験で生成されたデータを分析して理解するという作業にあたった。このデータを生成していたのはスイスとフランスの国境をまたいで設置された大型ハドロン衝突型加速器と呼ばれる外周二七キロメートルの粒子加速器であり、その規模はロンドン市内を走る地下鉄の環状線に匹敵する。

こうしたデータを生成するための実験条件が尋常ではなかった。実験装置はナノメートル（一〇億分の一メートル）単位の構造物で、摂氏マイナス二七一度で、原子より小さい陽子を加速させて七兆ボルトの電圧にまで高めるというものだったのだ。この実験で生成されるデータは膨大な量に及び、一年におよそ一五ペタバイト（一五〇〇万ギガバイト）のデータが生成された。これは、二層式DVD一七〇万枚以上に相当する。この膨大なデータを一カ所で保管することはできず、世界各地の研究施設に分配され、数千人の科学者が分析にあたった。

ケンブリッジの研究所で直接顔を合わせて話し合っていたのとは違い、三四カ国に及ぶ一七〇以上の研究施設の科学者が共同作業をおこなった。そのために、まずデータをカナダ、フランス、ドイツ、イタリア、オランダ、北欧諸国、スペイン、台湾、イギリス、さらにアメリカの二つの施設を含む一一カ所の大規模コンピュータセンターに分配した。続いて、このいわゆる「第一層」のセンターが一六〇以上の「第二層」のセンターでデータを扱えるように処理した。次に、科学者がチームを組み、「第三層」にあたる地元の大学の研究室や自宅にあるコンピュータからこれらの施設にアクセスした。[7] この研究に手を貸した人々の専門分野は信じられないほど多岐にわたり、生物情報学、医学画像、教育、気候変動、エネルギー、農業など二〇を超える専門分野の研究者たちが加わった。[8]

ヒッグス粒子の発見は、かつてない規模で複雑な共同作業をおこなったことで実を結んだ。このことから、CERNコミュニティから発表される最近の研究論文には、一〇〇〇人以上の執筆者が名を連ねているものも少なくない。

企業がネットワークを生かすには

複雑な協働が功を奏して、自然な協力とは比べ物にならないほどの規模で迅速に実を結ぶこともある。実際、直接的な人間同士のつながりを失わせつつあるテクノロジーは、サイバー空間で人間同士をつなげる可能性も持っている。とはいえ、そのためには協働の意義を虚心坦懐に考える必要があるし、CERNの物理学者のように、あらゆるツールを使う覚悟をしなければならない。これは容易なことではなく、単純なことでもない。こうしたサイバー空間での協働を実現したり、そのためのネットワークを築いたりするための個人や組織の能力は、似た者同士が長くつき合っているグループで協働を実現するための管理能力やノウハウよりもはるかに高度なのは明らかである。サイバー空間での協働を最大限に促すために、経営陣は四つの幅広い手段を利用することができる。

1 責務の透明性を高める
2 サイバー空間で信頼を高めながら親睦を深める
3 コミュニケーションを欠かさない
4 思いやりの重要性を理解する

責任の透明性を高める――モーニングスター

複雑な協働作業を実現するために中心的な役割を果たすのは信頼と責任《コミットメント》である。人間は、有能だと認めた相手や責任を果たせると認めた相手ほど信頼する。問題は、他人に対してどれだけ責任を負っているのか、その責任をどこまで果たしたのかを本人以外の人間が知るのは難しいという点である。だが、こうした責任を容易に確認できる例もある。カリフォルニアの食品加工会社であるモーニングスターの経営陣の例を紹介しよう。同社は多国籍企業とくらべると規模は小さいが、彼らの取り組みは、コミットメントに基づいて信頼を築く方法として興味深い。

一九七〇年にビジネススクールの学生だったクリス・ルーファーが創業したトマトの輸送業者のモーニングスターは、いまや世界最大のトマト加工業者にまで成長した。同社の経営は、従業員同士が互いに果たす責務を自分で決めるという手法に基づいている。このプロセスは、従業員同士が無数の相互依存関係のなかで日常業務をこなしているという前提に立っている。

各自が自分の責務を発表する場は、すべての従業員を共同作業に従事する相手とつなぐ役割を果たすようになった「同僚のための基本合意書」の中である。まずは、各従業員が同僚に対して果たす責務を決める。その内容はチームのメンバーで共有され、社内の他のチームにも公表される。具体的には、やるべき仕事の中身と、その成果を測定して追跡する方法が示される。透明性を高めるために、一カ月に二回、各事業単位の詳細な財務状況が発表され、全員に公開される。このように、やるべきことを決めて財務状況を公開することが、従業員同士の信頼関係を築くうえできわめて重要であることが実証された。簡単に言えば、たとえよく知らない相手でも、やるべきことを果たしてきたことが確認できれば、その相手を信頼しやすくなるのである。

当初、責務を決めるときには全員が一枚の紙に書き、年一回、関係者と一緒に見直して合意できていることを確認していた。規模が小さいうちはこのやり方で問題なかったが、成長するにつれて手に負えなくなってきた。経営陣はテクノロジー企業の力を借り、専用のソフトウェアプログラムを開発した。このソフトウェアにより、従業員同士の責務を通じたネットワークが目に見えるかたちでつくられ、誰もが確認できるようになった。

このテクノロジーを利用したイノベーションは、静的なプロセスを動的なプロセスに変えることに成功したという意味できわめて重要だった。結果として、このネットワークはいつでも各従業員の責任の変化を反映できるようになったのだ。また、自分のやるべき仕事だけでなく他の従業員のやるべき仕事も簡単に確認できるようになり、その透明性も高まった。これは複雑な協働を実現するためにきわめて重要なことだった。複数の人間で同じ作業をおこなうときに自分や他人の責任が明らかになっていれば、作業全体がよりスムーズにおこなわれ、異なるグループ間の信頼も深まるのである。[9]

サイバー空間で信頼を高めながら親睦を深める――TCS

複雑な協働を実現するためにはさまざまな問題があることが「働き方の未来コンソーシアム」を通じて鮮明になってきた。調査を開始するにあたって、私たちは五〇社以上、三〇〇〇人を超える幹部に話を聞き、各社のさまざまな取り組みについて評価してもらった。幹部たちが未来に向けた自社の取り組みをどれだけ重要だと考えているのか、現在のところその取り組みについてどのように認識しているのかを知るためだ。次に、私たちは各社のあらゆる取り組みをリスクに基づいて評価した。最もリスクが大きいとされたのは、未来のために重要ではあるが、幹部たちが現在のところまだ不十分と評価している取り組みである。このリスクに基づいた評価結果を見ていると、実に興味深いことに、複雑な協働の実現に関するさまざまな取り組みは軒並みリスクが高かった。世界じゅうの経営陣が、部署や世代の垣根を越えて従業員に協働を促すための取り組みを推進するのに苦労しているようだ。さらに、こうした取り組みは仮想チームに大きな成果を上げさせるうえでも主要なリスクの一つと考えられていた。

こうしたリスクに対する認識は理解できる。企業が成長してグローバル化が進むにつれ、企業の取り組みはますます複雑になり、バーチャルにおこなわれるようになる。タタ・グループの、タタ・コンサルタンシー・サービシズ（TCS）を例に挙げよう。二〇一二年の時点で、このテクノロジー企業の従業員数は二三万八〇〇〇人を超え、従業員の国籍は一一〇カ国以上に及んでいた。うち七〇％以上はテクノロジーに精通したY世代で、仕事の八五％は仮想空間でおこなわれていた。同社は、世界各地で仕事をしている従業員がグローバルなネットワークをつくり、二四時間いつでも顧客に対応しなければならないビジネスモデルであっても、レジリエンスを高められることを実証している。TCSの平均成長率は二一%であり、二〇一一年度には年間売上高が一〇〇億ドルを超えた。

グローバルなビジネス戦略を展開したことで、ほとんどのTCS社員にとって、世界各地の見知らぬ相手と一緒に仕事をするのが当たり前になった。だが、経営陣も認めるように、ネットワークが五五カ国以上に及ぶことを考えれば、この複雑な協働を実現するのは容易ではない。

では、TCSの経営陣は仮想空間でどのように信頼関係を築き、協調できるようにしているのだろうか。TCSのような企業が共同作業の概念を変えるには、三つの方法がある。

【成果を重視する】

モーニングスターと同じようにTCSの従業員にとっても、責任と成果に対する信頼のネットワークが重要であることは変わらない。TCSの場合、コミットメントの中心には企業の戦略目標があり、この目標はテクノロジーを利用したプラットフォームを通じて伝達され、全従業員がこれらの目標に照らし合わせて自身の成果を追跡して監視し、他の従業員の進捗状況を確認できる。ヨーロッパで人事の責任者を担当するヌプル・シンは次のように述べる。[10]

当社では、干渉しすぎないリーダーシップを通じた協働を奨励しています。従業員に対して望むのは互いに信頼し合うことです。そのために、リーダーには何が最終目標か、誰に対して説明責任があるか、自分の責任は何かを定義するように促します。リーダーは目標を決めて範囲を設定しますが、結果が出るまで介入はせず、範囲内でメンバーを自由に活動させます。必要に応じてまとめ役が指導します。権力争いをするのではなく、平等の立場で責任を負うことが重要なのです。

カーディフで在宅勤務の実験をおこなったBTの経営陣や、出世を意図的に遅らせる試みをおこなったデロイトの経営陣と同じように、TCSの経営陣も勤務時間ではなく仕事量で成果を測定する利点に気づいたようだ。

【自己開示が信頼関係をつくる】

モーニングスターの経営陣と同じようにTCSの経営陣も、責務と説明責任によって複雑な協働や問題の解決を実現しやすくなることに気づいた。個人がやるべき仕事を決めるだけでは意味がない。複雑な協働を実現するには活発なコミュニケーションがきわめて重要だ。クリックとワトソンによるDNAの分子構造の発見からもわかるように、活発なコミュニケーションは自然な協力関係を築く強力な要素である。二人はじっくりと話し合いを続けたおかげで、イノベーションを起こすことができたのだ。

TCSのあるチームが仮想チームによるコミュニケーションの状況と仕事における成果を監視した社内調査の結果からも、チームの仕事の成果を測定する重要な指標の一つがコミュニケーションの範囲と密度であることがわかっている。コミュニケーションが活発なチームほどメンバー同士の信頼関係が強く、協調がスムーズにおこなわれ、結果として大きな成果を上げていたのだ。
この仮想空間を使ったコミュニケーションで、仕事の進捗状況が伝えられているのは明らかだ。だがそれだけではない。仮想チームの成果を高める活発なコミュニケーションの重要な役割は、自分自身のことや自分の能力を知ってもらえることにある。それによって、他人に信頼されるようになるのだ。ヌプル・シンは次のように述べている。

高い成果を上げるチームが他のチームと一番大きく違うのは信頼関係だとわかりました。当社の社風は「相手が信頼に足る人物ではないとわかるまでは信頼する」というものです。従業員たちはその信頼に応えなければなりません。そのために、各自が「信頼に応える」能力を身に付けることを重視しています。

ヌプル・シンは、人々が信頼に応える可能性を高めるには、さまざまな方法があると考えている。

【信頼に応える】

まず、責任と業績をすぐに公表すれば、年一回の勤務評定を待つことなく、きわめて簡単にフィードバックを返せるようになる。モーニングスターの経営陣も、責務のネットワークを可視化することを思いついた時点で同じ結論に達していた。TCSでは、各チームにまとめ役を割り当てることでこの責務をより厳密にしている。まとめ役の仕事は、チームと協力して進捗状況を綿密に監視し、成果を上げられるように指導することだ。

次に、「信頼に応える」可能性は、チームの各メンバーが絶えず自分の能力を磨き続けることで高まる。仮想空間で働くことが奨励されるなかで、グローバルな研修プラットフォームにはテクノロジーをはじめとするさまざまな知識、さらにコーチングや指導などの対人スキルに関する一万以上のオンラインコースが用意されている。チームリーダーは、仮想チームの管理方法に関する研修も受ける。

だがこれでもまだ不十分である。サイバー空間での協働とはいえ、直接顔を合わせたときにしか感じられない温かみや親しみは必要だ。TCSのようなグローバル企業にとって問題なのは、直接顔を合わせる機会がきわめて少ないことである。通常、直接顔を合わせるには従業員が世界各地から集結しなければならない。そうなれば企業の二酸化炭素排出量が増え、従業員を家族から引き離すことになる。したがってチームが直接顔を合わせるたびにできるだけ効果を高め、価値を生み出さなければならない。ヌプル・シンが話しているように「直接顔を合わせて信頼関係を深められる機会は非常に貴重」なのだ。

そのための一つの方法として、TCSのたいていのプロジェクトでは最初に参加者全員が数日間一カ所に集まってキックオフミーティングを開いている。従業員とその家族たちが演劇やヨガ、折り紙、フラワーアレンジメントなどの活動を一緒にしながら親睦を深める「マイトリー」(ヒンディー語で「友情」の意味)という取り組みもおこなわれている。信頼関係は、仕事で交流がある人と幅広い交友関係を築くことでも深まる。たとえば、すべての従業員が二~三年ごとに別の国のプロジェクトや仕事に携わることを認められている。

業務指標を公開する、常に自分を磨いて能力を高める、最初に顔合わせをする、「マイトリー」を実施する、国外のプロジェクトに参加させる、といった経営陣の決定は、すべて信頼関係を築いて協働を実現させるためのものだ。だが信頼や協調は企業の社風や規範による影響が最も大きい。協働を実現する社風をつくるには、早い段階で社会性を身に付けさせることが重要だとわかった。では、TCSは社員が入社してから最初の九〇日間で協働を促す社風を理解させるために何をおこなっているのだろうか。

新入社員は、入社後すぐに社会性を身に付けるための一連の研修を受け、協働のメリットについて教え込まれる。初日から段階的にチームに馴染むためのプログラムを受け、朝食会などによる人脈づくりがはじまり、経営陣との顔合わせをおこない、各部署のミーティングや話し合いに参加していく。

チームの一員になると、仕事の組み立て方にかなりの比重が置かれる。ゼロックスの経営陣と同じように、TCSの経営陣も互いの協力が必要な仕事を与えると協働を実現しやすくなると気づいた。そのため、仕事の割り当てや流れについて十分に工夫を凝らし、相互の協力が必要なものにしている。報酬の分配方法についてはどうだろうか。やはり、ゼロックスの実験で報酬の分配方法がチームメンバーの意欲に大きな影響を与えるという結果が得られたことを思い出すといい。TCSでは賃金格差があまり大きくならないようにすることで、チームとしての成果を高めるようにしている。賃金格差が大きくなると、信頼関係が弱まって協働しにくくなることがわかった。

コミュニケーションを欠かさない――シスコ

インドのムンバイに本社を置くTCSで、人々の働き方を変えつつあるトレンドは、カリフォルニア州サンノゼに本社を置くシスコでの働き方にも影響を及ぼしている。クラウドの発展に大きな役割を果たしている企業の一つとして、シスコの経営陣がTCSと同じように新たな協働の仕方を取り入れているのは驚くまでもない。「働き方の未来コンソーシアム」の中心メンバーとして、私はシスコで日々協働がどのようにおこなわれているかを見てきた。クラウドを活用して仕事をするチームにとって特に大きな問題の一つが「時間の圧縮」である。一般に、自然な協力は人々が一緒に長い時間を過ごし、相手に対する理解を深めるなかでゆっくりと実現される。しかし、シスコのチームが取り組んでいるプロジェクトは時間が圧縮されているため、遠く離れた場所にいるメンバーと短期間で協働しなければならないという問題に直面している。

テクノロジー会社にふさわしく、シスコの経営陣が仮想空間での協働を実現するためのツールを活用することにしたというのは興味深い。その取り組みの規模は巨大で、数千もあるプロジェクトチームをつなぐためにイントラネットが構築され、一一万人以上の従業員や請負業者がつながりを築き、コミュニケーションをとりながら働けるようになった。これがきわめて重要なのは、シスコの従業員の大半が勤務時間の半分以上を在宅で勤務しており、四〇%以上の従業員が上司とは違う都市にいるためである。シスコの組織開発と研修を担当する幹部のロバート・コバックは、この凄まじいコミュニケーションについて次のように述べている。[11]

わが社ではこれまでに六〇万回以上のウェブ会議が開かれ、毎月一億一〇〇〇万分以上が会議に費やされて、二四〇万のイントラネットウェブページに加えて四万二〇〇〇のウィキページがあり、毎月二〇〇〇本の新しい動画がアップロードされています。

コバックの考えでは、協働の実現に大きな役割を果たすのはこの凄まじい規模のつながりである。だが、TCSの経営陣と同じようにシスコの経営陣も、仮想チームの管理方法も重要だと気づいた。リーダーは単に作業内容を決めて監視するのではなく、動的な働き方をさらに進化させ、リーダー同士が連携を図って業務目標を共有するようにしたのだ。協働の場についても工夫を凝らした。そのために世界各地のシスコの支店で設計を見直した。二〇一一年には一〇〇〇近くの会議用施設が用意されて、世界五九カ国の二四〇以上の都市をテレプレゼンス技術で結び、等身大のものも含めて高解像度の画面を使って大人数が会議に参加できるようになった。

コバックが述べているように、仮想空間での協働を促すことによってさまざまな恩恵が得られた。たとえば出張費を大幅に削減し、企業の二酸化炭素排出量を劇的に削減できた。二〇一一年には飛行機での移動を二億一一〇〇万マイル分減らせたおかげで、経費を九〇%削減できた。この仮想空間を使った働き方により、従業員同士の協調にも好影響が見られた。コバックの見立てによると、高い成果を上げられる仮想チームをつくったことで、企業のレジリエンスがおおいに高まっている。

こうした取り組みや社風づくりをおこなっていたおかげで、緊急事態が発生しても、世界各地の関係者に簡単な通知を送信するだけで緊急の幹部会を開くことができ、迅速に対応できることも多かった。

思いやりの重要性を理解する

私はTCSのヌプル・シンの「相手が信頼に足る人物ではないとわかるまでは信頼する」という言葉に興味を覚えた。実に面白い。私には、これこそが人間性に対する考えの中心のように思える。「あなたは相手が信頼に足る人物ではないとわかるまで信頼しているか?」「ほとんどの人は協力する気があると思うか?」「それともほとんどの人は自分の利益を追求するために協力するしかないのだと思うか?」といった問いについてよく考えてもらいたい。これらの問いが重要なのは、どのような答えを思いつくかによって、社内でどのような社風をつくり、最終的には社内でどのような取り組みをおこなうかが決まってくるからである。

この信頼に関する問いは、私の同僚のスマントラ・ゴシャールとピーター・モーランが一九九六年に発表した取引コストに関する論文のなかで考察したものだ。[12] 彼らによれば、数十年前から人間の行動に対する悲観的な見方が定着してきた。人間の行動や動機に関する経済学者の解釈に引きずられ、人間は「経済人《ホモ・エコノミクス》」であるという前提が広まったのだ。つまり、経済学者に言わせると、人間は本質的に自分の利益が最大になるように合理的に行動する。言い換えると、他人と協力するかどうかを選択する場合も、どのように行動すれば自分の利益が最大になるかを考えて行動を決める可能性がきわめて高いのだ。

誰をいつ信頼するかということこの疑問は、単なる理論上の心理ゲームではない。人間とは本質的に自分の利益を最大にするものだと企業の経営陣が信じていたとしたら、その前提に基づいて自社の構造や取り組みを決めることになる。すると、自分の利益を追求するために行動するものとして扱われた人々は、やがて本当にそのような行動をしはじめる。つまり、その企業の経営陣は「自己実現的予言」をしていることになる。[13] もちろん、逆もまたしかりだ。人間とは思いやりを持って協力し合えるものであると経営陣が信じていれば、その前提に基づいて経営していく可能性が高く、そのために従業員たちは協調し、他人を信頼しやすくなる。興味深いことに、TCSの経営陣はまさにこの自己実現により、人間とは互いに信頼し合えるものだという前提に基づき、従業員が他人を信頼しながら行動する可能性を高めている。

信頼と協力に関する複雑な力学については、最近のゲーム理論と数学的モデリングの研究が進むにつれ、理解が深まっている。信頼と協力に関する疑問に取り組んでいる研究者の一人に、哲学的な観点からではなくゲーム理論とシミュレーションを駆使する数学者として協力に関する疑問に取り組み、洞察を深めているハーバード大学のマーティン・ノワックがいる。[14]

【寛大なしっぺ返し】

ノワックは、心理学者が協調についての研究に使ってきた「囚人のジレンマ」と呼ばれるゲームにおける、他者との協力と自分の利益の追求の間に存在する葛藤について調べた。このゲームはラウンド制で進行し、各ラウンドでプレーヤー同士がそれぞれ相手と協力するかどうか決める。プレーヤーの選択とそれに続く選択の確率について調べたところ、かなり短い間に協調の状態が変化する様子を再現することに成功した。

この「囚人のジレンマ」というゲームは次のように進行する。各ラウンドで各プレーヤーが行動を選択する。相手と協力してもいいし、協力をやめてもいい。この選択により、各ラウンドでは三通りの結果が考えられる。両者が協力すると決めた場合は双方にベストな結果となる。両者が協力をやめると決めた場合は双方にワーストな結果となる。一方が協力することを選択してもう一方がやめることを選択した場合は「裏切り」と呼ばれる。この場合、裏切らなかったプレーヤーは裏切ったプレーヤーより悪い結果となる。

ゲームは何度も繰り返されながら進行し、各ラウンド後に両者が次のラウンドの行動を決める。ゲームの進行に合わせて、プレーヤーはさまざまな長期的な戦略をとることができる。相手が先に協力することを選択した場合のみ協力することを選択するという戦略もある。相手が協力しなければこちらもしないという意味で「しっぺ返し戦略」と呼ばれる。ある意味で、このしっぺ返し戦略は仕事にも通用しそうだ。確かに、誰かが協力してくれたときにのみ協力するのが最も効率が良い。だが、このしっぺ返し戦略はそれほど単純なものではないとわかった。最も重要なのは、しっぺ返し戦略は相手がすぐそばにいることを前提としている点だ。相手がどのような手に出るかを予測するには、相手の行動を観察して確認できなければならない。また、何度もプレーを繰り返して相互の関係を少しずつ築いていく必要もある。したがって、このしっぺ返し戦略は従業員同士が長期間にわたってすぐそばで仕事をしているチームには最適だが、仮想チームには適していない。

さらに研究チームは、このしっぺ返し戦略は相手が同様の振る舞いをしない場合にはすぐに行き詰まることに気づいた。したがって、研究者たちが最も長続きすると突き止めた戦略に「寛大なしっぺ返し」という名前をつけたのも驚くにはあたらない。この戦略は、最初に協力行為がおこなわれた後で、たとえ相手が応じなくても関係が続く可能性が残されるという点で、しっぺ返し戦略よりも優れている。単純なしっぺ返しは容赦がなさすぎるかもしれない。少し寛大になって相手を信頼し、次のラウンドで相手がどのような行動を選択するかを見守るのだ。

少しゲーム理論の世界に脱線したが、これによってヌプル・シンの「相手が信頼に足る人物ではないとわかるまでは信頼する」という言葉に対する理解は深まっただろうか。企業としてこのような態度を貫いているからこそ、協調を実現する余地が十分にあるのだ。裏を返せば「一回の失敗で信頼するに足りない人物と見なされることはないが、何度も失敗すると信頼を失いはじめる」ということになる。

【協調の転換点】

ゲーム理論家たちが取り組んできた協力に関するこのモデルでは、主に協力という行動と二人の人間の選択に焦点を当てている。だが実際には、ほとんどの企業でできる上がっている複雑な編成のグループやチームには多くの人間がいて、さまざまな人間関係が入り組んでいる。ゲーム理論の研究により、人数が増えるとどうなるかもある程度はわかっている。ゲーム理論の専門家たちは、この研究のために数学的なシミュレーションをおこなって協力のための戦略をモデル化した。たとえば、ノワックは「囚人のジレンマ」ゲームをシミュレーションで数百回おこない、協力関係においてどのような力学が生まれるかを観察したのだ。彼の発見は驚くべき内容だった。シミュレーションにより、次第にプレーヤー同士で協力が繰り返されるというパターンが生まれるようになるとわかったのである。ところが、このパターンは、周囲と協力するのではなく自分の利益を追求するようにプログラムされたプレーヤーが新しくゲームに加わると、崩れ去ってしまう。この状態になると、すぐにどのプレーヤーも協力しなくなり、代わりに自分の利益を追求する行動を選択しはじめ、互いに協力しようとするプレーヤーが増えるまでは混沌とした状況が続く。

ノワックは、この数学的シミュレーションを利用して、自分の利益を追求するプレーヤーが何人ゲームに参加すると協力がおこなわれなくなるのか、という興味深い命題について検証した。その結果、自分の利益を追求するプレーヤーが全体の三二％未満であれば、協力が続いていくことを突き止めた。この転換点を境に、プレーヤーの間に亀裂が急速に広がり、誰もが自分の利益を追求するようになる。

もちろん、ここまでの話は数学的なモデルであって、実体験ではないと主張する人もいるだろうが、実際に現場でおこなわれた実験でも同様の結論が出ている。協働を促す社風をつくるには、少なくとも全体の三分の二にあたる従業員が協力してアイデアを共有するのが正しいという強い価値観を持ち、他者と協力し合って仕事をするというマインドを持っていなければならない。たとえば

ＴＣＳなどの企業で、人と自然に協力できる人材を集め、研修や能力開発によって従業員の能力を伸ばしているのはそのためである。

〉〉〉まとめ

テクノロジーの進化、グローバル化、世代格差によって自然な協働が困難になっていると同時に、ビジネス戦略における協働の必要性が高まっている。これまで見てきたように、従業員が仮想空間で仕事をするようになり、さまざまな垣根を越えて協働を実現しなければならないなかで、従業員同士が信頼関係を築いて協働できるように巨額の投資をおこなっている企業もある。肯定的で情熱的な従業員のネットワークをつくれば、企業が成長して機動力を高めるために欠かせない基盤もつくられる。

社内のネットワークづくりが重要だという見方は広がっているが、それだけでは不十分である。企業の経営者たちは、次第に近隣やサプライチェーンでの活動に関する説明責任も負うようになってきた。次の章からは、そのことについて説明していこう。

PART III

Anchoring in the Community

第3部

社内と社外の垣根を取り払う

ここ数十年間にわたって、リーダーは社内のレジリエンスを高めるという役割を果たせば十分だった。企業の外側で起こることはコントロールできるもの、あるいは無視してもよいものとされていた。経営幹部向けのビジネス戦略に関する講義でも、企業の外側の世界については主に競合他社と争うための領域、あるいは消費者を呼び込むための領域と教えられていた。サプライチェーンや地域社会のことを考慮する必要があったとしても、ビジネス戦略の中心としてとらえるのではなく企業の社会的責任のごく一部という扱いにとどまっていた。

だが、こうした社外での役割に対する消極的な見方は改めなければならないし、すでに一部の企業は急速に考え方を変えつつある。「内側」と「外側」の境界がどんどん曖昧になっているという新たな認識が浸透してきているのだ。企業にとって垣根の外側の世界がますます重要になっている。一部の経営陣は外側の世界はコントロール不可能で、内側にきわめて大きな影響を及ぼし、企業の選択の幅を大きく左右することに気づきはじめている。気候変動、貧困や格差、若年層の失業といった問題は、それぞれが企業に影響を及ぼす。異常気象や海面の上昇によって、サプライチェーンが正常に機能して輸送が無事におこなわれるという保証がなくなる。貧困や格差により、社会の亀裂が広がって騒乱やテロが起こりやすくなり、グローバル企業も標的になる。若年層の失業によって、スキルギャップが広がって人材を確保しにくくなると同時に、社会が不安定になって労働市場の二極化が進み、それに伴って社会的流動性が失われる。こうしたことから、企業が外側の世界を内側の活動と切り離し、単に競争の場と考えることができなくなっているのは明らかだ。

だが、企業と外側の世界とを隔てる垣根を崩しているのは、深刻さを増すグローバルな問題だけではない。消費者や従業員の企業に対する期待の変化も、この垣根の崩壊を加速させる要因である。消費者と従業員の間では、企業を単に市場における競争者としてではなく、グローバルな問題の解決者と見なす傾向もある。第6章で述べるように、消費者や従業員の間では、企業に対して地域社会の一員として活動することに対する期待が急速に高まっている。加えて第7章で述べるように、世界じゅうで深刻さを増している問題に立ち向かう存在としての企業への期待もある。

いまや、会社の内側と外側を隔てる垣根を取り壊し、企業を世界と一体の存在として見るべき時期が到来した。企業がこれから数十年にわたって堅実に成長を続けていくには、社内のレジリエンスのみに目を向けるのではなく、企業がその一員である地域社会や広範なサプライチェーンを含めた社外のレジリエンスにも目を向けなければならない。

Chapter 6 Being a Good Neighbor

第6章 よき隣人としての行動規範

世界の多くの地域が国からの補助金削減と、人口構成や社会の大きな変化にさらされているため、企業が活動の拠点を置く地域も不安定になりつつある。インドのＩＴ業界に代表される一部の企業では、近隣への配慮を欠くと成長戦略に支障をきたすことから、地域住民の即戦力となるスキルを高めることに取り組んでいる。アメリカや日本など最も発展していて裕福な国であっても、高齢者や困窮者など、近隣には救いの手を求めている人たちが必ずいる。後で述べるように、企業が近隣に配慮するには、その地域を重視し、覚悟と思いやりを持って資源を活用する必要がある。それは次の三つの方法によって実現される。

1 近隣の活力とレジリエンスを高める
2 近隣に思いやりを示す
3 地域住民の即戦力となるスキルを高める

近隣の活力とレジリエンスを高める――ザッポス

トニー・シェイがアメリカで創業した通販サイト、ザッポス・ドットコムは収益性も高く、近隣への貢献も大きい。彼は二〇〇〇年には売上が一六〇万ドルの靴を中心とした通販サイトだったザッポスを二〇一〇年には一六億四〇〇〇万ドルの売上を達成するまでに引き上げ、その間に同社をアマゾン・ドットコムに売却した。アマゾングループ傘下に入ってからも、ザッポスの従業員たちは相変わらず自分の会社がアメリカで一番働きやすい職場だと考えている。社内では、CEOであるシェイの凄まじい情熱のおかげで従業員が健康を保って幸せを感じながら働いている。これについて彼は次のように述べている。[1]

従業員には、家でも会社でも同じ人でいてもらいたいのです。なぜなら、素晴らしいアイデアが生まれ、創造性が発揮されて、単なる同僚としての関係ではなく本物の友情関係が築かれるのは、そういう場合だからです。人間はそのような環境が与えられれば、仕事に情熱を注ぎ、長年にわたって企業を成長させる原動力となるのです。

興味深いのは、シェイは社内のレジリエンスを高めただけでなく、従業員同士が生き生きと共に働く環境を社外にも拡大したことである。

特に重点を置いたのは、ザッポスのオフィスを構える場所とその設計だった。経営者の近隣に対する姿勢は、物理的にどのようなオフィスを設計するかに表れている。企業と地域社会、つまり内側と外側の関係をはっきりと目に見えるかたちで示しているのだ。

物理的な垣根をなくす

なかには、企業とその従業員が地域社会と一定の距離を置いていることをはっきりと示すようなオフィス構えの企業もある。インドのバンガロールにあるインフォシスのキャンパスは、そのような印象を強く受けた。円形の敷地を高い壁が砦のように取り囲み、その内側には自然が広がっていて、従業員が散歩をしたり食事をしたりしてくつろぎ、昼寝をすることもできる。キャンパスのゲートを出てほんの数分も行けばインドの混沌とした街があることをまったく感じさせない。その他のインドのＩＴ企業の多くも、同じようにインドの混沌とした街とは一定の距離を置き、高い壁を築いている。これはインドだけの現象ではない。カリフォルニア州クパティーノに建設中のアップルの新キャンパスを見ても、設計者や経営陣は、インドのＩＴ企業と同じような考えに沿って、内側の人間しか受け入れない隔離された空間のなかにオフィスを建設しているように見受けられる。インフォシスの場合、その戦略の狙いはキャンパスと従業員をバンガロールの喧騒から切り離すことにある。アップルの場合、それは職場環境全体を誘惑の多い日常生活から切り離し、チームの集中力と創造性を高めることにある。確かにこの狙いは的を射ているが、内側と外側の間には物理的にも心理的にも頑丈な垣根がつくられることになる。

したがって、トニー・シェイたちザッポスの経営陣がシリコンバレーで一般的になっていたのとは正反対のやり方を選んだというのは実に興味深い。意識的に外側との関わりを持つことにしたのだ。このビジョンを実行に移すには、不動産業者、地方自治体、経営陣といったさまざまなステークホルダーが大掛かりに連携する必要があった。移転を検討しはじめたのは、ネバダ州ヘンダーソンのオフィスに収まりきらないほどザッポスが急成長していた二〇一一年のことである。移転先として選んだのは、近隣の繁華街を見渡せるラスベガスの市庁舎だった。この移転の背景には、一二〇〇人以上の従業員を一つ屋根の下に集め、地域社会とのつながりを強めるという戦略があった。これにより、シェイの社風に関する価値観は現実のものとなった。彼は自身の考え方を次のように述べている。[2]

幸せとは、自律、自己革新、つながり（関係の数と深さ）、ビジョンと意味（自分自身よりも大きなものの一部となること）の四つで決まります。

地域社会と協力する

彼のビジョンは「ダウンタウン・プロジェクト」の立ち上げにはじまった。このプロジェクトの目的は、酒屋や安宿が立ち並ぶ廃墟と化したラスベガスの中心地を、経済的にも社会的にも発展させて大都市にすることだった。ほとんどの旅行者はラスベガスの華やかな一面だけを見て、さびれたカジノやがらんとした土産物屋が並ぶ繁華街を訪れたりはしない。北へ三キロも行かないうちに、いわゆるホームレス地帯があり、食糧供給所が点在し、この地域に住む数千人のホームレスを夏の午後の摂氏四六度という命を脅かすような暑さから守るエアコンつきの避難所がある。

ザッポスは、あえてラスベガスのこの地域を選んで新たなキャンパスを建設し、不安定な地域のレジリエンスを高めるのに一肌脱ぐという計画を立てた。キャンパスの内側は偶然思いがけないものを見つけることを指す「セレンディピティ」という指針に基づいて建設され、従業員はキャンパスじゅうを歩き回って連帯感を築く感覚を養うことができた。この連帯感を象徴しているのは、全従業員がキャンパスに入るためのたった一つのドアである。

キャンパス内の文化や働き方は、すぐ近くで新たに形成されつつあったラスベガスの新たなクリエイティブ・クラスの生き方、働き方、遊び方に倣ったものだった。トニー・シェイ自身の考え方は、ハーバード大学ケネディ行政大学院のエドワード・グレイザーが都市の価値について論じた『都市は人類最高の発明である』（邦訳 NTT出版）という本の影響を強く受けていた。グレイザーの考えによると、都市に活気を取り戻すことは可能であり、都市は新たなスキルを発展させる鍵となるだけでなく、創造性あふれる人材を呼び寄せる集積地にもなる。また、さまざまな人々が自発的に「衝突」し、アイデアを生み出して人間同士のつながりを深め、さらに新たなアイデアを生み出すことで生産性を限りなく高めることができる。[3]

三億五〇〇〇万ドルの資金を元手に、シェイは空き地を買い取りはじめた。新たな事業を呼び込み、地元の学校を支援するためである。経営陣は数十社に及ぶハイテク業界の新興企業に対する創業資金の提供や、不動産計画にも積極的に乗り出した。シェイはまた、教育困難地域に教師を派遣して支援する非営利法人、ティーチ・フォー・アメリカと一五〇〇万ドルの契約を交わし、一〇〇〇人のメンバーやOBにこの地域に移り住んでもらい、講義をしてもらうことにした。要するに、彼はこの地域を技術者や起業家にとって魅力的な都市にするためにあらゆる手を尽くしているのだ。

グレイザーの考えが正しければ、やがてクリエイティブな人々がこの地域に集まってきて、カフェやレストラン、不動産業、歯科医や医師、雇用サービス、宅配業者や郵便配達、私立病院、小売店といったさまざまな事業を呼び込むことができるだろう。実際、ラスベガスの経済開発チームは、ザッポスの移転による繁華街への経済効果は三億三六〇〇万ドル以上であると見積もっている。

トニー・シェイらザッポスの経営陣は、企業がレジリエンスを高め、活気を生み出せれば、内側だけでなく外側にも手を差し伸べ、そのキャンパスの物理的な設計を生かして、企業がその一員である不安定な地域社会を支援し、発展させることができると理解していた。

近隣に思いやりを示す

企業がどれだけの関心を持って近隣とのつながりをどこまで強めようとしているかは、物理的なオフィスの設計に表れるだけでなく、従業員による地元への支援の仕方にも表れる。

ヤクルトレディ

ときには企業の外側が内側に思いもかけない方法で影響を及ぼすことがある。二〇一二年三月二四日、日本の埼玉県で七五歳の老女が亡くなっているのが見つかった。彼女の遺体が横たわっていた自宅には、やせ衰えた四五歳の精神障害を抱えた息子がいた。遺体を発見したのはヤクルト飲料を宅配する女性で、彼女はこの家を訪れたときに数日分の新聞が取り込まれずにたまっていることに気づいた。前の週に訪れたときに老女の体調が悪そうに見えたことも覚えていた。彼女が警察に通報したおかげで、息子の命は救われたのだ。

先進国においては、人々が近隣の家を定期的に訪問し合う機会は少なくなっている。実際、多くの都市で高齢者や障害者が疎外感を抱き、近くに多くの店や企業があるにもかかわらず、地域社会から隔離されていると感じている。日本の多くの都市では、長年にわたってヤクルトレディが近隣の高齢者を訪問してきた。ヤクルトにとって、近隣に手を差し伸べる手段は建物を建築することではなく、多くの販売スタッフに明確な目的のある活動をさせることだった。ヤクルトレディを組織して地域に住む高齢者に目配りをするという明確な使命を与えることは、同社が地域社会とのつながりを強めるうえで重要な役割を果たしてきた。

日本で進行している高齢化という問題は、他の国にとっても他人ごとではない。今後数十年のうちに、他の先進国でも日本と同じように高齢化社会が到来するからだ。日本で高齢者介護の負担が国や個人にのしかかっている問題に対して地域全体で解決するべきだという見方が次第に広がっているのは驚くべきことではない。実際、企業は高齢者や孤立している人々を支援する役割をもっと担うべきだという期待が日本じゅうで高まっている。

ヤクルトの地域社会への貢献の仕方は、ある意味で同社のビジネスモデルや理念を反映したものだ。創始者の代田稔は、本当の健康は身体的な健康だけでなく、良い精神、健全な社会、文化的な幸福が備わってはじめて得られるという思いで乳酸菌シロタ株の飲料を開発した。その思いはいまでも「代田イズム」として引き継がれている。この考え方はヤクルトの全ての事業の原点となり、このアイデアに基づいてヤクルトレディの宅配サービスが誕生した。二〇一二年には、八万人を超えるヤクルトレディが一三の国と地域で働いており、うち四万三〇〇〇人が日本で働いていた。彼女たちは研修を受けてから担当する地域を受け持ち、一日二〇〇本前後の飲料を配達し、一本ごとに歩合給をもらうため、独立採算制となっている。平均的なヤクルトレディは四二歳前後である。日本では、ヤクルトレディの子どもは約一三〇〇カ所ある保育所に預けられ、ヤクルトレディは自転車や手押し車、あるいは徒歩で担当地域を訪れ、客と顔を合わせて地域内に住む高齢者が無事に暮らしているかどうかを確認している。

さまざまな意味で、ヤクルトレディは同社の歴史、そして彼女たちが日本の都会や田舎で果たしている役割を象徴している。イギリスでも、近隣の人々に貢献している会社がある。きっかけの一つは、一九一四年にある食料雑貨商が下した決断だった。

ジョン・ルイス・パートナーシップ

ジョン・スピーダン・ルイスが創業した会社はのちにジョン・ルイス・パートナーシップとなり、二〇一三年現在、イギリス最大の百貨店チェーンの一つにまで成長し、その系列のウェイトローズ・スーパーマーケットはスコットランド北東部のアバディーンからイングランド南部のコーンウォールまで各地に展開されている。ジョン・ルイス・パートナーシップはイギリス最大かつ最古の労働者によるパートナーシップ企業で、八万一〇〇〇人以上のパートナーがおり、三八店舗の百貨店ジョン・ルイスと二八五店舗のウェイトローズ・スーパーマーケットを所有している。このパートナーシップは、不況にあえぐ小売業界においてこの五年間で最も成功したとして高く評価されている。

ルイス家が家業としていた経営不振店舗の一つをジョン・スピーダン・ルイスが引き継いだとき、彼はスタッフに店舗の収益性が改善されたら利益を分け合うと約束した。一九二九年には、彼は企業合同《トラスト》をつくって企業の資産を引き継ぎ、パートナーシップとして経営をはじめた。ロンドン本社の玄関の外側には、壁一面に次のメッセージが刻まれている。

一九一四年、ジョン・スピーダン・ルイスは、風変わりな会社の土台をつくった。彼が目指したのは偉大な営利企業だが、その成功は社員の幸福と、一般の人々への奉仕によって達成されるとした。

数十年にわたり、ジョン・ルイス・パートナーシップは地域社会のレジリエンスを高めたいというジョン・スピーダン・ルイスの熱意に突き動かされてきた。ジョン・ルイス・パートナーシップでは説明責任が重視され、経営陣は、業績や財務に関する活動について報告するのと同様に、パートナーが近隣に貢献することを高く評価している。実際、二〇〇一年以降、同社は毎年どのような活動をおこなったかを公表し、活動の方針や原則を決めて、環境への影響を抑える方法をまとめ、サプライヤーや地元とどのように協力しているかを明らかにしている。こうした報告の仕方は、歴代の幹部の熱意に基づいている。現在の会長であるチャーリー・メイフィールドはパートナーシップについて次のように述べている。

ジョン・ルイス・パートナーシップは他の大手小売業者と同様に、企業の社会的責任に直面していますが、ある一点で、当社の対応は大きく違っています。それは、共同所有者として持続性と収益性を兼ね備えた事業の原動力となっているパートナーたちの活力と情熱です。

同社は地元をとりわけ大切にしており、長いときは店舗を正式にオープンする三年前から、チームをその地に派遣して周辺地域の文化や多様性を理解し、その地域のニーズをパートナーシップが最も支援できる方法を模索している。たとえば、レスターなどの多様性のある都市では二四以上の異なる地域社会のニーズを掘り起こしたほか、カーディフでは求人広告をすべてウェールズ語と英語の両方で印刷した。ストラトフォードで開店したとき、パートナーのおよそ八〇%は地元住民で占められていた。その結果、大多数の人はジョン・ルイスの店舗が近隣に良い影響を及ぼしていると考えていることが調査から明らかになっている。[4] グループの不動産管理責任者を務めるジェレミー・コリンズは次のように述べている。

要するに、ジョン・ルイスという会社は長い目で見て投資をおこなっているのです。都市や街に投資するのは、ただ店舗をつくるためではありません。地方自治体、競合相手となる小売店、パートナーの一員となる人々、地域社会全体との関係を築いているのであり、みんなで力を合わせることで、誰もがその恩恵を受けられる活気にあふれた環境をつくることができるのです。

同社は地域活性化の取り組みに提供する資金についても報告している。この資金提供は経常利益の一%以上となっているが、実際には一%を上回ることも多く、二〇一一年度には合計で一八〇〇万ドルに達した。これはボーナスを除く経常利益の三・〇七%に相当する。

ジョン・ルイスのパートナーは、誰もが近隣を活性化して景気を回復させるための地方、地域、国による取り組みに参加することが求められている。二〇一二年には、ボランティアで地域活動に参加した時間が合計で二万八〇〇〇時間を超えた。地域社会でフルタイムまたはパートタイムで活動するパートナーは、もっと貢献したいと思えば、ゴールデン・ジュビリー・トラストを通じて支援が受けられる。毎年五〇人以上がこうした活動をおこなっている。ジョン・ルイス・パートナーシップはその間パートナーに支払われるはずの賃金を全額支給している。二〇一一年度の終わりには、同社全体で地域活動にかける時間を七万五〇〇〇時間に増やすことを目的としたボランティア計画が開始された。

街や都市に展開されたジョン・ルイスの店舗は人々が出会う場としても重要な役割を果たし、多くは地域社会の中心となっている。ボランティアの募集や趣味の教室から地域の会合やスタッフの研修まで、さまざまな用途に使える視聴覚施設やインターネットが利用できるスペースもある。

企業が地域社会への思いやりある行動を促すには

企業は、自社がその一員である地域社会のレジリエンスを高めることで、世界をより安心して住める場にできる大きな可能性を持っている。支援の方法はいくらでもある。ザッポスのようにオフィスを建設することで多くの起業家を呼び寄せることもできれば、ヤクルトレディのように大規模な組織で近隣住民の世話をすることもできるし、ジョン・ルイス・パートナーシップの多くのパートナーがおこなっているように各自の能力を生かして地域社会に貢献することもできる。

こうした事例を通じて、なぜ労働者は個人またはグループとして近隣や地域社会に貢献しようとするのかを考えてみると面白い。確かに、多くの人が協調して他人の役に立つために「ゆるくつながっている」ことを示す証拠は増えている。だが、人々が働いている企業のほうは事情が違っているようだ。他人の役に立ちたいというこの自然な願いを後押ししている企業もあれば、故意ではないものの、こうした思いやりのある寛大で親切な行動に歯止めをかけている企業もある。企業として近隣に配慮するためには、思いやりのある行動を促す方法を理解し、そのうえで行動することが不可欠である。

[思いやりのある行動を正当に評価する]

企業が間接的に思いやりのある行動を妨げるケースは多い。一つの例として、金になる仕事のみをひたすら重視し、非生産的な活動に時間をかけさせない場合がある。近隣住民をうまく支援できている企業は、従業員がこうした活動をおこなう時間を非生産的な時間と見なすのではなく、むしろ仕事の中心であると見なすべきだということを必ず理解している。ヤクルトレディの活動を例に挙げよう。生産性の専門家がヤクルトレディの勤務表を精査したら、真っ先に訪問先で過ごす時間を大幅に短縮するように推奨するのは間違いない。高齢者に話しかけ、その手助けをするのは非生産的な時間の使い方だと判断されるかもしれない。だが、ヤクルト本社の経営陣はこうした思いやりのある行動が重要であると認め、こうした訪問を毎日の仕事に取り入れることを、正当に評価してきた。「高齢者と会話をして時間を過ごしても構わないどころか、会社がこうした思いやりのある行動を認め、正当に評価している」ということを従業員も理解しているのだ。

【疲れを残さない働き方】

生産性を過剰に重視することだけが、他人の役に立ちたいという思いやりのある行動を思いとどまらせるのではない。毎日、毎週、毎年の働き方によっては、夜や週末、あるいは長期休暇中、仕事以外の活動にほとんど時間をかけられなくなることがある。地域社会に大きく貢献できるのは、時間に余裕があって、気力も体力も充実しているときだけだ。ジョン・ルイス・パートナーシップの地域社会への貢献がこれほどまでに成功している理由の一つは、仕事の後や昼休み中、週末に、自分の技能や能力を生かして地域社会に貢献するだけの活力が残っているからである。

だが多くの企業の従業員は、平日に大変な仕事をこなさなければならないために疲れ果て、その疲れが残っているせいで積極的に地域社会に貢献しようと思えなくなっている。実際、多くの実証研究によって、このように疲れが残ることが悪影響を及ぼすとわかっている。仕事量について調べている社会学者は、労働時間が長くなると地域社会における社会的な行動が減る傾向があることに気づいた。

そのため、フレキシブルな働き方や、疲れを残さない仕事の進め方への注目がさらに集まっている。BTやデロイトなどの企業で実践しているような仕事の進め方や仕事をする時間をフレキシブルにする取り組み、従業員の精神的なレジリエンスを高めるだけでなく、思いやりのある行動をおこなう余裕を生むことにも効果を生んでいる。

【効用にとらわれない働き方】

企業で働く人たちの利他的な動機に基づく地域への貢献が知らず知らずのうちに抑制されていることがある。それは、経営者や投資家が常に時間を金銭的価値に置き換えて考えている場合である。極端にいえば、人間は死ぬまで市場経済に貢献するべきであり、素晴らしい人生だったと認められるには死ぬまでお金を稼ぎ続けなければならないという論法だ。こうした考えが浸透すると、目に見えるかたちで利益を生み出さない行動は、次第に正しく評価されなくなる。すると、人間は本来、有意義なことがしたい、思いやりのある行動をとりたいという内因的動機を持っているにもかかわらず、それすらも金銭的な利益を得なければならないという外因的動機に取って代わられる。現在は多くの国で、この内因的動機から外因的動機へのシフトが容赦なく進行していると主張する人もいる。政治哲学者のマイケル・サンデルもその一人だ。[5] 彼は、この外因的動機による考えが広がった結果、善意による行動が正しく評価されなくなり、こうした行動までもが商品化されていると考える。

この経済原則の中心には、単純だが広く行きわたっている考え方がある。すなわち、生活のあらゆる領域において、人間の行動は次のように仮定することで説明できるというのだ。人々は、目の前にある選択肢のコストと利益を比較検討し、最大の福祉すなわち効用を与えてくれると信じる選択肢を選ぶことによって、何をすべきかを決めるのだと。

ザッポスのシェイや、ヤクルトレディ、ジョン・ルイス・パートナーシップで働く人々が金銭的価値や市場を優先することを選んでいたらどうなるだろうか。「コストと利益を比較検討」することに躍起になっていたら？　それでも彼らは個人やグループとして地域社会に貢献するだろうか。その場合のコストと利益はどうなるだろうか。

サンデルは、金銭的価値や市場を優先することで人間が行動を起こすときの考え方が変わることにより、気づかないうちに多くの企業で考え方が大きく変わっていると主張する。たとえば、多くの企業が報酬のスキーム設計に余念がないが、その目的は従業員の外因的動機を高めることだ。ボーナスの額を引き上げても従業員の成果はほとんど上がらないことが調査から示されているにもかかわらず、こうした実証的証拠は無視されることが多い[6]。

効用主義の経済原則は、すべての人間の行動が市場の影響を受けるため、インセンティブが人間の行動を決定づける基礎であることを前提としている。しかしサンデルが主張するように、ここでは共感という概念や思いやりのある行動など、お金で買うことのできないものがすべて無視されている。企業が効用や市場ばかりを基準にすると、本来は高く評価すべき行動や考え方の多くが無意味なものとされてしまう。

サンデルは行動経済学者のダン・アリエリーの調査結果を例として挙げている。全米退職者協会が、ある弁護士団体に一時間あたり三〇ドルという格安の料金で貧しい退職者の司法相談に乗るかと質問をしたときの話だ。弁護士団体はこの提案に愕然とし、拒否した。協会は弁護士たちに市場を通して時間を割くという外因的動機に訴えかけようとしたのだ。だが質問を変えて、無料で司法相談に乗るのはどうかと尋ねたところ、弁護士の多くが承諾した。市場取引ではなく慈善活動への取り組みを要請されているとわかれば、弁護士たちは無償で相談に応じたのである。[7]

企業戦略で人間の動機をすべて市場価値に左右されるものとして扱い、あらゆる活動を貨幣化しようとすると、他人の役に立ちたい、思いやりのある行動をとりたいという従業員の自然な思いは高く評価されなくなる。だが、企業がこのような社会活動を推進して高く評価すれば、思いやりのある行動や他人の役に立つ行動をとりたいという動機を高めることができる。これが実現されるのは、企業として、人々の役に立ち、他者と協力するという自然な行動を従業員に促す社風をつくった場合である。これにより、従業員は思いやりのある行動に秘められた可能性に気づき、一人が思いやりのある行動をとれば、多くの人が同じように行動できるようになる。

地域住民の即戦力となるスキルを高める――インドのＩＴ企業

世界各地で格差が拡大し、人々は細分化と空洞化がますます進む求人市場で仕事を見つけるのに苦労している。インドはまさにこうした状況に陥っており、社会の一員として認められて教育を受けられるごく一部の人々が世界で活躍するエリートの仲間入りをしている一方で、数千万人はいまでも農村部で貧しい暮らしを強いられ、ムンバイやデリー周辺のスラム街で暮らしている人もいる。若年層の失業率が上昇すると同時に、インドで急成長するＩＴ業界で要求される技術力や工学力を身に付けた人とそうでない人の格差が広がり、多くの若者は満足に教育を受けられずにいる。大規模なスキルギャップが広がっているのだ。

多くの医師やエンジニアがインドから先進国に移り住んでいるおかげで、インドは教養の高い技術者を多数輩出する国のように見えるかもしれない。先進国の多くの消費者にとって、聡明で英語を話せるコールセンターのオペレーターは現代インド経済の活況の表れだと思えるかもしれない。だがインド国内では、政府が教育、特に小学校と中学校に十分な投資をしていないと考えられている。五年生のうち、学習している言語で書かれた簡単な文章を読めるのは辛うじて半分を超えている程度で、簡単な割り算の問題が解けるのは五年生のおよそ三分の一、ほとんどの生徒は一〇年生になる前に学校をやめてしまう。

中国は政府が教育に力を注いでいるおかげで識字率が全人口の九四％に達しているのに対して、インドの識字率は六四％である。二〇一二年に実施された経済協力開発機構（OECD）の学習到達度調査（PISA）によると、上海の子どもが一位（長年一位を保ってきたフィンランドを上回った）だったのに対して、インドの子どもは調査対象国のなかで下から一〇位以内だった。この点に関しては人口構成も重要である。インドでは約五億人、つまり全人口の四五％が一九歳以下なのだ。

このように教育が整備されず、スキルを身に付けられずにいることは、急成長するインドのIT業界にとって由々しきことである。即戦力となる若者を国内で多数雇っていかなければならないからだ。だが、若年層の失業やスキルギャップの問題は、その地域で一つの企業が対策を講じるだけで簡単に解決できるようなものではない。多くの企業が足並みを揃えて対策を講じなければならないのだ。

【社会全体に投資する覚悟】

インドではいくつかのＩＴ企業が、若年層のスキルギャップを埋めようとさまざまな試みをおこなっている。インフォシスのＣＥＯ、クリス・ゴーパーラクリシュナンは「単にインドのＩＴ企業が国内で人材を雇用していたら、問題はいまほど深刻ではなかっただろうし、雇用水準や市場シェアも改善されていただろう」と話す。こう考えているのはゴーパーラクリシュナンだけではない。インドのＩＴ業界を見渡すと、ウィプロやタタ・コンサルタンシー・サービシズ（ＴＣＳ）などの企業の経営陣は、手を取り合って社会全体に投資し、スキルを高める覚悟をしなければならないと気づいている。インフォシスの人事部門を統括するナンディタ・グルジャールは次のように述べる。

これまでの成果は、いずれもタタやウィプロとの連携がなければ上げられませんでした。私たちが力を合わせたことで、政府も無視できなくなったのです。これだけ大規模に成果を上げられたのは、連携したおかげです。実際、インド以外の国でも同じような成果を上げるには、その地でも同じように連携するという戦略が必要です。たとえばアメリカでは、アメリカの企業が足並みを揃えて前向きに取り組まなければ大規模な成果を上げることは望めません。

これらのＩＴ企業が重視したのは、若年層の失業率上昇やスキルギャップの原因となっている社会全体の複雑な問題すべてに立ち向かうことだった。手はじめに、協力してインド政府に働きかけ、工学系の大学を増設した。

次に、若者が雇用される可能性を改善し、幅広い即戦力のスキルを身に付けさせた。その手段として、近隣の学校に通う子どもたちを支援し、工学機関や専門学校と緊密に連携し、教師たちに企業のニーズを説明して、即戦力のスキルが身に付けられるカリキュラムをつくった。その過程で、通常は政府や教育機関がおこなっている仕事の一部をこうした企業が引き受けることになった。ただ教育制度を変えたり、学校を増設したりすればいいというものではなかった。科学や工学のカリキュラムを一から見直し、指導法を改める必要があったのだ。

【生徒の学び方を変える】

各社がそれぞれの役割を果たしている。たとえばウィプロでは、会長で創業者のアジム・H・プレムジが自身の財団法人の資源を投入して新任教師の研修を支援し、国立の学校で指導をしている現役教師の指導法や試験の方法を見直させた。インドでは通常、練習問題や試験問題が教科書の丸写しであるため、学習するときに教科書を繰り返し読まなければならないためだ。財団法人はインドのウッタラーカンド州にある一五〇〇校と協力して小学校での教育を見直すための五年間のプロジェクトに取り組んだ。重点を置いたのは生徒の学び方を変えることで、丸暗記するのではなく、自分の言葉で書き、独自の課題に取り組めることを目指した。

さらに地方中核都市に従業員を派遣し、一〇〇〇校以上の大学と協力して、教師を指導するという取り組みもおこなっている。そのカリキュラムは、従業員が自分で考えて財団法人のイントラネットからアクセスできるようにしたものだ。重視したのは即戦力となるスキルをしっかり身に付けさせることである。インフォシスのナンディタ・グルジャールは次のように話す。

私たちはこの現状をサプライチェーンの問題として捉えています。五年間のうちに実現しなければならないことを決め、その実現に向けて教育機関や政府と協力しています。インド全土の子どもたちに、ITに夢中になってもらいたいのです。ITの魅力を感じて「大人になったらエンジニアになりたい」と言ってくれる子どもたちが増えてくれればと願っています。

こうした方向づけは、若者たちが何を勉強するか決める前にする必要があることもわかっている。そのため、一五歳以上の学生を対象とする一連の取り組みもおこなわれてきた。たとえば二〇〇八年以降、インド各地の六八万人以上の学生が、スキルを磨いて意欲を高めるためにインフォシスの経営陣が計画した二週間の講座を受けてITについて学んでいる。この講座を支援するために、毎年一万人以上のインフォシス従業員が各地の学校で講義をおこない、同社ではフルタイムで講義をするために長期休暇を取得した従業員に対して賃金の五〇％を支給している。ナンディタ・グルジャールは次のように述べる。

この講座の目的は、インドの国民を一人前のグローバル市民に仕立てることです。私たちの狙いは、技術だけでなく人間性全般についても即戦力となる人材を育て上げるカリキュラムをつくることにあります。たとえば、いまでもナイフとフォークを使った食事の仕方を指導する講座があります。非常に基礎的なことだと思われるかもしれませんが、インドでは大半の国民が手を使って食事をしているため、こうした些細なことがとても重要なのです。

同時に、TCSも二〇〇二年に即戦力となるスキルを学ぶための研修プログラムを開始した。このプログラムの取り組みの範囲は、能力開発プログラム、学生による実務研修、ワークショップ、TCSのトレーナーが学生と話をする啓蒙プログラムにまで及ぶ。二〇一二年には、インド国内では六七〇以上、インド国外では一八〇以上の機関がこのプログラムに参加した。

【企業の資産を活用する】

こうしたIT企業が保有している主要な資産の一つに研修キャンパスがある。はじめてこのようなキャンパスを訪れたときの驚きはいまも忘れられない。たとえばインフォシスはインド国内に複数の研修キャンパスを保有し、毎年四万五〇〇〇人の従業員が研修を受けている。なかでも目玉はマイソールにあるグローバル・エデュケーション・センターで、ここでは一万四〇〇〇人の新人プログラマーが同時に二三週間の研修コースを受講する。研修期間中、研修生たちはキャンパス内で生活し、あちこちに設けられた食堂でインド各地のさまざまな郷土料理を味わい、eラーニング施設やシミュレーション施設を利用できる。

このようなITキャンパスは、次第に地域社会の支援にも使われはじめている。インド各地の学校教師が、IT企業の活動内容やグローバルな社会人として期待されていることについて学ぶために、二カ月間マイソールの教育センターで研修を受けることができる。このプログラムは四〇〇を超える工学系の教育機関との協力で成り立っており、開始以来、プログラムに参加した教師は七〇〇〇人以上、学生は一五万三〇〇〇人以上に達している。

インド全体で、こうした連携でさまざまな関係者の橋渡しをすることがきわめて重要になっている。TCSのヌプル・シンは次のように述べる。

他の組織や教育機関、ITエンジニアリング、ビジネスについて学ぶ学生、そして最も重要な政府と連携することで、多くの成果を上げることができました。カリキュラムづくりから教師の研修、実務研修の実施、IT業界に触れる機会づくりまで、こうした複数の連携を一体にすれば、その影響は計り知れないものになります。私たちはイノベーションを起こして世界じゅうに影響を与えることのできる能力と規模を備えた協力体制を築き上げました。ここからグローバルな問題に立ち向かいたいと考えています。

〉〉〉まとめ

地域社会は企業の活動にとってきわめて重要である。近隣が栄えれば企業も栄える。だが、さまざまな理由で、企業は外側の世界と無関係であると考えているリーダーもいるし、外側に対して思いやりを持って他人の役に立つための行動を起こすのが非常に難しいと感じている従業員もいる。ここまで見てきたように、企業が収益性と思いやりの両方を追求するには、二通りの方法があるようだ。地域社会のニーズを正確に見きわめ、自社の資源を活用してそのニーズを満たすか、さまざまな社会活動を通じて地域社会との連帯感を高めるかである。

Chapter 7 Creating Resilience in Supply Chains

第7章 サプライチェーンの末端まで

いまでこそイケアのカタログはオンラインで見るようになったが、以前は二カ月ごとに分厚い印刷物が郵便受けに届いていた。このカタログは購入意欲を刺激するだけでなく、市場経済の素晴らしさや、グローバル化の威力も思い知らせてくれる。しかも重い――三〇〇ページを超えることも珍しくない。二〇一三年、イケアのカタログは二億八〇〇〇万部が印刷された。これは同じ年に出版された聖書の二倍以上である。[1] これだけのページのなかに一万二〇〇〇品目に及ぶ素晴らしい商品が並び、自宅に彩りを添える商品の種類は植物からリビングルーム用の家具、おもちゃ、キッチン用品まで多岐にわたる。イケアの店舗はアメリカからオーストラリアまで三八カ国以上に三三二店舗が展開されている。こうした数百万点に及ぶ商品を製造し、世界各地に展開されたイケアの各店舗に出荷して店内に並べるサプライチェーンの複雑さには、ただ驚くしかない。

イケアのような企業の経営陣は、自社のサプライチェーンで何が起こっているかを気にかける必要があるだろうか。なにしろ、世界でも特に貧しい国の工場や遠く離れた国の農園や大農場で働いているサプライチェーンの労働者はほとんど表に出てこない。たとえイケアの経営陣が気にかけたとしても、サプライチェーンの範囲はあまりに広すぎて、手を打つのは大変だ。膨大なサプライヤーを抱えているのはイケアだけではない。たとえばアメリカの人材紹介企業であるマンパワーグループの第三次サプライヤーは世界各地に広がっていて、その人数は一四〇〇万人以上に及ぶ。経営陣にとっては、業務委託契約や第三者契約を交わすことで、こうした表に出ない膨大な数の人々と一定の距離を置いたほうが好都合なのは確かだろう。

消費者として、私たちは購入する商品や利用するサービスの背後にあるサプライチェーンの状況を気にかける必要があるだろうか。私はｉＰｈｏｎｅの愛用者として、現地ではましなほうでも、自分の子どもを働かせたいとは思えない中国の鄭州市や太原市のフォックスコンの工場でｉＰｈｏｎｅの組み立てがおこなわれていることを気にかける必要があるだろうか。手頃な値段で手に入るＴシャツが防火規則もないパキスタンの工場でつくられていることを気にかける必要があるだろうか。

これらは、リーダーや労働者、消費者にとって難しい問いである。消費者から見たサプライチェーンの状況はさまざまな側面を持つ問題だ。市場主義者たちは「企業の役割はサプライチェーンにかかるコストを最小限に抑えて生産性を最大限に高めることで、自分の役割は企業がつくった商品を購入することだ」と考えるかもしれない。結局のところ、サプライチェーンへの負荷なくしては異常なほど安い服を私たちが購入することはできないだろう。人道主義者は、サプライチェーンの状況に関する話に心を痛め、「この服を劣悪な環境で幼い子どもがつくっていることも多いと聞いたらどう思う？」と自問自答するかもしれない。私のような実用主義者は、最新のｉＰｈｏｎｅに手を伸ばし、見栄えの良い黒い箱から取り出して、最先端のデザインとマーケティングの象徴であるこの商品をそのまま使い続けることだろう。購入する製品のサプライチェーンで何がおこなわれているのかを本気で心配し、手を打とうと考えるのは、きわめて特殊な消費者だろう。

同じことは企業の経営陣についても言える。企業がサプライチェーンの問題に首を突っ込んだとしても、期待していた成果が得られず、意図しない結果を招くこともある。一例として、ユニセフの調査によると、インドとパキスタンでは国民の怒りが頂点に達したために被服縫製工場から児童労働者が締め出された結果、一部の子どもたちは家計を助けるために売春をはじめた[2]。多くの場合、貧困と労働の問題には複雑な要素が絡み合っているため、問題の解決に乗り出そうとしても、意図しない結果を招いて逆に問題を悪化させかねない。

企業がサプライチェーンとのつながりを強めるには

こうした複雑な事情があるとはいえ、企業が積極的に自社のサプライチェーンに働きかけ、そのレジリエンスを高めることはできる。こうした取り組みへの意欲や行動を決めるのは、創業者や現在の経営陣の決定によってつくられる価値観やビジネスモデルであることが多い。サプライチェーンとのつながりを強めている企業の多くは、次の三つの取り組みをおこなっている。

1　広範なサプライチェーンに責任を負う

2　社会的企業モデルを確立する
3　地元に投資する

広範なサプライチェーンに責任を負う――イケア

先進国のサプライチェーンの末端にあたる薄汚れた工場の薄明かりのなかでアンドレアス・フランツェンが目にした光景は、自分が使う商品がつくられる場所に対する消費者の意識を変えた。一九九八年、スウェーデンのドキュメンタリー番組制作者だったフランツェンは、インドとパキスタンの工場に隠しカメラを持ち込み、音声スタッフを連れてこっそり撮影をおこなった。彼はその光景に寒気を覚えた。薄汚れた工場の床にはがれきが散乱し、工場内には肺を悪くしそうな薬品の煙が充満し、安全装置もついていない年代物の機械で指を切る作業員が後を絶たない。だが最悪なのはそのことではなかった。工場で身を寄せ合っていたのは子どもたちで、彼らの多くは長時間働き、教育を受ける機会はほとんどない。五～六歳の幼い子どもたちまでが染物工場でひどい臭いの有害な染料を扱い、薄暗い部屋のなかで一日八時間座ったまま巨大なカーペット織機を操り、栄養失調でやせ細った体を動かして石で割ったレンガを運ぶ。ほとんどの子どもたちは教育を受けられる見込みもなく、成人に達する前に命を落とす子どもも多い。フランツェンが垣間見たのは、サプライチェーンの暗部にある地獄絵図だった。

フランツェンらが制作したドキュメンタリー番組により、世界の片隅でひっそりと繰り広げられていたこの地獄絵図が数百万人の見るテレビ画面に映し出された。この番組をきっかけに、ヨーロッパ全土で不買運動が起こった。イケアの経営陣にとって、マーケティングや販売をおこなう企業として、児童労働の禁止を保証する行動規範を取り入れるのが不可能に近いことは明らかだった。だが一方で、ヨーロッパじゅうで消費者の激しい怒りが売上にも大きな影響を及ぼしつつあり、経営陣がサプライチェーンの人々に対する態度を改めなければならないことも明らかになってきた。二〇〇〇年九月、同社は「ホームファニッシング製品の仕入れに関するイケアウェイ」（ＩＷＡＹ）という行動規範をつくり、サプライチェーンの状況改善に対するイケアの期待を示した。その後、全サプライヤーに対してこの行動規範への署名を要求し、何らかの改善策をおこなうために三カ月の猶予を与えた。期間を過ぎても十分な改善がおこなわれなければ、サプライヤーとの取引を終了した。

この行動規範を徹底するため、調達チームの権限を強化して南アジアのサプライヤーとその下請け業者に対する抜き打ち訪問を何度もおこなった。児童労働が見つかると、担当者はサプライヤーに子どもにとって一番望ましい結果が得られる対策を講じるように要求した。またその手段として、教育や研修を含めた是正措置と予防措置を講じた。ＩＷＡＹを導入して以来、一六万五〇〇〇回以上の監査が実施され、世界各地のサプライヤーの工場で労働環境の改善が図られてきた。

イケアの経営陣はすぐに、取り締まりや監視だけでは問題の一部しか解決できず、本気でサプライチェーンの持続性を高めて長期的な改善をおこなうには、取り締まりよりもさらに厳しい対策が必要であることに気づきはじめた。そこで経営陣は、ユニセフやセーブ・ザ・チルドレンといった国際機関と手を組み、改善計画を練りはじめた。

【複数のステークホルダーによる取り組みを実現させる】

児童労働は、多くの問題と同じように、解決に乗り出しても意図しない結果を招くおそれのある複雑な要素が絡み合った問題の一つである。こうした複雑な仕組みを理解して積極的に対策を講じるには、複数のステークホルダーが協力する必要がある。政府、企業、NGOといったそれぞれのステークホルダーの視点に立たなければ、問題の全貌を理解して対策を講じることはできない。この複数のステークホルダーによる取り組みは、イケアの経営陣がグローバルなサプライチェーンへの働きかけを続けるための基盤となった。一例として、二〇〇〇年八月にはユニセフと協力して、インドの若い労働者向けの研修センターを設立するための地域開発プロジェクトを開始した。その狙いは、かつて児童労働の撲滅に動いたときとは違い、工場を追われた貧しい子どもたちに売春をさせないことにあった。イケア財団のCEO、ペール・ヘッゲネスは次のように説明する。[3]

過去一〇年間にわたる協力を通じて、これまでに一億ユーロ以上がインドにおけるユニセフのプロジェクトに寄付され、七四〇〇万人以上の子どもたちがその恩恵を受けてきました。ユニセフとの長期にわたる協力は、数百万という家族に希望を与えています。

同様にイケアはセーブ・ザ・チルドレンとも協力し、これまでにインドのグジャラートやマハラシュトラといった都市で六万五〇〇〇人の子どもたちを児童労働から救い出し、教育を受けさせてきた。目標は、二〇一五年までに二万の村で一〇〇〇万人の子どもたちに質の高い教育を受けさせることである。

企業が自分たちの外側の世界に配慮することは、イケアのように巨大なサプライチェーンを抱える企業にとって避けられなくなっている。フランスに本社を置く食料品メーカーのダノンや、サプライチェーンがアマゾン盆地の不安定な地域に広がっているブラジルの化粧品メーカーのナチュラにとっても同様だ。これらの企業がどのようにしてサプライチェーンや近隣に手を差し伸べてきたかを知れば、こうした取り組みの重要性やもたらされる可能性のあるメリットについて理解を深めることができる。

社会的企業モデルを確立する――ダノン

ダノンは世界有数の食料品メーカーで、創業以来、創業者アントワーヌ・リブーの価値観や理念の影響を強く受けてきた。一九七二年、リブーは演説のなかで内側の企業と外側のサプライチェーンとの関係についての見方を明らかにした。[4]

企業の責任は、工場や事務所のなかにとどまるものではありません。企業の仕事は、すべての人の生活に影響を及ぼします。企業は燃料や原材料を消費しますが、それによって地球環境が変わります。人々のおかげで、企業はこの産業社会に責任を負っているのだと気づかされます。

リブーが演説で言及していたのは、主にフランス国内で事業を展開するフランスの企業だった。ノルマンディーの自然豊かな丘陵を訪れたことがあればフランスの農民の暮らしぶりはわかるだろうし、欧州連合の関係者であれば農民たちがどれだけ補助金を受け取っているのか知っているだろう。その生活は楽ではないが、全体的に見れば暮らし向きは良く、穏やかである。したがって、ダノンのような企業にとって「工場の外側に責任を負う」ことはそれほど無理難題ではなかった。

アントワーヌ・リブーの息子で現在のダノンのCEOであるフランク・リブーにとって、工場の外側で何がおこなわれているのかというこの問題は、はるかに複雑なものになっている。いまやダノンは九〇カ国で事業展開し、一〇万人以上の従業員を抱える巨大なグローバル企業だ。そのサプライチェーンは世界各地のサプライヤーや小売業者に影響を及ぼし、なかにはノルマンディーやフランス南西部の酪農業者もいればメキシコシティの路上で生鮮食品を売っている行商人もいて、ウクライナやエジプトの穀物農家や酪農業者もいる。

二〇〇〇年代初頭、ダノンはヨーロッパよりもはるかに貧しい国への進出をはじめ、突如として、フランスの酪農業者とはまるで違う生産者、ダノンのヨーグルトを購入するパリの主婦とはまるで違う消費者を相手にすることになった。経営学の教授、C・K・プラハラードが「ピラミッドの底辺」と呼ぶ地域へと少しずつ進出していったのだ。[5]

【ピラミッドの底辺】

プラハラードはピラミッドの底辺に関して次のように主張する。これまで先進国の多国籍企業は先進国の人々の好みや豊かさに合わせて商品を開発してきた。シャンプー、石鹸、飲料、ヨーグルト、ビスケット、鎮痛剤などはいずれも先進国の工場で製造され、その代償として低収入の消費者には手の届かない商品になっている。インドの農村部に住む人が、本当はヒンドゥスタン・ユニリーバのシャンプーで頭を洗いたかったとしても、ボトル一本の値段は高すぎて手が届かない。プラハラードはこの貧しい消費者を擁護し、収入が少ない人はシャンプーのボトル一本を丸ごと購入することはできないとしても、一回分であれば購入できるかもしれないと述べている。あるいは、製薬業界とサプライチェーンの構造を全体的に見直せば、鎮痛剤をもっと低価格で販売できるかもしれない。「倹約型イノベーション」と呼ばれるこの新しいアイデアは、フランク・リブーをはじめとする経営者の近隣やサプライチェーンに対する役割についての考え方にきわめて大きな影響を与えた。最近では、ハーバード・ビジネススクールのマイケル・ポーターもこの考えを支持している。[6] 彼は、企業が十分な利益を上げられる経済モデルを確立すれば、貧しい地域への貢献は間違いなく持続すると主張した。

フランク・リブーは二〇〇五年にグラミン銀行の創設者であるムハマド・ユヌス教授と話し合ったときに、企業として低収入の地域に栄養を届ける方法を練り直すことができた。二人が世界でも特に貧しい人々の生活を向上させる方法について意見を交換しはじめたところ、それぞれの持つ専門知識を組み合わせればいいことに気づいた。ユヌスは地域主導の少額の資金による資金調達の草分けであり、リブーは低価格な栄養食品の開発・製造および大規模流通の草分けだったのだ。

この創造性あふれる話し合いの結果、グラミン・ダノン・フーズを設立するに至った。倹約型イノベーションやピラミッドの底辺に関するプラハラードの助言に従おうとしたのである。狙いは、地域主導のプロジェクトを発足させ、低価格の栄養食品を製造すると同時に、しっかりとしたビジネスモデルを確立して、プロジェクトが経済的にも持続できるようにすることにあった。

この共同事業で最初におこなったのは、バングラデシュにヨーグルト工場を建設することだった。彼らは、経済的に自立すると同時に消費者、従業員、事業を展開する地域を豊かにする価値を創造するために、社会的企業モデルを確立した。二〇〇七年には最初の工場が完成して操業を開始し、安価なヨーグルトが製造されるようになった。このヨーグルトが地元のヨーグルトと違っていたのは、ヨウ素、亜鉛、鉄分、ビタミンAなどの微量栄養素が豊富であることだった。数百万人の幼い子どもたちの命を脅かす「隠れた飢餓」と戦うには、この豊富な微量栄養素が重要である。栄養豊富なヨーグルトが地域住民に与えた影響も大きかったが、サプライチェーンに与えた影響はもっと大きかった。工場では一七七人を正社員として地元採用し、失業率がきわめて高いなか、雇用者としての大きな役割を果たしている。さらに、八〇〇人以上の女性をダノンの販売員として雇い入れ、彼女たちはヤクルトレディと同じように近隣の街を訪れてヨーグルトを販売し、支援と親睦の輪を広げている。牛乳そのものも、地域のあちこちで細々と経営されている小規模な三七〇以上の農家から集められている。乳製品工場がなければ、こうした農家で生産される牛乳はたいてい村でしか消費されず、残った分は廃棄される。乳製品工場があれば、彼らは生産した牛乳を毎日工場に売ることができ、決まった収入のおかげで未来に備えて牛を増やすこともできる。

この社会的企業モデルは世界各地に拡大された。西アフリカに位置するセネガルでは「牧童の牛乳屋」プロジェクトによって地元の六〇〇以上の酪農家から牛乳を集めて低温殺菌をおこない、その土地の乳製品ブランドを確立し、アルジェリアでは「サハジン」プロジェクトを立ち上げてダノンの調査力を生かし、地元住民の鉄分不足を改善するためのスナック商品を製造して販売している。

初期の実験的な取り組みを足掛かりに、経営陣はダノン・コミュニティーズを設立してこうした取り組みを大々的に推進することを決めた。これは一億ドル以上のミューチュアルファンドであり、社会的企業としての取り組みを推進して世界各地の栄養失調や貧困を撲滅することを目的に設立された。ファンドの運用はクレディ・アグリコル・グループが地元の関係者やNGOと協力しておこない、投資資金として約八七〇〇万ドルを保有している。二〇〇九年には農家、サプライヤー、下請け業者、輸送業者、販売業者、地元の地方自治体を含むダノンを取り巻くあらゆるステークホルダーの発展や成長につながる支援をするために、一億三七〇〇万ドルを基金とするダノン・エコシステム・ファンドも設立された。

【学習を通じて取り組みの規模を拡大する】

企業が社内の機能や取り組みの規模を拡大して地域社会に貢献すれば、大きな成果を上げることができる。ダノンで注目に値するのは、意思決定を各地方でおこない、平等な立場のネットワークをつくることで地方自治を可能にしている非集中型の組織構造だ。つまり、企業の中枢で広範な目標が設定されると、多くの権限や資源が現地チームに委譲され、現地チームは自由に取り組みをおこない、企業の目標を達成する責任を負う。

興味深いのは、ダノンの経営陣がレジリエンスを高めるために社内で実践していたのと同じ取り組みをサプライチェーンでも実践するようになったことである。鍵となるのはDAN2・0という取り組みで、これはソーシャルメディアとダノン社内のイントラネットを利用して世界じゅうの人々のネットワークを支援し、経験を共有してアイデアを交換できるようにするものである。これにより、企業全体で行動的なグループが生まれ、地元で社会的企業の理念を確立して持続するためのアイデアを共有し、理解を深めている。このコミュニティの能力は、全員が成功事例を共有できるソーシャルイノベーション研究所をネットワーク内にいくつも設立することでさらに高まっている。二〇〇九年には、世界各地の七〇のダノン支社でおよそ一二〇の社会的企業に根差した取り組みがおこなわれた。

地元に投資する――ナチュラ

世界のなかでも特に危機に瀕した環境で事業をおこなう企業にとって、地域やサプライチェーンに関わる活動はさらに重要である。一九六九年にブラジルで創業され、自然派化粧品、香水、衛生用品を製造しているナチュラ・コスメティコスはまさにそうした状況に置かれている。二〇一二年までに、同社は世界でも指折りの化粧品メーカーにまで成長し、ブラジル国内市場のシェアは二三

%、収益は二三億一〇〇〇万ドルを誇り、国際市場におけるシェアもこの五年間で四・四%から九%まで伸びた。[7]

同社の理念や消費者・生産者に対する態度は、創業者のアントニオ・ルイス・ダ・クーニャ・セアブラの影響を強く受けている。彼が使った「ビエン・エスタ・ビエン」という言葉は「健康で優しく」という意味だ。[8] この言葉は社内や社員のレジリエンスを社外の地域社会やサプライチェーンとつなぐ役割を果たす。[9]「健康」とは自分自身と自分の身体との関係を示し、「優しい」とは他人や自然との関係を示す。創業以来、ナチュラはこの理念に沿って、製品の販売方法、研究開発の重点、サプライチェーンで働く人々への態度などについて、さまざまな取り組みを推進してきた。

【共通の目標を公表する】

当初より、ナチュラの経営陣は企業の環境、社会、事業それぞれへの関心が互いに密接に関連していると気づいていた。現在のナチュラのＣＥＯ、アレッサンドロ・カルルッチは従業員、株主、消費者に対して地球資源に関するさまざまな公約をしてきた。この約束の一つに、ナチュラ・コスメティコス製品の製造で住民に悪影響を及ぼさないというものがある。つまり、成分抽出によって資源を枯渇させず、二酸化炭素排出量を抑え、リサイクル済みまたはリサイクル可能な包装容器や材料を使うということである。

このように目標を公表することで、従業員の間でも共通の意識が芽生えた。たとえば、製品を開発する際に、環境に与える影響を細かく分析し、すべての新製品は既存製品よりも環境への影響が少ないという但し書きを添えるようになった。この厳しい要件を必ず守らなければならない。新製品を開発してもこの要件を満たしていなければナチュラの製品群に加わることはない。[10] 同社の全サプライチェーンにとって、この要件を満たすことは、連携を築いて関係者を管理するための基礎となっている。CEOのカルルッチは次のように述べる。[11]

もちろん、これは私たちナチュラだけの問題ではありません。私たちは関係者と強力で大規模なネットワークを築いており、少しずつ、一日ずつ、社会全体で同じ価値観を持つという目標を達成しているのです。

サプライチェーンが特に厄介な問題となっているのは、ナチュラ製品の多くにアマゾンの熱帯雨林で採取される材料が使われているからだ。二〇〇〇年以来、同社はクプアス、アサイー、アンディローバといった熱帯植物やフルーツを育てて収穫するアマゾンの農家と協力してきた。こうしたサプライチェーンはブラジルのアマゾン全域に及び、一五〇〇以上の農家が一六の地域に散らばっている。ダノンの乳牛を育てる酪農家と同じように、こうしたサプライチェーンは社会的にも物理的にも脆弱な生態系にさらされていて、ナチュラはダノンと同じようにその維持に莫大な投資をおこなっている。アマゾニア計画の目標は、研究者と科学者がブラジル各地について研究して現地の生態系を守れるように、アマゾナス州の州都マナウスに研究センターを建てるため、二〇二〇年までに五億ドルの投資をおこなうことだ。この計画には、パラー州で植物油と石鹸を製造しているベネビデス工場の拡張計画も含まれている。こうした取り組みを通じて、ナチュラはアマゾンの原材料の購入を一〇%から三〇%に引き上げ、アマゾンのサプライチェーンの農家の数を二倍にすることを目指している。[12]

【コミュニティに投資する】

ナチュラのビジネスモデルのなかで刮目すべきは、膨大な人数に及ぶ販売員の管理の仕方である。日本のヤクルトレディと同じように、ナチュラは南アメリカ全域に「コンサルトラス」と呼ばれる一四〇万人以上の女性たちによる大規模な直販網を展開している。これはブラジル最大の直販網で、世界で三番目の規模だ。この女性たちはたいてい同年代の女性よりも高収入を得ているため、自身の家族や地域社会に大きな影響を及ぼしている。平均月収は国内の最低賃金の一六倍だ。女性販売員たちは、同社の収益や所有権の一部を取得することもできる。多くの企業は直販網を縮小しているのに対して、ナチュラ・グループは右肩上がりの成長を続けていて、二〇一一年には販売員を一六%増やした。ブラジル国内だけではなく、ブラジル国外でも「コンサルトラス」の人数は二三%増えて二三万人に達した。

離職率がきわめて高い業界にあって、「コンサルトラス」の定着率は高い。売上の高い販売員の多くは勤続二〇年以上であり、ほとんどの「コンサルトラス」（正確には九五%）が自分の仕事にとても満足している。CEOのカルルッチは、定着率が高いのには多くの要因が挙げられるが、特に二つの理由が大きいと考えている。[13]

第一に、お客様が私たちの商品を求めていることです。私たちは価値のある商品を提供しているため、他社の商品よりも売りやすく、販売員に十分な利益をもたらすことができます。第二に、これは私にとって最も大事なのですが、販売員たちはグループの一員であると感じています。つまり、素晴らしい商品を提供し、社会、環境、地域社会の価値を高めようとしている企業の一員だと感じているのです。彼女たちは当社の理念に不可欠です。私たちは彼女たちを単なる数として見ているのではなく、人間として接しています。

〉〉〉まとめ

グローバル化とテクノロジーにより、サプライチェーンの規模はかつてないほど巨大になり、こうしたサプライチェーンの状況が手に取るようにわかるようになって、一般市民の多くがサプライチェーンの状況にも敏感になっている。グローバルな大企業のサプライチェーンの一部では、人々が空腹で倒れるまで働いていたり、子どもたちが栄養失調で苦しんでいたりする。[14]確かに彼らはこうした企業の外側にいるため、その厳しい状況が明らかになったとしても、「私たちには関係ない」と考えることもできる。経営陣や従業員が目を背けようとするのには多くの理由がある。だが、ダノンやナチュラの取り組みが示すように、従業員の多くは関わりを持ちたいと考えている。彼らが各自の特技を生かせば、とてつもない成果を上げることもできるのだ。

PART IV Addressing Global Challenges

第4部

グローバルな問題に立ち向かう

グローバル化、ネットワーク化、テクノロジーによって世界は変化しつつあり、その結果、国境を越えてグループが形成され、有能な人々は生まれた国に関係なく世界各地の問題に積極的に取り組めるようになった。また、グローバル化が進み、テクノロジーが普及するにつれ、厄介で解決しにくい問題が起こっている。仕事や職場に縁のない若者が世界じゅうにあふれ、かつてないほど裕福になった人もいれば貧しくなった人もいて、格差が広がった。若年層の失業率が上昇して格差が拡大することで、世界はこれまで以上に不平不満がたまる場所になりつつある。同時に、さまざまな地域で資源の争奪戦が繰り広げられ、異常な気候変動に対する不安が高まっている。

このような分岐点に立っているいま、大企業の経営者や従業員は、不安定な社会のレジリエンスを高めるためにどのような役割を果たせるだろうか。グローバル企業は影響力と実践力をもって、こうした問題に立ち向かうために独自の役割を担いつつあると私は考えている。

企業の活動はさまざまであり、各社が他社とは違う取り組みをおこなっているからこそ、企業は周辺に変化とイノベーションをもたらす強力な存在になり得る。[1] 多様な企業が存在するのは、各社の歴史、環境や社会状況、そしてCEOの熱意や気構えによって、社風や機能が決まってくるためだ。

その機能を生かして各社が独自におこなう取り組みは、多くの企業がしのぎを削る凄まじい競争のプレッシャーによって磨かれ、かたちづくられていく。その過程でヨーゼフ・シュンペーターの言う「創造的破壊」が起こる[2]。この破壊という過程で発揮される創造性により、企業の機能は高まってきたのだ。いまや世界を良くするためにはこうした機能を活用していかなければならない。

第4部では、企業がとりわけ強みを持っている三つの機能について詳しく見ていく。研究とイノベーションの力（第8章）、展開力と動員力（第9章）、複数のステークホルダー間で協力体制を築く力（第10章）の三つである。

Chapter 8 Leveraging Research and Innovation Capabilities

第8章 研究とイノベーションの力

企業が高度なイノベーションを実現するには、膨大な資源が必要だ。グーグルなどの革新的な企業が、トップクラスの人材を世界じゅうから見つけ出して獲得するためにどれだけ手を尽くしているか想像してみるといい。グーグルのキャンパスの設計や自由な働き方、ストックオプションといった同社の取り組みのほとんどは、有能な従業員たちが協調して働けるようにするために工夫されてきたものだ。

グーグルだけではない。世界じゅうの多くの企業が、イノベーションや研究開発に関する資産を増やして、競争優位の源泉となるコア・ケイパビリティを高めるために莫大な投資をおこなってきた。数十年にわたって高度な専門知識と創造性を持つ人々を集め、彼らのような専門家を確保してその意欲を高めるための取り組みをおこなうという方針をつくってきた。こうした有能な人材が組織で与えられる資源の何倍もの価値を生み出せるとわかっているからだ。[1] とびきり優秀なソフトウエアプログラマーや製薬会社の研究者は、向こう一〇年間は企業全体が安泰でいられるだけの莫大な利益をもたらす新しいプログラムや薬を開発できる。こうした有能な人材は階層的に管理されるのを好まず、なかには気難しくて一緒に働きにくい人もいる。また、自分の知識を他人に教えたがらない場合もあり、多くは縦割り組織を嫌う。だからこそ、企業は数十年前からこうした優秀な人材を取り込み、うまく導いて、彼らの持つ深い知識をスムーズに社内の各部署に伝達するための仕組みをつくってきたのだ。

世界じゅうで知恵のある人々が自発的にグローバルな問題に立ち向かっており、それによって企業の研究力と革新力が凄まじい勢いで高まっている。多くの企業は次のような取り組みをおこなっている。

1 コア・ケイパビリティを見きわめ、強化し、つなげる
2 専門家の洞察力を活用する
3 専門家のスキルを活用する

コア・ケイパビリティを見きわめ、強化し、つなげる――DSM

ロンドン・ビジネススクールの授業にオランダ人の受講生が出席していれば、私はすぐに見つけることができる。ほぼ決まって一番背が高いからだ。ロンドン・ビジネススクールの受講生に限らず、酪農が盛んなオランダの低地で育てられた若者たちは、どの国の人々と比べても一番脚が長い。ただし、昔からずっとそうだったわけではない。第二次世界大戦直後の「飢餓の冬」の間にオラン

ダで生まれた人々の多くは、生野菜が不足していたために「隠れた飢餓」に苦しんで体を壊し、糖尿病のリスクが高まるといった問題を抱えていた。

ヨーロッパでは「隠れた飢餓」はほぼ克服されたが、世界の貧しい地域ではいまだこの問題に悩まされている。世界じゅうで実に二〇億人が「隠れた飢餓」に苦しみ、発展途上国では四〇〜六〇%の乳児が精神発達障害を抱えていて、五億人の女性が健康を害し、毎年六万人以上の女性が出産中に命を落としている。このままいけば、世界で四億五〇〇〇万人以上の子どもたちが向こう一五年の間に栄養失調により成長を阻害されることになる。[2] 経済的にも壊滅的な影響を与えるおそれがある。国連世界食糧計画（WFP）の計算によると、栄養失調によって一国の国内総生産（GDP）が少なくとも二〜三%減少しうるという。しかも発展途上国では、経済成長率が一%低下すると貧困層が二〇〇〇万人増えるのだ。[3]

国全体で「隠れた飢餓」を理解しているからこそ、オランダの栄養食品会社DSMの研究者たちはこの問題を解決するために必死になってきたのだろう。同社は一九〇二年に炭鉱会社として創業され、次第に活動の軸を鉱業から化学肥料へと移し、一九五〇年代にはヨーロッパで加速していた消費ブームに乗ってプラスチックの研究・製造に関する専門知識を蓄えた。それから二〇年、同社は生命科学や材料科学に特化した研究をさらに進めた。二〇一二年には栄養食品、栄養補助食品、ヘルスケア、製薬に関連したイノベーションの旗振り役の一つとなり、ヨーロッパ、北アメリカ、中国に二万二〇〇〇人の従業員を抱えるまでに成長していた。その間に、地元の大学で博士課程の学生を支援し、大学を卒業した若者を集めて育成し、大学教授とのつながりを築いて研究チームを編成するといった取り組みを通じて、同社の研究能力とイノベーション力はさらに高まっていった。

【足りない部分を補い合う】

二〇〇七年以降、DSMの経営陣はその研究力とイノベーション力を強化して、経営のレジリエンスを高めてきた。経営陣は、世界最大の人道的活動組織で毎年八〇カ国以上の約九〇〇〇万人に食糧を支給している国連WFPのチームと協力体制を築くことでこれを実現している。この協力体制のリーダーの一人にフォッコ・ウェンテスがいる。彼は、DSMと国連WFPによる協力体制は互いに足りない部分を補い合うものだと語る。[4]

この協力体制は、両者が反対側から貢献して反対側から恩恵を得ているため、まさに足りない能力を補い合っていると言えます。DSMは知識と革新力を提供しましたが、国連WFPはDSMにはできないような支援活動をおこなっています。辛抱強く人々を団結させることができ、DSMだけでは実現できない求心力を持った素晴らしいパートナーです。

この協力体制は次第に大きくなり、いくつかの重要な成果を上げた。たとえば、食品に添加できるきわめて安価なビタミン剤やミネラル剤を開発してきた。こうした栄養補助食品は、これまでにネパール、ケニア、バングラデシュ、アフガニスタンなどの一二〇〇万人以上に支給されている。組織という垣根を越えて活動しているすべての複雑な協力体制がそうであるように、DSMと国連の協力体制においてもグループ間で信頼関係を築くことが不可欠だった。ウェンテスは「一貫した協力体制が重要であり、それが揺らぐことのないよう、進んで協力する必要があります」と述べている。それができるのは、立ち向かっている問題がきわめて重大だからである。

私は複雑なチームの業績に関する研究のなかで、やりがいのある共同作業に取り組んだり興味深い問題に直面したりすることを通じて、チームの結束力を高めようという意欲がどう変わるかを理解するために「点火」という概念を使った。[5] さまざまな背景を持つメンバーが集まったチームで特に大事なのは、互いに敬意を払い、共通の目標を持つことだとわかった。DSMが持つ生命科学に関する専門知識と、国連WFPが持つ現場での知識や経験が組み合わさることで、イノベーションが加速していく。この潜在能力を発揮するために「点火」を促すのは「きわめて安価な栄養補助食品を開発するにはどうすればいいか?」といった重要な問いである。

DSMと国連WFPの協力体制で興味深いのは、活動の基準となるコストについての考え方が違う点だ。DSMなどの企業には莫大な間接費があるため、世界じゅうの科学者は高い報酬を受け取り、設備の整った建物で研究することができ、年金も手厚い。だからこそ、DSMなどの先進国の企業は昔から一日の収入が一ドルに満たない人々でも購入できる商品を開発するのに四苦八苦してきたのである。

【倹約型イノベーションを通じて学習する】

国連WFPと協力するなかで、DSMの経営陣は収益基準や製品開発について考え方を改めなければならなかった。このプロジェクトのもとでおこなう活動や開発する製品が、自社製品に対して経営陣が要求する通常の収益基準を満たさないことは当初より明白だった。そのため、経営陣は「隠れた飢餓」を撲滅するためのプロジェクトを収益基準の対象外とする必要があった。これによって大きな学習機会が得られたのである。

経営陣は、C・K・プラハラードが「ピラミッドの底辺」と呼んだ現実の貧困を目の当たりにして、製品開発に関する考え方を根本的に変えるべきだと気づいた。先進国における微量栄養素の研究などにかかるコストはエチオピアやソマリアといった国にとってはもちろん、国連WFPなどの国連の機関にとっても高すぎる。研究チームは現場で他のチームと協力するなかで、経済的に持続可能な製品を一から開発し直さなければならなかった。フォッコ・ウェンテスは次のように振り返る。[6]

私たちにとって大事なのは人材を投入して時間をかけることとです。それが学習のために不可欠だからです。大金を投じればいいというものではなく、むしろお互いが利益を分け合うことによって計画のレジリエンスが高まります。私たちはこの計画を他のＤＳＭの計画と同じように制限時間があるものとして扱い、国連ＷＦＰが知識を身に付ければ、その知識が国連ＷＦＰの活動に大きな役割を果たすことを理解しています。

ＤＳＭと国連ＷＦＰの協力体制は、最初こそ科学者のチームによるものだったが、じきにＤＳＭ

のさまざまな部署の従業員が参加するようになった。従業員たちは世界各地でチームをつくり、栄養失調についての認知度を上げるための活動に参加し、ザンビア、グアテマラ、ケニア、バングラデシュなどで国連WFPによる現場での研究活動を支援し、さまざまなプロジェクトでボランティアを務めた。

【洞察の輪を広げる】

プロジェクトを成功させるためには、調査・研究に基づいて洞察を深めるとともに、現場の知識を蓄えることがきわめて重要であることが実証されている。この二つが重要なのは、栄養に関しては、保管、輸送、使用の方法によって微量栄養素の残存率が大きく変わるおそれがあるからだ。こうした問題について本当に理解を深めるには、現場で活動する国連WFPのチームや地元のNGOの輪がもたらす現地に関する情報が不可欠である。フォッコ・ウェンテスが次の話をしてくれた。[7]

以前はDSMのボランティア五〇人をケニアの難民キャンプに派遣して、その暮らしぶりを調べさせていました。彼らが難民キャンプの栄養問題を解決するための提案書を作成していたのです。

食費を調べるためにもボランティアはさまざまな発展途上国に派遣されました。問題意識や教育も大事ですが、予算も重要だからです。ボランティアたちは現地の人々の収入や購入する商品の価格について調査しました。これは基本的に、説得力を高めるためのデータ収集です。

こうした情報がオンラインでパートナーに次々と送られ、データベースとして蓄えられます。この情報は国連WFPにとって欠かせないものになっていて、この問題のさまざまな次元について多様なステークホルダーに説明するときに使っています。また、この情報は国連WFPのスタッフであれば誰でも利用できます。DSMはこの情報をユニセフにも提供していますが、これも二つの人道的活動組織が共通のメッセージを発信することで説得力を高めるためです。

DSMのように研究に軸足を置く企業が、有能な人材を集めて確保するための専門知識を持っているだけでなく、この知識を蓄えて共有するためのプラットフォームも築いているのは興味深い。プラットフォーム上で資産を組み合わせることが、DSMの革新力を高めて国連WFPとの協力体制を築くうえできわめて重要な役割を果たしてきた。

専門家の洞察力を活用する——グーグル

情報を探しているときや事実を確認したいときにまずどこで調べるだろうか。世界の数十億という人々が場所や人間や出来事について調べるときに最初にアクセスするのはグーグルだ。この「ググる」という一見単純そうな行動の背景にあるアルゴリズムはきわめて複雑である。グーグルの経営陣は世界でもトップクラスの数学に強い人材を集めてこのアルゴリズムを開発してきた。毎年一五〇万人以上がグーグルへの入社を希望する。狭き門をくぐり抜けると、自由に働き、無料の食事にありつけ、「犬やオウムを職場に持ち込むこと」が許され、コンシェルジュに世話をされて滑り台を使ってオフィスから社員食堂に移動できるようになる。そのどこまでも自由な仕事ぶりの例を挙げればきりがない。

ＤＳＭやグーグルなどのイノベーションが中心となる企業は、ユニークな方法で、世界じゅうからとりわけ優秀な人材を集めている。たとえばＤＳＭの採用面接では頭脳明晰な候補者に「隠れた飢餓」をなくすにはどうすればいいかを問う。一方グーグルでは、テクノロジーと暴力の誘因について、という問題に答えさせたりもする。

グーグルのコア・ケイパビリティは、テクノロジーと三万四三〇〇人の従業員の頭脳を活用して、世界じゅうの人々と情報とのつながり方を改善することである。グーグル・アイデアズは、このテクノロジーとネットワークの威力を増幅し、その威力を活用して人類が直面している最も厄介な問題に立ち向かうために創設された[8]。グーグル・アイデアズのリーダーであるジャレッド・コーエンは次のように述べている。

> これは、二一世紀で最も頭の痛い厄介な問題に対する解決策を見つけるうえでテクノロジーが果たせる役割を模索するために、型破りなステークホルダーを集め、研究を依頼し、取り組みの種をまく頭脳・行動集団なのです。

この二年間、グーグル・アイデアズは社員に対し、凶悪な暴力組織や資金洗浄に重点を置いてテクノロジーを活用するように促してきた。

【若年層の失業と暴力組織】

ジャレッド・コーエンとその同僚は、凶悪な暴力組織はその一味の生活を台無しにするだけでなく、活動している地域の人々にも恐怖を与えるのが二一世紀の問題の一つであると考えた。「一般市民」が集結するのを可能にしているつながりと自立共生のためのツールは、テロリストや暴力組織にも利用されているという矛盾がある。したがって世界じゅうでさまざまなネットワークが生まれる様子を注視しているグーグルのエンジニアにとって、こうした現実は重大な関心事となっているのだ。過激な暴力組織がインターネットを利用してメッセージを拡散するのを目の当たりにしてきたのだ。コーエンとその同僚にとって、グーグルなどがつくってきたネットワークとそのためのテクノロジーは、問題を拡散するのではなく問題を解決するために利用しなければならないものである。

この暴力の過激化は差し迫った問題だ。労働市場がグローバル化すると同時に仕事が空洞化したことで若年層の失業率が爆発的に上昇し、一部の地域では若年層の雇用を促進する手段がほとんどなくなっている。発展途上国や政治経済がきわめて不安定な地域には、若者の比率が高いところが多い。現在は北アフリカと中東で若者の比率が最も高く、こうした地域では人口の六〇％が三〇歳未満で、北アメリカの二倍となっている。[9]北アフリカと中東は失業率も一〇％以上であり、この地域には世界で最も失業率が高い地区もいくつかあり、若年失業率は四〇％にも達している。[10]

失業率が高く不安定な国で育てられた若者は、非常に大きなリスクにさらされている。過激な宗教団体や思想団体から熱心に勧誘され、その仲間に入ったり親近感を覚えたりする人もいる。二〇一二年の時点で、こうした状況はすでにアフガニスタン、ソマリア、そしてパキスタンの一部の地域など、戦争で荒廃した地域や不安定な地域で明らかとなっていた。心理学に基づいた研究によると、若者（たいてい男性）が暴力組織に加わると共有状態という感覚に陥る。この状態になると、若者が暴力組織から離れるのはほとんど不可能になる。離れると、仲間や地位をすべて失ってしまうからだ。

【集結力を高める】

コーエン自身は国務省にいたときにイラン、イラク、シリア、レバノンなどの軍事組織に関する報告書を作成するため、その構成員に話を聞いてまわった。彼はその仕事を通じて過激な暴力組織の成り立ちやその影響に関する理解を深めた。取材を通じて彼らが社会性を獲得する過程を詳しく調べたところ、多くの若者が暴力組織に入るのは救いを求めるための人脈を築いていないからだとわかった。コーエンは「彼らは本当は武器ではなくペンを持って勉強したいと思っている迷える人々なのです」と述べている。[11] 彼は国務省の代表としてコロンビアとグアテマラを訪れたときにも同じような状況を目にした。

だが、暴力組織の一味を仲間から抜けさせるのは難しい。この問題に立ち向かうために、コーエンとグーグル・アイデアズの経営陣は二〇一一年の夏にアイルランドのダブリンで「暴力的過激派撲滅サミット」（ＳＡＶＥ）と名づけた会合を開いて取り組みをはじめた。アイルランドは昔から過激派に悩まされており、数千人のアイルランド共和軍（ＩＲＡ）の兵士と民兵組織によるテロリストが数十年にわたって争いを繰り広げている。とはいえ、アイルランドは和平調停案が策定され、過激なテロ行為が大幅に減った国でもある。サミットの狙いは若者がこうした暴力組織に入るのはなぜか、そして彼らを立ち直らせるために何ができるかを、より深く理解することにあった。

サミットでは、スラム街の暴力組織のメンバーや右翼の民兵から暴力的な国粋主義者や宗教的過激派まで、八〇人以上の「元過激派」が三日間の討論とワークショップに集まった。「元過激派」たちはさまざまな非営利組織を通じて暴力に反対し、積極的に過激主義の撲滅に動いている。集まった人々の出身地はアジア、中東、南アメリカ、北アメリカ、ヨーロッパとさまざまだった。サミットには暴力的過激主義の被害者に加え、一〇〇人以上の市民社会団体、教育機関、テクノロジー企業、政府、マスコミ、民間企業の代表者も参加していた。

サミットの後でさまざまな措置が講じられた。その一つは、元過激派、暴力的過激主義の被害者、ＮＧＯ、教育機関、シンクタンク、民間企業のリーダーを結ぶ「暴力的過激派撲滅」（ＡＶＥ）と呼ばれるオンラインネットワークが立ち上げられたことである。ＡＶＥのウェブサイトを管理するのはロンドンを拠点にするシンクタンクでグーグル・アイデアズのパートナーである戦略的対話研究所だ。このウェブサイトの目的は、若者が過激化するのを阻止する方法や過激派の仲間入りをした若者を立ち直らせる方法についてグローバルに話し合うことだった。コーエンは次のように述べている。[12]

これまで、こうした問題に立ち向かいたいと思っても、そのための場所がありませんでした。分野を超えてさまざまな人々とつながりを持ち、専門知識や資源が手に入る場所です。

コーエンらの二番目の取り組みは、グーグルの検索機能を利用してグローバルな犯罪組織を見つけ出して破壊することに重点を置いており、麻薬カルテル、臓器狩り、サイバー犯罪、テロ、武器の密売や人身売買などを明るみに出すキャンペーンを展開している[13]。このプロジェクトでは、ブラジルの安全保障に関するシンクタンクのイガラッペ研究所、そして紛争に関する国際的な研究機関であるオスロ国際平和研究所と協力体制を築いている。コーエンは「テクノロジーには、人目につかないように慎重に活動する必要のあるグローバルな犯罪組織を見つけ出して破壊する力がある」と考えている[14]。

運動を開始するにあたって、二〇一二年七月にロサンゼルスで「非合法ネットワークに対抗する力」と題された二日間のサミットが開かれた。過激主義者になる過程について考えるこのサミットには、被害者、警察官、政治家、研究者、テクノロジーの専門家が集まって、毎年数十万人の命を奪い、一兆ドルの経済損失が見込まれるグローバルな犯罪ネットワークを撲滅するための作戦についてアイデアを出し合った[15]。サミットの開催に手を貸した外交問題評議会の上級研究員スチュワート・パトリックは次のように話した[16]。

グーグルにとっては本業ではないと思われるかもしれませんが、現代のテクノロジー企業はこうした非合法ネットワークを白日の下にさらして、政治腐敗を食い止め、国際犯罪の撲滅に尽力している人のための強力なツールをいくつも持っているのです。

グーグルのエンジニアとＤＳＭの栄養学研究者の間に一見共通点はまるでないように思えるかもしれないが、いずれも、企業が持っている研究力と革新力をさらに高めれば、かつてないほど脆弱になっている世界を脅かすグローバルな問題に取り組めることを示している。

専門家のスキルを活用する——ボストン コンサルティング グループ

セーブ・ザ・チルドレンはほぼ一〇〇年の歴史を誇り、一二〇カ国で子どもたちの生活を向上させるために活動している。これまでに二九の独立した組織による非集中型の連合体として活動してきた。セーブ・ザ・チルドレンで活動しているチームは、子どもたちのために世界をより良いところにするという共通の理念を持つ企業と連携し、革新的な協力体制を築くスキルを磨いている。

二〇一〇年、セーブ・ザ・チルドレンの国際委員会はこの組織の創設以来はじめてインターナショナル事務局長を選出することで、独立した組織同士が連携していくことを決めた。選出されたのはジャスミン・ウィットブレッドで、彼女の初仕事は貧しい子どもたちを救うためのさまざまな協力体制や連携を生かすためのより深く幅広い取り組みについて考えることだった。彼女は自分のやり方について次のように語っている。[17]

こうした「大規模な問題」を解決するには「大規模な連携」と異業種からの参加が必要です。セーブ・ザ・チルドレンのようなNGOには明確な目的がありますが、大企業と協力体制を築いて大々的に展開し、影響力を高めなければなりません。

そのため、ウィットブレッドは共通の問題に対してさまざまな考えや目標を持つ人々を動員できるように、セーブ・ザ・チルドレンを二一世紀に見合った組織につくり変えることを最優先課題の一つに掲げた。セーブ・ザ・チルドレンに協力体制を築けるのは確かだが、彼女は組織の運営方法や構造がグローバルな活動の妨げになりはじめているという見方が広がっていることに気づいた。ゆるやかに連携した非集中型の構造によって地元への理解や柔軟性は確かに高まったが、次第にグローバルな規模で迅速に活動するのは難しくなっていたのだ。そこでウィットブレッドはボストン コンサルティング グループ（BCG）のメンバーと緊密な協力体制を築いた。一九六〇年代に創業されたBCGは、六〇〇〇人以上のコンサルタントを擁して企業戦略、組織構造、組織文化変革に関する機能を高めてきた。創業者の一人であるブルース・ヘンダーソンはアルキメデスの「私に棒と足場を与えよ。そうすれば地球を動かしてみせよう」という言葉を好んで引用した。彼を筆頭に、歴代の共同経営者がBCGの資産と機能を社会のために生かし、世界のレジリエンスを高めるための取り組みを続けてきた。

セーブ・ザ・チルドレンとBCGの協力体制は二〇年以上前の一九九〇年代までさかのぼり、当時からBCGの歴代のコンサルタントやパートナーたちのグループは、組織開発に関するさまざまな問題についてセーブ・ザ・チルドレンの幹部を支援してきた。セーブ・ザ・チルドレンを二一世紀に見合った組織にするための取り組みは、BCGのコンサルタントやパートナーを何人も派遣するほどの大規模なプロジェクトに発展した。

【さまざまな関わり方を可能にする】

二〇一二年、セーブ・ザ・チルドレンとの関係に対するBCG側の最高責任者を務めていたクレイグ・ベイカーは、セーブ・ザ・チルドレンの幹部の相談役として、このプロジェクトに一週間のうちおよそ一日を費やした。これについて、彼は次のように話してくれた。[18]

私自身はこうしたグローバルな協力体制に一週間のうち一日を費やすだけで、セーブ・ザ・チルドレンを他の顧客と特に区別してはいません。唯一の違いは、収入をもたらしてくれるかどうかです。

両者の関係はさらに深まり、BCGの従業員のなかには社会的課題を解決するための出向プログラムに参加し、社外のパートナーと組んで仕事をする人もいる。その期間は通常、一二カ月だ。また、社会的課題を解決するための休暇を取得して、BCGの支援を受けながらNGOの活動に参加する人もいる。クレイグ・ベイカーのように、顧客側のプロジェクトに参加してプロジェクトがあるたびに顧客企業に出向いて仕事をしている人もいる。ＢＣＧの六〇〇〇人のコンサルタントのうち、七五〇人以上が二〇一一年にこうした社会的課題関連のプロジェクトに参加し、その他の多くのコンサルタントも地元でボランティア活動をおこなっている。

この協力体制に参加者の多くは非常に満足しており、スキルを磨く機会にもなっている。クレイグ・ベイカーは次のように述べる。[19]

当社の従業員は知性を高めるとともに専門知識を深め、そのおかげで当社は世界でも指折りの有能な人材を集め、囲い込むことができるようになりました。

セーブ・ザ・チルドレンはＢＣＧのような戦略的パートナーと協力体制を築くことで、各国の世界連盟メンバーの総合力を高め、世界じゅうの子どもの役に立つことができた。ジャスミン・ウィットブレッドはこう話す。[20]

これだけ短期間のうちにセーブ・ザ・チルドレンの二九あるすべての世界連盟メンバーに対して大規模な組織改革を伴う一つの戦略について合意を求めるのは、ＢＣＧの貴重な支援がなければ不可能だったでしょう。信頼や前向きな姿勢は言うまでもなく、ＢＣＧの洞察力、プロセスのリエンジニアリングや変革マネジメントはいまも、子どもたちの生活を向上させるための意欲的な取り組みをさらに前進させていくための支えとなっています。

〉〉〉まとめ

ＤＳＭ、グーグル、ＢＣＧのように豊富な知識を蓄えて成功している企業には、才能と創造性にあふれた人材がたくさんいる。なかには自分の能力を高めてグローバルな難題に立ち向かいたいと考えている人もいる。このイノベーションの力と意志の力は、企業が問題に立ち向かうなかで、おそらく他のどんな機能よりも十分に高まってきている。だが後で述べるように、素晴らしいアイデアを生かして世界を変えられる規模まで展開するには、動員力が不可欠である。

Chapter 9

第9章 展開力と動員力

Leveraging Scaling and Mobilizing

スタンダードチャータード銀行（SCB）のロンドン本社にはじめて足を踏み入れたとき、アラビアの砂漠に立つテントを写したセピア色の写真の数々に心を奪われた。このテントは、イギリス領南アフリカ・スタンダード銀行だった時代の最初の交易所である。写真が撮影されたのは一八六五年頃で、探検帽をかぶって麻の背広に身を包み、キャンバス地でできたテントの下に置かれたテーブルを囲む最初の従業員たちが写っている。ロンドンからやってきた彼らは、ラクダのキャラバンを組んで砂漠の交易路で絹や香辛料を売り歩く商人たちを相手にする銀行員となったのである。壁には、一八五八年にチャータード銀行の最初の支店が開設されたカルカッタ（現コルカタ）と上海の市場を写した写真も何枚か飾られていた。

一八七〇年代には、スタンダード銀行などの企業が資源と知識を動員し、自社の製品やサービスを世界じゅうに展開する機能を高めはじめていた。スタンダード銀行の経営陣は、実験的に支店をカルカッタに開設することにした。埃っぽいアラビアのテントに集まる資産を持ち逃げしないと信頼できる支配人を選び出す最適な方法や、資産を安全かつ確実に移動する方法を考え出そうとしたのである。

それから一〇〇年の間に、他の企業でも展開力と動員力を高めはじめていた。実際、こうした機能を高めることができた企業が現在の多国籍企業の礎となった。展開力と動員力に国の垣根を越えて活動する機能を加えてもいいかもしれない。アラビアの砂漠で仕事することになったスタンダード銀行の最初の従業員たちは現地の言葉を話し、現地の風習をある程度理解していた。上海の支店に配属された従業員が選ばれた理由の一つは、中国語が理解できることだったと思われる。グローバル化を進める最初の一歩から、多国籍企業の先駆けとなった企業は現地の文化に浸透し、現地の言葉や風習を理解して、現地のやり方に従って取引をおこなう方法をつかみはじめていたのである。

このような展開力と動員力は、現在の企業にとってもきわめて重要だ。若手幹部の昇進の決め手となるのは異文化に対して細やかな配慮のできる人であり、経営者は全社規模に浸透するような目標を立てられるかどうかによって評価される。企業は多くの資源を投入して、アイデアや製品を、迅速に低コストで世界じゅうに送り届けるためのインフラを整備する。報告系統や意思決定の手順といった組織構造は絶えず調整されていて、集中型と非集中型のバランスをうまくとっている。大企業に歴代の経営陣によって培われた展開力と動員力が備わっているのは、こうした長年の――時に数百年に及ぶ――取り組みの賜物である。

地域社会に貢献し、世界のレジリエンスを高めるという大きな問題に取り組むために、展開力と動員力を高める方法について詳しく調べると、三つの取り組みに重きが置かれている。

1　活動の必要性を説明する
2　大義を掲げて動員する
3　展開力を生かす

活動の必要性を説明する——ユニリーバ

一人の人間がどれだけ変化を起こせるだろうか。ベビーブーム世代の私たちにとってこの質問が特に重要なのは、後世に残す遺産に対する私たちの考え方がすべて集約されているからである。私はユニリーバのCEO、ポール・ポールマンと話したときに改めてこのことを実感した。ほぼ同年代の私たちは、ともに人生の折り返し地点を過ぎたところだ。彼が率いるユニリーバは石鹸の「ダヴ」、スープの「クノール」、アイスクリームの「ベン&ジェリーズ」をはじめとしてさまざまな製品を毎日世界じゅうの二〇億人以上の消費者に届けている。私たちは、企業や経営に関する偉大な思想家の人生と著作を記念して毎年ウィーンで開かれるグローバル・ドラッカー・フォーラムに参加していた。ポールマンは自身の人生を振り返って次のような話をした。[1]

私には子どもが三人います。私自身の人生について振り返ると、明らかに私たちの世代は気楽でした。親の世代について考えると、父自身は大学に進学しませんでしたが、六人いた自分の兄弟姉妹を大学に進学させたいと思っていました。そのために若いうちから本当に一生懸命働きました。父にとって、他の人のために働くことはごく当たり前のことだったのです。私の世代になると、そのような負担はなくなりました。実際、私たちは何の苦労もせずに大人になり、それが当たり前だと思っていました。私たちはすべてを欲しがり、結果として次の世代から資源や雇用機会を奪ったのです。いまこそ状況を改善しなければなりません。私たちは変化を起こすことができます。状況を改善して世界を正しい方向に導くことができます。そのために努力しなければなりません。

もちろんポールマンは、この本を書いている私だけでなく、この本を読んでいるあなたよりもおそらくはるかに大きな変化を起こす力を持っている。だがいまのところ、ポールマンと同じくグローバルな視野を持ちながらも、何も手を打たないでいるCEOも多い。二〇〇九年、ポールマンがユニリーバのCEOに着任したとき、二〇二〇年までに同社の製品や活動による環境負荷（製品の原材料調達から製造、輸送、使用、廃棄にいたるまでのライフサイクル全体から生じる環境負荷を算出した数値）を半分にすることを社内外に宣言するという決断を真っ先におこなった。二〇二〇年までの持続可能性に関する目標も設定し、同社のエネルギー必要量の四〇％以上を再生可能なエネルギーにすることにした。長期的な目標は、この数字を一〇〇％にすることである。同時に、ユニリーバの株主と従業員に対して、環境負荷を減らし、社会に貢献しながら事業収益を二倍にすることも約束した。[2]

彼のビジョンは、「清潔な暮らしを当たり前に」するために石鹸を製造する事業を興したリーバ・ブラザーズ社の創業者、リーバ卿の時代から持続可能性という理念を掲げてきた長い歴史を持つユニリーバに浸透した。この理念はいまでも大切にされており、持続可能性の担当責任者であるゲイル・クリントワースは次のように述べている。[3]

ポールがCEOになっておこなったことは、もともと当社にあったものを企業間の戦略にまで高めるということだったのです。彼はそのために、社内でも社外でも大胆な目標を掲げました。とりわけ大胆だったのは、実現するための方法がわかっていないにもかかわらず公約したことです。これはCEOとしてはきわめて異例のことでした。

【目標を設定して監視《モニター》する】

二〇一二年四月、ポールマンは「サステナブル・リビング・プラン」の最初の成果を発表した。これは、製品の原料となるパーム油などの農産物の持続可能な調達や、ユニリーバの事業活動で使用するエネルギー量を削減することも盛り込んだ一〇年計画の一年目の成果である。世界各地で発表をおこないながら、彼は活動家、NGOのメンバーなどを招待し、ユニリーバの活動に関する質問を受けつけた。彼が説明する進捗報告には、成功例だけでなく計画通りに進んでいない事項（ひまわり油の持続可能な調達など）、さらには目標に達していない事項（心臓の健康状態の改善）も盛り込まれていた。その報告によると、同社はその成長に悪影響を及ぼすことなく、持続可能な調達の割合を一年以内に一四％から二四％に引き上げた。

ポールマンにとってこうした公約はきわめて重要で、ドラッカー・フォーラムでは次のように話していた。[4]

参加していない、疎外されていると感じる人が多すぎるシステムでは、最終的に反発が生まれます。私たちは傍観者になるのではなく、積極的に働きかけなければなりません。ソーシャルメディアを通じて数十億人がつながりを築くというトレンドが生まれています。このソーシャルネットワークは次第にそれ自体が一つの組織のようになりつつあります。消費者として、彼らは企業活動を可視化することを求めています。さらに、東アジア新興市場へのシフトと経済バランスの変化によって現状の政治・社会制度の粗が露見するようになりました。政治家が苦労しているのは短期的な目標に重点を置いているからであり、人々がつながることによる威力を理解するのに四苦八苦しているのです。

ＣＥＯのビジョンと目標は別として、こうした持続可能性に関する目標を実現するのは数百万人による日々の活動である。厄介なことに、ユニリーバの目標は、自社工場やオフィスだけではなく、原材料調達から製造、輸送、使用、廃棄にいたるまでの製品のライフサイクル全体で生じる環境負荷を対象としている。そのために、世界一四カ国で販売されている一六〇〇の製品（総生産量の約七〇％）について、ライフサイクル全体からの環境負荷を測定した。従業員はそのデータを基準とし、環境負荷の推移を科学的に調査し、予測し、計画を立てなければならない。場合によっては、変化を実現するために財務上の分析も必要となる。たとえば、建築士や設計士がユニリーバの新しい工場を設計・建設するときは、環境負荷を現在の半分にする責任が課される。そのために必要な投資は、通常の収益基準は満たさないとしても、長期的には十分な収益を上げられるかもしれない。毎日ユニリーバの製品を使っている数十億人の消費者に働きかけて、より環境負荷の少ない使い方をしてもらわなければならない。そのために、組織としてどんなスキルや機能が必要だろうか。それは研究力と革新力、そして展開力と大規模な動員力である。

【変化を起こすための計画を立てる】

展開力と動員力を高められるかどうかは、ゲイル・クリントワースがリーダーを務めるチームにかかっていた。クリントワースはユニリーバの南アフリカ支社の支社長を務めた経験もあって同社の理念については熟知しており、変化を実現するための方法も心得ていた。彼女はまず、小規模なチームでユニリーバの全支社と同社が事業展開している全地域に及ぶ一〇〇人以上の優れた人材のネットワークを築いた。彼らと協力して、実証されているユニリーバの展開力と動員力を生かし、まずは各工場内ですべての部署に及ぶ製品カテゴリーごとの作業部会を立ち上げた。この作業部会に与えられた課題は、持続可能性に関する目標を実現するために独自の計画を立てることだった。次に、こうした目標を業務管理にリンクさせ、二〇一三年には全支社長の重要な業績評価指標となった。この過程について、クリントワースは次のように話してくれた。[5]

> 大規模なネットワークを使って変革のためのマネジメントをおこないました。通常の変革と

同じようにビジョンや目標を共有し、従業員の合意のもと、報酬と連動した業績目標に組み込むことで、早期に成果が得られるようにしたのです。これに関連して、難しい判断を正しくできるリーダーの育成に努めてきました。これに関してはリーダーシップの育成も重要であると考え、従業員が難しい判断の下し方について考えるのを手助けしてきました。そのために、リーダーシップのあらゆる研修で使えるように、持続可能性に関する事例研究の資料を作成しました。目標を共有し、合意するとともに、持続可能な解決策はコストが高いという通念を打ち壊さなければなりません。共感を得ることも重要です。そのためにたとえば、マレーシアの大農場に従業員を派遣して視察させ、当社が地域社会にプラスの影響もマイナスの影響も与えていることを肌で感じさせています。

ユニリーバの製品のライフサイクルからの二酸化炭素排出量の大部分は消費者による製品使用時に排出されており、自社工場やオフィスからの排出量は全体のわずか三%程度にしか過ぎない。しかしながら、毎日の通勤、エアコンが効いた広いオフィスでのデスクワーク、世界じゅうの同僚や顧客と会うための飛行機を利用した出張は長期的に見ると持続可能性を低下させている。

この炭素利用を削減するには、働き方を根本的に見直さなければならなかった。持続可能性とは天然資源の節度ある利用だけにとどまらない課題であることも痛感した。従業員の意欲を高める働き方を考える必要もある。社内のさまざまなチームが新しい方法を模索しはじめた。不要な出張や通勤、会議をなくし、二酸化炭素の排出を減らすため、業務や働き方の見直しを行った。さまざまな部署の業務について、自宅でも高い生産性を保てるか、それとも直接顔を合わせる必要があるかなどを細かく調べ、実験的な計画を進めた。ユニリーバは従業員の自宅にほど近いアーバン・ハブの開設へと次第に投資するようになり、直接顔を合わせる機会をつくりつつ、通勤時間や会議の回数を大幅に削減できるようにしている。[6] シスコの経営陣と同じように、ユニリーバの経営陣は協調のためのテクノロジーにも巨額の投資をおこない、飛行機を利用するのではなく、ビデオ会議を活用する習慣を少しずつ身に付けさせてきた。二〇一〇年には「テレプレゼンス」機能が二四カ国以上で実装されたおかげで、五〇〇〇回以上の会議でコストを削減すると同時に（出張費が一九八〇万ドル減少）、持続可能性を高めることもできた（二〇一〇年だけで四万三〇〇〇トンの二酸化炭素排出を回避）。

ユニリーバの経営陣は、働き方を根本的に変える取り組みに着手した。そのために、業績に関する期待を明確にして、業績を勤務時間でなく成果で測定するようになり、上司には監督としてではなく指導者としての役割を果たすよう求めた。非効率的な仕事の進め方をすっかりなくすには、サプライチェーン全体で変更をおこない、サプライヤーや販売業者と緊密な協力体制を築かなければならない。その過程は、ポールマンが『ハーバード・ビジネス・レビュー』誌で話しているように、容易ではなく、失敗のリスクを伴う。[7]

私たちがこのプランで目標をすべて達成したとしても、他社がまったく追随しなければ、私たちは無残に失敗したと言えます。事業として成功できることを示すと同時に、財界に対してこれが投資を促す要因になると示そうとしているのです。その中心となるのは、NGOや各国政府、他社と密接な協力体制を築くことです。

ゲイル・クリントワースは次のようにも語っている。[8]

世論や政策に影響を与えることがきわめて重要です。私たちは正しいシフトを実現するために、政策立案者や政府との協力が必要となる主な領域を明らかにしなければなりませんでした。CEOの信用やビジョンは、適切な相手と適切な話し合いをするためにきわめて重要なのです。

ポールマンがユニリーバで実現しようとしているのは、先の見えない方向ではなくはっきりと先が見える方向に自社を導くことである。

大義を掲げて動員する――スタンダードチャータード銀行

グローバルな問題に立ち向かうために展開力と動員力をどのように活用できるかについてさらに考えるために、スタンダードチャータード銀行（SCB）の支店に話を戻そう。今度は、セピア色の写真の話ではなく、同銀行の従業員たちがいかにして世界じゅうの三一〇〇万人以上の視力を回復させた取り組みに参加してきたかについて詳しく説明するためである。

これだけの規模で変化を起こすには何が必要だろうか。一つには、SCBがグローバルに事業展開しているからこそこれだけの規模での取り組みが可能になる。同行は一七〇〇以上の支店のネットワークを築き上げていて、アジア、アフリカ、中東といった特に貧しい地域や急成長している地域にも支店を置いている。一八五〇年代に創業された同行が生き残っていること自体、社内で核となるレジリエンスを高めている証拠である。数々の金融危機が襲うきわめて大きなストレスにさらされた業種にありながら、SCBは着実に資産と収益を増やしてきた。そのためには、核となる社内のレジリエンスを高める機能だけでなく、従業員、顧客、近隣にもたらそうとした価値観もきわめて重要な役割を果たした。

ユニリーバのポール・ポールマン、ダノンのフランク・リブー、ナチュラのアントニオ・ルイス・ダ・クーニャ・セアブラと同じように、スタンダードチャータード銀行のCEO、ピーター・サンズは企業の目的をゼロサムゲームのなかで経済的価値と社会的価値のどちらかを選択することとは考えていない。むしろ、彼のリーダーシップの目的とは、株主の期待に応えると同時に、同行の掲げる「Ｈｅｒｅ ｆｏｒ Ｇｏｏｄ」を実現すること、つまり良い時も悪い時も常にお客様の傍らに寄り添い、正しくあるために努力し続けることである。[9]

［どんな大義が共鳴を生むかを見きわめる］

視力を回復するという取り組みの背景にある考えは、二〇〇三年に当時CEOだったマービン・デイビスがSCBの一五〇周年を記念した祝賀会をどのように執りおこなうのが最善か考えるために世界各地からスタッフを集めたときに生まれた。彼が提示した唯一の条件は、事業展開している地域に貢献するためのアイデアでなければならないというものだった。事業展開している地域全体を見渡すと、回避可能な視覚障害の撲滅に対する情熱が行内にあることがわかった。従業員たちは、地域住民の視覚障害の問題がこのまま放置された場合にもたらされる経済的・社会的な影響について、肌で感じていたのである。

当時の調査によると、三億人以上が深刻な視覚障害を抱えていて、うち四五〇〇万人は完全に失明しており、回避可能な視覚障害者の九〇％は発展途上国の人々だった。すなわちＳＣＢの支店が数多く置かれた地域である。さらに、手を打たなければ完全に失明する人の数が二〇二〇年までに四五〇〇万人から七六〇〇万人に増えると予想されていた。最も憂慮されたのは、失明者には女性がきわめて多いという点である。適切な目の治療を受ける機会が平等でないこともあり、女性は男性よりも二倍失明しやすいという結果が出たのだ。失明による経済的・社会的影響は大きく、拡大を続けている。一年間の生産性の減少分は二〇二〇年までに二〇〇〇億ドルから三〇〇〇億ドルに増加すると予想された。だが、世界における視覚障害の八〇％は予防または治療によって回避可能であり、たった三〇ドルで一人の視力を回復することができる。

【行動のための目標について合意する】

二〇〇三年、ＳＣＢが支店を置いている発展途上国に住む二万八〇〇〇人の視力を回復することを目標に掲げた視覚障害者支援活動プログラム（ＳｉＢ）が立ち上げられた。この人数は、当時同銀行にいた従業員の数と同じである。ロンドン本社で経営全般を担当していたごく少数の人間を除いて、世界各地の従業員が自発的に募金活動をおこなうことでこのプログラムの資金はすべて賄われた。この約束を果たすのを早めるために、従業員たちが一ドル資金を集めるたびに同銀行が同額を提供することが決まり、二〇一二年には、二〇二〇年までに一億ドルを集めるという目標の半額を超えていた。

同行の全従業員が、自分の担当地域で現地のNGOパートナーとの共同プロジェクトをおこなうようになった。CEOのピーター・サンズら経営陣は、全従業員に対して三日間の有給休暇をSiBなどのさまざまな地域社会への投資プログラムに参加するよう促すことで、こうしたプロジェクトがいかに重要であるかを示した。二〇一二年には従業員の数が八万七〇〇〇人を超えていたため、合計すると二五万日間、従業員は精力を傾けて重点的にプロジェクトに取り組んだ計算になる。結果として、SiBでは九年目にして三一〇〇万人以上に手を差し伸べることができた。二八〇万人が眼科手術を受け、八万四〇〇〇人以上の医療従事者が研修を受けて、五九〇万件の眼科検診を実施し、アジア、アフリカ、中東で二七万三〇〇〇個以上の眼鏡を配布できるだけの資金を集めたのである。SiBチームはインドの現地NGOとも協力し、革新的な地域眼科医療を提供する眼鏡店を七八店舗つくり、二〇一二年には他の国にも展開した。

展開力を生かす――ボーダフォンとサファリコム

先進国の私たちにとって、銀行にお金を預けたり好きなときにそのお金を引き出せるのは当たり前のことだ。銀行は一〇〇年も前から支店を整備し、最近ではどんなに小さな町にもATMがある。銀行が身近にない暮らしなど想像できるだろうか。

現金をベッドの下やクッキーの缶に隠しているとしたらどうだろう。危険だし利息もつかず、簡単に持ち運ぶこともできない。おまけに財務記録が残らないために、クレジットの利用や健康保険への加入、住宅の購入は難しく、高齢になってから苦労することになる。

【タンス預金の危険性】

発展途上国で暮らす多くの人にとって、銀行は決して当たり前のものではない。理由は単純だ。たとえばケニアのように広大な国土を持つ農業国について考えてみよう。主要な街に銀行の支店を配置し、雨期には膝の高さまで泥に浸かる道路を通って現金を支店から支店に移動するのに必要な資本投資はどれだけだろうか。大多数が一日一ドル未満しか稼いでいないケニアでは、大手銀行がケニア国内の大都市での活動に重点を置いてきたのは驚くにあたらない。そのため、多くの発展途上国ではリテールバンキングのインフラが整備されておらず、ほとんどの人には預金や資金移動の手段がない。

三二〇〇万人という人口に対して銀行口座数が二〇〇万件にも満たないケニアは、まさにそうした状況にあった。だがいまケニアを訪れると、状況が変わりはじめていることがわかる。どれだけ小さな町の街角にも個人商店があり、こうした個人商店が実質的に銀行の窓口代わりとなり、お金を預かるなどの銀行の機能を提供している。ケニアはいまでも銀行の支店が非常に少ないため、銀行の支店のような窓口になっているわけではない。こうした個人商店は携帯電話通話用のプリペイドカードも販売している。彼らはケニアで急成長している携帯電話サービスのネットワークに組み込まれていて、このネットワークはかなり整備された基地局と非常に安価な端末のおかげで成り立っている。

結果として、平均的なケニア人は私たちが当たり前のように利用している銀行の支店に行くことはないが、携帯電話を使って先進国の人たちと同じように資金の移動が可能である。ケニア国内の電気通信事業者であるサファリコムのM―PESAユーザーになって国籍IDカードかパスポートで地元の携帯電話販売店にIDを登録すると、現金を電子マネーに交換して電子送金できるのだ。登録は無料で取引手数料も安い。二〇一二年までに二万五〇〇〇以上の個人商店がM―PESA代理店として契約しており、ケニアにある銀行の支店数八五〇店よりもはるかに多い。

その影響は広範囲に及ぶ。[10] ケニアの六〇%近くの世帯が個人間の取引だけでなく、授業料から携帯電話のクレジット、さらには電気代といったあらゆる支払いにM―PESAを利用している。そのうち八〇%以上がM―PESAを預金の手段に使っている。ケニアの広大な国土で資金を迅速に移動できるおかげで命も救われている。[11] 失業保険や健康保険に加入しにくいケニアでは、柔軟なM

―PESAを利用して友人同士や家族間で資金を融通し合い、リスクを分け合うこともできる。[12]

M―PESAシステムは、イギリスのボーダフォンとそのアフリカにおけるパートナーのサファリコムが主導する協力体制によって設計・構築された。これは両社とともに、このプロジェクトに参加した銀行などの企業、政府関係のパートナーたちが持つ革新力と展開力、さらには協力体制を築く力が試される大変な仕事だった。

【障壁を乗り越える】

時計の針を少し巻き戻して、M―PESAを実現するために乗り越えなければならなかった財務、社会、文化、政治、技術、規制に関する障壁について考えてみよう。

まず、グローバルな電気通信事業者、多くの地方銀行、各種マイクロファイナンス機関、ケニア政府などのステークホルダーが緊密な協力体制を築き、信頼を深める必要がある。法的な観点から見ると、この協力体制を築くにあたっては複雑で矛盾も多い規制基準をクリアしなければならない。二つ目に、ケニア人の平均収入が一日一ドルであることを考えると、ケニア人を対象としたサービス業はほとんどの企業が要求する自己資本利益率（ROE）の水準を満たせるとは思えない。したがって、通常のROE目標を達成するために必要な資源とは別に、このプロジェクトにかなりの資源を投じる必要があった。三つ目として、ボーダフォンのような電気通信事業者にとって、金融サービスは基幹的事業ではない。M―PESAはボーダフォンの主な収益源である音声通信やデータ通信用の製品とほとんど関係がないのだ。さらに、ケニアはボーダフォンにとってかなり小さな市場であるため、ボーダフォンの主力事業とは別にこのプロジェクトを進める必要があった。

最後に、このプロジェクトにはとてつもない展開力と動員力が要求された。迅速にプロジェクトを進めるために、ケニア全土で数十万人に研修を受けさせる必要があったのだ。さらにそのためには、銀行を利用したことがなく、読み書きの訓練を受けておらず、日常的に物理的・金銭的な安全性が脅かされている数百万人のニーズや希望について理解する必要もあった。こうした数々の障壁を乗り越えて、二〇一二年には多くのケニア人が先進国では当たり前となっているように預金する、支払いをする、必要に応じて両親や子どもに送金するといったことができるようになった。

M－PESAシステムを構築するプロジェクトは、二〇〇〇年にイギリスの国際開発省（DFID）が立ち上げ資金として一六〇万ドルを提供することで開始された。当時ボーダフォンで企業の社会的責任の担当部署にいたニック・ヒューズは、携帯電話を使って資金を移動できれば、貧困の状況をいくらか改善できるのではないかと考えていた。[13]課題となったのは素晴らしいアイデアを行動に移して展開することだった。ボーダフォンのケニアでのパートナー、サファリコムとそのCEOであるマイケル・ジョセフが協力したことで、このアイデアはすぐに実行へと移された。

【通常のプロジェクトと同様に扱う】

立ち上げ資金はあっという間に底をつき、プロジェクトを継続するために企業の調達資金を増額することが決まった。それから五年間、各機関が緊密に連携したことでプロジェクトが軌道に乗った。このプロジェクトには電気通信事業者の他にケニアの大手マイクロファイナンス機関のファウル・ケニア、従来型の銀行インフラを提供するアフリカ商業銀行も加わった。二〇〇五年にはプロジェクトの成果が出ようとしていた。当時を振り返り、ボーダフォンのプロジェクトリーダーであるクリステル・デルベは次のように述べている。[14]

モバイルキャッシュの先行きはまったく不透明でした。ボーダフォンではいつでも多くのプロジェクトを抱えています。当然、優先するのは収益が最も見込めるプロジェクトです。このプロジェクトが興味深かったのは、財務収益は間違いなく当社のROE基準を下回るけれども社会的投資収益が見込めたという点です。このプロジェクトには巨額の先行投資が必要でした。成功したのは、DFIDやサファリコムと協力体制を築いたことで、初期投資を実現し、費用を二年間繰り越せたおかげです。最初のリスクを低減できたのです。

迅速に動員して展開するために、このプロジェクトは他のボーダフォンの製品開発プロジェクトと同様に扱われた。プロジェクトのリーダーを任命し、いくつかの説明責任を規定した明確なプロジェクト計画を作成して、プロジェクトの監視とフィードバックをおこなったのである。

M–PESAの実現で興味深いのは、このサービスによって、ケニアのような国の経済が個人レベルでどのように機能しているのかをはっきりと理解できたことだ。研究者たちは、資金を簡単に移動できるようにしたことで貧困がどのように改善されたかを調べている。その結果については、電気通信業界やNGO、さらに各国政府との間で世界的に話し合われるようになっている。たとえば、電気通信業界のなかでGSM方式を推進する団体が世界各地の電気通信事業者への協力を積極的に働きかけ、各国政府や金融機関との連携を深めている。こうした話し合いのなかで、M－PESAのようなプロジェクトにとって適切な規制市場が重要であることも浮き彫りになった。M－PESAの影響で、世界じゅうの電気通信規制機関が金融取引を可能にすることについて企業やNGOとの話し合いに応じるようになったのだ。二〇一二年にビル＆メリンダ・ゲイツ財団がM－PESAプロジェクトに対して五年間にわたり五億ドルを寄付すると発表したことで、この協力体制はさらに強固なものになった。

〉〉〉まとめ

企業が研究力と革新力を高め、最高に素晴らしいアイデアを迅速にうまく展開できれば、世界を大きく変えることができる。とはいえ、乗り越えるのがきわめて大変な障壁も存在する。多くのステークホルダーが参加し、場合によってはそれぞれの目的が異なっているかもしれない。そこで、協力体制を築く力が本物かどうかが問われるのである。

Chapter 10 Leveraging Alliances

第10章 複数のステークホルダーと協力する

私がグローバル企業の協力体制を示すエコシステムの図をはじめて目にしたのは、一〇年以上前、フィンランドにあるノキア本社でのことだった。当時は「エコシステム」という本来は生態系を指す言葉が、企業によるサプライヤー、パートナー、競合他社とのさまざまな協力体制について使われはじめたばかりだった。その図は、パートナーとノキア、そしてパートナー同士をつなぐ実線でこうした関係をネットワークとして示していた。私は衝撃を受けた。イギリスのケンブリッジに拠点を置くアーム・ホールディングスをはじめとする半導体開発会社、フィリップスなどの半導体メーカー、電話機を製造している世界各地の工場、ノキアが数十億個に及ぶ部品をいつでも移動できるようにしている物流会社との協力体制が一目でわかるようになっていたのだ。当時、ノキアの経営陣は世界でも指折りの複雑なエコシステムを構築しようとしていた。

製薬や航空宇宙といった業界でこうしたエコシステムが次々と生まれている。これらの業界は、一社ですべての答えを出すにはあまりにも複雑すぎる状況になっている。当時のノキアとアーム・ホールディングスとの協力体制がそれを如実に示している。アーム・ホールディングスは、ケンブリッジ大学の工学部や数学部を出た世界でも特に優秀なプログラマーの集まりで、彼らの多くは博士号を取得し、信じられないほど複雑な仕事をこなしており、インテルにとって最大のライバルとなっている会社だ。携帯電話事業に注力していたノキアの経営陣は、フィンランドを拠点にしている企業が、イギリスにある企業とこのような協力体制を築けるなど思ってもみなかった。だがこの協力を実現できたおかげで、社内で機能を高める必要はなくなった。代わりにアーム・ホールディングスとの協力体制をうまく管理すればよかったのである。やがて、ノキアの経営陣は同じような協力体制をいくつも築くことになった。

私はノキアでエコシステムの図を見たことをきっかけに、五年以上かけて社内と社外の垣根を越えた協力関係について研究し、それをテーマに『Ｈｏｔ Ｓｐｏｔｓ』と『Ｇｌｏｗ』という二冊の本を執筆した。[1] このような協力体制を築くには、組織の垣根を越えて互いの意見を尊重して信頼し合い、意見の対立が生まれたときにうまく対処できる橋渡し役が必要だとわかった。また、そうした協力を通じて目指すべき目標についての共通の認識を深めることも重要だと気づいた。

世界のレジリエンスを高めるためにいまほど協力体制を築く能力が重要なときはない。世界を不安定にしている問題は、かつてないほどのスピードで進行し、意図せざる結果や利害の衝突を招く場合が非常に多いため、解決するのはますます難しくなっている。さらに、目的も機能も違う複数のステークホルダーが協力することが不可欠になっている。

複数のステークホルダーの影響

深刻さを増す問題を解決するためにステークホルダーを結集するのがいかに難しいか。二〇一二年初旬にスイスのアルプス地方にある都市ダボスで開かれた世界経済フォーラム（ＷＥＦ）の会合で若年層の失業に関するセッションの議長を務めたとき、私はこのことを実感した。このセッションには、若年層の失業に関心を持つ複数のステークホルダーが集まった。ウォートン・スクールの経済学者の面々や労働問題研究者、世界各国の政府代表、スキルギャップに取り組む複数のＮＧＯ、この問題を解決するために資金や人材を投入している数人の社会起業家などが出席していたのだ。問題が差し迫っているという点ではすぐに意見が一致した。私たちの目の前で「失われた世代」が生まれつつあったのだ。

しかし、複雑な問題を巡って複数のステークホルダーが協力体制を築くのがいかに難しいかもすぐに明らかになった。多くの地域で、学校や大学が市場のニーズや即戦力となるスキルと無関係なカリキュラムをつくっているらしいという意見が上がった。企業に適切な人材がおらず、従業員のスキルを高めるよりも最初からスキルを持っている人材を奪い合うことでこうした人材を獲得するための費用を押し上げ、多くは「コモンズの悲劇」と呼ばれる状況を招いているだけだという意見も上がった。優先する政策がころころ変わり、たいていは目の前の選挙に備えて支持率を上げることに終始しているため、各国政府が長期的な戦略を明らかにできていないという意見もあった。

一方で、こうしたステークホルダーが足並みを揃えれば驚くほどの成果も出せる。いまのシンガポールはまさにそういう状況にある。同国の若年層の失業率が六％を超えることはめったにない。これは複数のステークホルダーが協力体制を築いて、それぞれの役割を果たすことによりもたらされた成果だ。私はこの状況をシンガポール政府のヒューマン・キャピタル・インスティテュートの一員として自分の目で見た。

シンガポールの学校や大学は国にとって必要となりそうなスキルを考慮してカリキュラムをつくるため、若者にとっては新興国でどんなスキルが役に立つのかとてもわかりやすい。政府も独自の役割を果たしている。非常に優秀なレオ・イップが当時長官を務めていた経済開発庁は、質の高い新たな事業を国内に呼び寄せて起業家の育成を支援することで、質の高い雇用を創出している。労働省は工学や科学といった重要な分野のスキルを早いうちに身に付ける手助けをして、優秀な移民たちを受け入れ、面倒な手続きを不要にしている。教育省はシンガポールの世界水準にある学校を保護し、シンガポールへの移住を希望する優秀な親たちの子どもがきちんと教育を受けられるようにしている。一方で、企業のリーダーたちは大きな変化を起こすために地域社会に貢献し、従業員を教育している。ユニリーバが第二のキャンパスを建設する場所としてシンガポールを選び、ビジネススクールのINSEADがフランス国外に第二のキャンパスを建設する場所として同じくシンガポールを選んだのは驚くにあたらない。シンガポールの状況からもわかるように、若年層の失業率が六％を超えないようにするには、失業に至るメカニズムを理解するとともに、幅広いステークホルダーが一つにまとまって取り組む必要がある。

もちろん、シンガポールのように公務員の質が世界でも指折りの高さであり、教育水準が高く、国土の小さい国であれば、協力体制がスムーズに築かれ、ステークホルダーが足並みを揃えるのは割と簡単だと思う人もいるだろう。この考えがある程度正しいのは間違いない。だがすでに見たように、インドでも教育水準が低くとどまっている状態を打破するために即戦力となるスキルに重点を置いたある種の協力体制が築かれつつあり、ウィプロ、インフォシス、タタ・コンサルタンシー・サービシズなどの巨大なIT企業が互いに、あるいは教師たちと協力して、仕事で即戦力となるためのカリキュラムをつくっている。

若年層の失業のような大きな社会問題に単一のステークホルダーが独力で取り組むのはきわめて難しく、複数のステークホルダーがそれぞれの強みを生かして協力する必要がある。以下に、それぞれのステークホルダーの強みを挙げた。

・政府は財政的枠組みと法的枠組みをもたらす
・多国籍機関は集結力を生み出す
・NGOは情熱と現場での経験をもたらす
・群衆は展開力と即時性をもたらす
・社会起業家はアイデアと資源をもたらす

政府は財政的枠組みと法的枠組みをもたらす

マサチューセッツ工科大学の経済学者ダロン・アセモグルとハーバード大学のジェイムズ・ロビンソンは、企業が繁栄して市民が有意義に働けるかどうかは、法律、教育、財政政策などの制度から生じるインセンティブによってある程度決まってくると論じている。そしてこうした制度は政治と政府によって決まる。[2]

シンガポール政府が若年層の失業率を改善したときのように、政府が適切な対策を講じることができている場合、鍵となるインフラストラクチャーを整備して方針の枠組みをつくり、人権、公衆衛生、教育に関連した取り組みを展開できていると見ていいだろう。実際、先進国の多くにおいては、最大の「事業体」としての政府が職員との関係やサプライチェーンとの関係を通じて、調達方法を改める、効果的・効率的な計画を立てる、といった手本を示すことができる。資源がエリートによって搾取されるのを防いで公平に分配することで格差による悪影響を抑え、貧困や失業といった問題に立ち向かえるように財政状況を改善して安定した状態に保つ——こうした正のフィードバックループをつくることで、政府は国内経済を後押しすることができる。

とはいえ、政府自体も大きな問題に直面している。二〇〇八年以降、多くの国は七〇年ぶりの世界的な大不況に直面した。この不況によって各国の制度、市場、さらには資本主義そのものがレジリエンスを試されている。各国政府はこうした経済的な問題の解決にかなりの力を注いでいるが、状況は予断を許さない。世界経済は弱体化したまま、相互依存は強まっており、いかなる経済大国も、政策はグローバル経済の影響を免れない。加えて大半の国は経済成長が鈍化し、失業率が高止まりしているため、地域的な問題やグローバルな問題に取り組むための政策協調がしにくくなっているのは言うまでもない。

政府や政治家には、管轄地域や短い任期といった制約もある。民主的に選出される政府はいつも有権者の機嫌をとることばかり考え、都合の悪いデータを提供したり強硬な措置を講じたりするのを避ける傾向にある。

多国籍機関は集結力を生み出す

多くの協力体制において国際連合などの国際機関が鍵となる役割を担っている。こうした国際機関は先進各国の政府が設立し、所有し、資金提供し、管理しているものであり、その役割は世界銀行、経済協力開発機構（ＯＥＣＤ）、さらに国際労働機関（ＩＬＯ）や国際通貨基金（ＩＭＦ）などの国連機関などのさまざまな開発プロジェクトを通じて、具体的な問題に取り組むことである。多くは第二次世界大戦末期に設立されたものであり、その構造はアメリカとイギリスの影響を強く受けている。

冷戦の終結以降、多国籍機関は開発に関連したさまざまな目標を設定してきた。その決意は称賛に値するが、対策が後手に回っているという批判もある。ハーバード大学の教授であるジョセフ・

バウアー、ハーマン・レオナードとリン・ペインは、企業の経営者による多国籍機関に対する見方について研究し、次のように報告している。[3]

第一は、組織の管理体制が杜撰なこと。彼らは官僚的で慢心しており、自己利益を追求している。第二に（おそらく第一と関連するが）、主要国の政府――特にアメリカとロシア、中国――が協力しないため、現行の国際制度は組織的に力を削がれてきた、と多くの人々が感じていること。第三は、おそらくこれが最も重要だろうが、多くの専門家が指摘する通り、現行の主要な国際制度は、現在起こっている問題や、経済発展への脅威に対処できるようには設計されていないこと。

それにもかかわらず、主要な多国籍機関と企業の協力体制は築かれてきた。一九九〇年代末、世界銀行はパートナーシップの利点と問題点について理解を深めるために「開発のためのビジネスパートナー」プログラムを開始した。一九九九年、当時の国連事務総長コフィー・アナンは巨大なグローバル企業が力を合わせ、人権、環境、労働に関する普遍的な基本原則を自発的に採用するように呼びかけるため、「グローバル・コンパクト」を提唱した。二〇〇四年には一六〇〇以上の団体が参加し、多国籍企業も数百社含まれていた。これは取締機関ではなく自発的な理念に基づいた枠組みであるため、「強制力」はない。ハーバード大学のジョージ・ロッジと世界銀行のクレイグ・ウィルソンは「国連開発計画と多国籍企業が協力しはじめるまでには驚くほどの時間がかかり、そのつながりは驚くほど弱い」と述べている。[4] だが、前に紹介したDSMと国連WFPの協力体制のように、貧困を撲滅するためのきわめて興味深い取り組みの多くは、多国籍機関の集結力と忍耐力のおかげで実現されている。こうした機関のメンバーは、一つの問題についてステークホルダー同士を引き合わせ、それによって各ステークホルダーの状況を改善する能力を高めることができる。

NGOは情熱と現場での経験をもたらす

非政府組織（NGO）は、世界のレジリエンスを高めるために重要な役割を果たすが、その理由は、NGOの多くが人権や自然環境に関心が深いためである。そうしたNGOの数はいまも増え続けている。とりわけメンバー数が加速度的に増えているNGOにはアムネスティ・インターナショナル（一九八七年の三万九〇〇〇人から一九九二年の一〇万八〇〇〇人）、シエラクラブ（一九七〇年の一一万四〇〇〇人から一九九六年の五五万五〇〇〇人）、グリーンピース（一九七一年の二五〇人から一九九六年の一七〇万人）などがある。なかには攻撃的な性格の団体もあるが、ほとんどは企業と協力して活動することに前向きだ。[5]

多くのNGOは、活動している地域で相応の信頼を集めている。[6] 二〇一二年に実施された調査によると、調査対象の二三カ国のうち一六カ国でNGOを信頼すると答えた人の数が企業を信頼すると答えた人の数を上回った。かつて、NGOは先進国で圧倒的に信頼を集めていたが、新興国でも信頼が高まっている。たとえばブラジルと中国ではNGOを信頼すると答えた人と企業を信頼すると答えた人の数が互角であり、経済水準が上がるにつれて、NGOが専門としている環境責任、教育、公衆衛生といった問題への関心が高まる傾向がある。

NGOの利点は、問題を間近で観察し、日々の変化を正確に把握できることにある。これは、問題が起こる複雑なメカニズムを理解するためにきわめて重要だ。NGOは一つの問題に的を絞って情熱を傾け、それによって問題を正しく明確に把握している。たとえばセーブ・ザ・チルドレンの役割を考えてみると、その目的は名称からも明らかである。世界じゅうで数百万人の子どもたちの生活水準を大幅に引き上げることだ。こうした揺るぎない目的のおかげで、さまざまな問題に対処しなければならない政府や企業が苦労しているのとは違い、NGOは比較的容易に優先順位を決めることができる。さらに、多くの問題が関係する難しい状況になると、偏りがなく最も信頼されやすい存在がNGOであることが多い。おかげで、NGOは政治的に複雑な状況で鍵となる橋渡し役を担うことができるのだ。

とはいえ、多くのNGOは、展開力に乏しく、迅速に人材や資源を動員できないという問題を抱えている。また、情熱を持って現地の状況に関する理解を深めているグローバルなNGOは増えているが、あらゆる分野に関して十分な専門知識を持っているとは限らない。だからこそ、セーブ・ザ・チルドレンはその組織的な機能をつくり変えて地球全体でより大きな責任を負おうとしたときに、戦略コンサルティング会社、BCGに目を向けたのである。

群衆は展開力と即時性をもたらす

企業が社内で「賢い群衆」を動員しているように、企業の外でもテクノロジーによって同じ問題に関心を持っている人々が簡単にグループをつくり、きわめて短時間のうちに大群衆を動員することが可能になっている。テレビ漬けの状態から解放され、「知的余剰」をより有意義な活動に費やす人々がますます増えているのだ。[7]

こうした群衆は凄まじい影響力を持っている。世界じゅうの人々が集まり、さまざまな場所で価値観や願望が同じ相手を見つけ出すことができる。ユーチューブ、ツイッター、フェイスブックのユーザーが企業や政府の不正行為を世界じゅうの人々に発信すると、悪いニュースはあっという間にさまざまな経路で拡散する。人々が知りたがる重大な事件が起これば、ほぼ間違いなく拡散するのである。こうした「ツイートの嵐」の威力がひとたび発揮されると、どれだけ鋭敏な企業の広報部門でも必死で対処しなければならなくなる。

オンラインコミュニティのアヴァーズは、メンバーが選んだ大義について群衆を動員するためのインフラストラクチャーで、二〇一二年春の時点で九一〇万人のメンバーを抱えている。こうしたインフラが世界中で市民主導の政策決定を後押ししているのだ。

企業や政府を監視して説明責任を要求するためのツールがかつてないほど高度になっていることを考えれば、群衆の力と影響は大きくなる一方だと予想される。おまけに、グローバル化が急速に進んでインターネットが利用できる範囲が広がったことで、対話や議論が地球規模で展開されるようになった。これによってハーバード大学ケネディ行政大学院のジョン・ラギーが「多国籍空間」と呼んだ各国政府の垣根を越える場所が生まれた。彼はこの状況を「グローバルな公有地」が誕生する兆候と考えている。これは「グローバルなルールづくりを巡って会話がおこなわれ、論争が巻き起こり、対策が講じられる場所であり、一つの国家によって占有されているのではなく、国家によって命じられた話題のみを追求するのではなく、人間的興味を直接表現して追求できる多国籍空間」である。[8]

デジタル世代の若者がこの多国籍空間で特に積極的な役割を果たしているのは当然のことだろう。ネット・インパクトというコミュニティを例に挙げよう。このコミュニティを支える若者たちは、勇気を出して社会を良くするために取り組むことを高く評価し、未来を持続可能なものにするために互いに刺激を与えて支え合い、キャリアを生かして生活、組織、世界を変えることで良い影響をもたらしたいと考えている。アメリカに拠点を置くこのコミュニティは、三〇〇カ所以上の支部を通じて、世界規模のネットワークを築いており、毎年開かれる会合には三〇〇〇人以上が参加する。このコミュニティが立ち上げられたのは二〇年以上前で、最初は変化を起こしたいという希望を持った数人のMBA学生のグループだった。二〇一二年には、世界でも特に厄介な問題に立ち向かうために三万人以上の学生と企業内外で活躍するリーダーたちが集まるグローバルなコミュニティへと成長していた。

社会起業家はアイデアと資源をもたらす

二〇一〇年、私はノルウェーで開かれたある会合でTOMSシューズのブレイク・マイコスキーと出会った。彼のアイデアは、再生可能でシンプルな靴を販売し、一足売れるごとに開発途上国に靴を一足贈るという誰にでもわかりやすいものだった。

さまざまな意味で、これはかつて自社の資産を使って住宅や図書館を建てたクエーカー教徒の実業家精神に通じるところがある。昨今の社会的起業家の多くは、テクノロジーを生かして変化を起こそうとしている。また、彼らの多くが企業との協力関係を築いている。社会起業家のディーン・ケーメンは倹約型テクノロジーを使い、村落で暮らす人々に飲料水を提供できる浄水器を開発した。この浄水器には「ダビデとゴリアテ」の物語からヒントを得て「スリングショット」という名前がつけられた。[9] ケーメンはコカ・コーラと協力して浄水器を製造して輸送し、同社の巨大なサプライチェーンを利用して保守メンテナンスをおこなっている。このサプライチェーンはアフリカで最大規模だ。

マイコスキーやケーメンの後に続きたいと考えている人々は世界じゅうにいる。ロンドン・ビジネススクールの同僚たちによると、社会起業家に関する授業は受講希望者が非常に多いらしく、同じことは世界じゅうのビジネススクールでも言える。アスペン研究所などの組織は、社会起業家に関する事例研究をおこなって、その成果を全世界のビジネススクールに配布し、同時にこのテーマについて講義している研究者や教授を支援することで、こうした動きを後押ししている。[10] ジュネーブにある世界経済フォーラムの本部で若い世界的リーダーたちを相手に講義していると、その熱気を肌で感じられる。この世界各地から集まった三〇人以上の若者たちは社会貢献をはじめたばかりである。

マイコスキーやケーメンなどの社会起業家が情熱をもたらし、多くは特定の問題について深く理解していて、場合によっては問題を解消するために多額の資金を投じているのは明らかだ。しかしNGOと同じで彼らにも展開力の面で制約があり、だからこそ彼らの多くは、本気で世界を変えたいと考えたときに企業と協力体制を築くのである。

各国政府、多国籍機関、NGO、群衆、社会起業家といったあらゆるステークホルダーが最善を尽くしているのは確かだ。歴史、能力、問題の範囲、資金、方針の対立といったさまざまな要因のために、各ステークホルダーにできることは限られているが、それぞれの力を企業の資産と組み合わせれば、社会に対する影響力を高めることができる。企業が協力体制を築くために重要な役割を積極的に果たすには、次の三つの要因が重要である。

1　誰が貢献できるかを見きわめる
2　検証を実施する
3　協力体制内における橋渡しをする

誰が貢献できるかを見きわめる――ゼネラルミルズ

変化を起こすための最善策を見つけるのは難しく、一瞬のひらめきで方法が見つかることもある。二〇〇九年、ゼネラルミルズの研究開発部門のリーダーだったピーター・エリクソンは自発的にアフリカの貧しい子どもたちに食品を送ろうとしていた。ゼネラルミルズをはじめとする食品会社は、昔からアフリカの飢餓を救うために資金や余った食品を寄付してきた。ミネソタ州ミネアポリスに本社を置くゼネラルミルズは世界でも有数の食品会社で、食品の寄付が同社の支援活動に占める割合も大きい。

栄養学の博士号を持ち、三〇年の経験を誇るエリクソンがアフリカの子どもたちに送る食品を包んでいるときに思いついたのは、自身が持つ資源をもっとうまく増やして活用できるはずだということだった。そこで彼はゼネラルミルズの一三〇〇人に及ぶ科学者、エンジニア、栄養士たちと話し合いをはじめた。彼が「アフリカの飢餓に関してもっと大きな変化を起こすために技術や事業に関する知識を進んで生かしたいと思うか？」と尋ねたところ、三〇〇人が即座に「イエス」と答えた。エリクソンは行動を起こすことにした。

彼らは、アフリカの飢餓という問題を根本的に解決するためには、アメリカからアフリカに食品を送り続けるのではなく、地元のサプライヤー、生産者、農場主のレジリエンスを高めるために現場で活動しなければならないと考えていた。これは大変な仕事になるだろう。農場主の多くは収穫を増やす方法についてほとんど教わったことがなく、食品加工の方法はたいてい時代遅れで無駄が多く、食品の保管基準では品質や安全性が軽視されている。そのため、大半の食品は市場に出るまでの間に腐ってしまう。

東アフリカのマラウイという国を例に挙げよう。この国では、特に国境付近の難民キャンプで生活する多くの人々にとっては、トウモロコシと大豆の混合粉が主食となっている。この栄養豊富なトウモロコシと大豆の混合粉は微量栄養素、タンパク質、可消化エネルギーの主要な摂取源であり、一日に一〇〇万人以上の子どもたちの食糧を賄うため、国連ＷＦＰは以前から配給してきた。ＤＳＭの例で見たように、この栄養豊富なトウモロコシと大豆の混合粉は「隠れた飢餓」を撲滅するためにきわめて重要である。とはいえ、このトウモロコシと大豆の混合粉は、遠くアメリカから送られており、難民キャンプで調理するときに栄養分が失われやすいという難点があった。

エリクソンは自身で集めたチームとともに「トウモロコシと大豆の混合粉の保存期間を一二カ月まで延ばし、適切に調理されるようにするために、ゼネラルミルズ社内にはどのような知識があるか」について考えた。まず検討されたのは、技術力のあるボランティアを派遣してアフリカの農場主に直接指導させるという従来の解決策である。だがダノンやスタンダードチャータード銀行と違い、ゼネラルミルズという企業にはサハラ以南のアフリカで活動できる人材に乏しいという問題があったため展開力と動員力の不足が障壁となっていた。そこで、チームは他社との協力体制を築くことにした。

【知識を共有できる仮想コミュニティをつくる】

ゼネラルミルズなどの企業が持つ核となる機能の一つは、DSMやグーグルと同じように、企業全体で研究開発に関する膨大な知識を保有し、知識管理によってそれを体系化することである。この知識ネットワークを活用し、現地から遠いアメリカの本社からプロジェクトを推進することになった。そうすれば、現場で活動できる人材が限られていても迅速に展開できると考えたのである。まずは、豊富な知識を生かして協調するためのプラットフォームを構築し、ゼネラルミルズの有志が提供できる知識と経験を明らかにした。それを基に、各自が手を取り合って専門家グループをつくり、グループ間で相乗効果を生み出せる分野を見つけ出した。これにより、現場で生まれたプロジェクトに仮想プラットフォームで働く従業員を参加させ、ゼネラルミルズのプロジェクト管理の手順に従って、活動、責任、目標を監視できるようになった。

このプラットフォームをつかえば、ザンビアで活動するNGOがゼネラルミルズの社内で必要な専門知識を持つ人材を見つけ出すこともできる。また、食品包装に関する専門知識を求めているグループも同様に、プラットフォームにアクセスして、ゼネラルミルズ社内で食品包装関連の専門家を見つけ出し、仮想チームを編成することができる。チームができて活動をはじめると、メンバーは文書を保存し、フェイスブックに匹敵するクオリティのチャット機能や協働ツールを使って、仮想空間で協力できる。このプラットフォームでは、チームのメンバーが取り組んでいるプロジェクトから知識を吸収し、将来つくられるチームが以前の経験を生かして認識を深められるようにすることもできる。

【パートナーを手助けする】

ただし、ゼネラルミルズが最初のプロジェクトを本当の意味で展開できたのは、経営陣が他社との協力体制を築きはじめたときである。「食糧問題解決のパートナー」（ＰＦＳ）と呼ばれるこの提携関係《アライアンス》は、アフリカの食品会社が高品質で栄養豊富で安全な食品を手頃な価格で製造できるようにすることと、こうした食品会社に作物を供給している小規模農家の作物に対する需要を高めることを目的として築かれた。食品加工業者は規模を拡大して雇用を創出し、小規模農家から調達する作物を増やす。農家は収入を増やして子どもの教育費を支払い、医療を受け、事業をはじめる。食品のサプライチェーンにあたる商店主らは市場が活性化するおかげで商品がよく売れる。消費者は多くの安全で栄養豊富な食品を手頃な値段で買えるようになる。こうした「好循環」を生み出すためだった。

最初にゼネラルミルズとの協力体制に加わったのはアメリカの食品会社カーギルと栄養食品会社ＤＳＭだった。ゼネラルミルズがサハラ以南のアフリカに派遣できる人材は限られていたが、ＤＳＭの各チームはすでに現場での知識を蓄えはじめていた。二〇一二年にはＰＦＳアライアンスに加わった企業の従業員のうち五〇〇人以上が積極的にさまざまなプロジェクトに取り組んでいる。ＰＦＳのリーダー、ジェフ・ダイクストラは次のように述べている。[11]

私たちは知識や技術を押しつけようとしているのではありません。むしろ吸収しています。現地アフリカでニーズを見きわめ、この取り組みに関心を持つ人材を探すのです。何かに興味を持って参加したいと思えば、ただ手を挙げればいいのです。

このアライアンスには次第に国際的に活動する多くのNGOも参加しはじめ、多種多様な専門知識が集まった。このプログラムに早い段階から加わったテクノロジー関連のNGOの一つに、農村部での食品加工を支援する方法を明らかにしたテクノサーブがある。

その後、提携範囲は食品会社の枠を超えて広がりはじめた。たとえば投資会社ルート・キャピタルはその知識と投資ファンドのネットワークをもたらした。アフリカの小規模な事業主はたいてい商才がなく、収益を安定させるのに苦労しているため、ルート・キャピタルが果たした役割はきわめて大きかった。多くの事業主は融資を受けることもできないでいるのだ。ルート・キャピタルは、特に食品加工業者を支援するための投資ファンドをつくり、農場主の初期投資を手助けして投資を保護できるようにした。

PFSを大々的に展開したことで、ケニア、ザンビア、タンザニア、マラウイ、エチオピアの四〇社以上の食品加工業者と協力体制を築き、およそ六〇万人の生活を支える一〇万以上の小規模農家から作物を調達する一二〇以上のプロジェクトを実現できた。PFSチームは食品の包み方を改善する、食品の風味を保って最適な栄養素を残すために製法を手順化する、食品の安全性や品質管理に関する指導をおこなう、食品規格を守るなど、さまざまなプロジェクトを通じて食品加工業者を支援している。「技術や事業に関する知識は資金よりもはるかに価値があります」とジェフ・ダイクストラは話す。「アフリカ人が長期にわたって自給自足できるようにするには、食品業界の能力と技術を高めて輸入食品に対抗できるようにしなければなりません」[12]
計画を進めるにつれてPFSアライアンスはさらに拡大し、一〇社もの企業パートナーが加わって、アフリカを拠点とする二〇〇社の食品加工業者にアフリカの一二カ国に及ぶ五〇万以上の小規模農家から仕入れるよう働きかけている。

検証を実施する――人身売買に関する協力関係

世界では毎日五～六万人が売買されている。意に反して強制労働させられている人もいれば、働くことには同意しているが自由が奪われている人もいる。[13] たとえば、昔からバングラデシュの農村部の若い男性たちは業者にそそのかされ、中東の建設現場で強制的に働かされている。彼らは最初に六〇〇〇ドルを支払ってドバイに派遣され、ドバイでは平均で月二〇〇ドルの報酬を受け取る。そこから一〇〇ドルが業者に差し引かれ、住宅費や生活費を支払うとバングラデシュに仕送りできるのは一〇ドルにも満たない。業者にパスポートを渡しているため帰国もできず、現地の領事館に駆け込むこともできない。

こうした人身売買の惨状について一部の企業は関心を寄せていて、特にグローバルな人材派遣に携わっている人々はこの取り組みの複雑さをよく理解している。人身売買は、マンパワーグループがその知識とノウハウを生かして改善できる社会問題の一つだ。ミルウォーキーに本社を置く同社は世界でも指折りの従業員数を誇り、四五〇万人以上が世界のさまざまな地域で働いている。同社は八二カ国に四〇〇〇の支社を持ち、グローバルな労働市場の状況について並外れた現場での経験を有している。同社の執行役員の一人で戦略と事業構造づくりを担当するチームの一員でもあるデービッド・アークレスは次のように述べている。[14]

当社は倫理に則って運営していますが、いつも不法労働という問題に直面しています。この問題については懸念が深まるばかりであり、子どもたちが強制労働させられるのは耐えられません。

サプライチェーンにおける労働条件の問題は複雑である。たとえばマンパワーグループ自体のサプライチェーンは、グローバルな労働市場における一五〇〇万以上の第三次サプライヤーまで及ぶ。これだけサプライチェーンが広範であれば、世界じゅうで労働条件に関する問題に直面するのは当然である。NGOや国連開発計画（UNDP）といった多国籍機関を含む多くの組織がばらばらに対策を講じているという問題もある。

マンパワーグループの経営陣は人身売買という問題に対処するためにNGOや広範なサプライチェーンを持つ企業との協力体制を築きはじめた。第一段階は「人身売買に対するグローバルビジネス連合」（gBCAT）を設立することで、フォード、コカ・コーラ、レクシスネクシス、カールソン・グループ、アメリカン航空、エクソンモービルといったフォーチュン五〇〇社に入る多数の企業のCEOが人身売買の撲滅に関する合意書に署名した。国連の支援を受けたベリテやポラリスなどのNGOもこの合意書に署名している。その目的は、特に奴隷労働、出稼ぎ労働者への虐待、人身売買に重点を置き、第八次のサプライヤーにまで至るサプライチェーンで倫理に基づいた雇用をおこなうことにより、アメリカの企業が人身売買という問題に立ち向かう意欲を高めることにあった。

デービッド・アークレスは「複数の組織が本気でまとまらなければなりません。基本となる考えは、組織を動員して巨大なグループをつくれなければ、何も変わらないということです」と話す。[15] その後、gBCATは人身売買という問題、検証や証明の手順について話し合うためのプラットフォームをつくり、一般的な意見や個人的な意見をアメリカ政府に届けるためのロビー活動をおこなった。

【検証の威力】

検証は重要だ。CEOがgBCATに参加するために署名すると、自分の企業がその使命や価値観に従うことを公式に表明したことになる。となると、どのように検証するかという問題が生まれる。アークレスは次のように考える。[16]

秘訣は、あまりコストをかけずに検証をおこなうことです。大企業は監査を受けるのを嫌い、不正をしていると指摘されるのを嫌います。

そこで、ベリテをはじめとする多くのNGOが定義した方針や基準に基づいて、自己検証をする手順がつくられた。参加する企業の経営者が自己検証を実行すると、gBCATで規範に従っている旨を宣言する。gBCATは参加するNGOと協力して無作為に監査を実施する。規範に従っていない企業があれば、その企業はgBCATを去るように要求され、告訴される場合もある。

協力体制内における橋渡しをする――レジリエンス・アクション・イニシアティブ

毎年数百万人が農村部から都市に移住しているため、発展途上国に多くの都市が生まれ、エネルギー、水、食糧といった資源を巡るストレスの高い場所になりつつある。一九七〇年代以降、石油、ガス、水といった世界じゅうの天然資源の供給量を監視してきたロイヤル・ダッチ・シェルのシナリオプランナーたちにとって、このように多くの都市が危機に瀕しているのは火を見るより明らかだった。そのため、おそらく誰よりも早く、彼らは化石燃料の燃焼が気候や環境に与える影響に気づいていた。

問題は、都市のレジリエンスを高めて運営するには、さまざまに入り組んだ膨大な要素について考え、対策を講じなければならないことだ。一つの解決策について複数のステークホルダーが責任を負っていることも多く、各ステークホルダーが情報を共有しないでいると、それぞれが独自の目的を持って自分勝手に対策を講じるような結果を招きかねない。こうした問題を克服するために必要なのは、かつてシェルのCEOを務めていたピーター・ヴォーサーが名づけた「異例の協力」である。こうした協力関係を築いて活動をはじめれば、イノベーションを起こして世界を変えられると実証できるかもしれない。

【資産を補い合う】

一つの場所に的を絞って「異例の協力」を実験的におこなっている例として、二〇一二年二月に世界経済フォーラムで立ち上げられた「レジリエンス・アクション・イニシアティブ」（RAI）が挙げられる。このアライアンスの主な目的は、都市の設計や運営を担当する業種の企業同士を引き合わせて都市のレジリエンスを高め、運営することにある。そのため、エンジニアリング企業（シーメンスやリオ・ティント）、化学会社（ダウやデュポン）、戦略的コンサルティング会社（マッキンゼー）、テクノロジー企業（IBM）、消費財会社（ユニリーバ）、エネルギー企業（シェル）、金融保険会社（スイス・リー）などが参加した。

当初の話し合いで、都市にはエネルギー効率改善の余地があるのではという意見が出た。現場で問題となるのは、解決するためのテクノロジーが不足していることではなく、さまざまな組織間で意思の疎通が図れず、実証済みの事業・金融モデルのデータが共有されないことが多い。こうした新たな取り組みのために、RAIに加わった企業は、PFSの場合と同じように、急発展している協調のためのビジネスモデルに従って、アライアンスのパートナー間で知識をやり取りするネットワークを築けるオープンプラットフォームを活用している。

最初の計画は、洪水や地震といった突然の脅威、エネルギー不足などの慢性的な脅威、そして政変や経済改革といった予期しない脅威に直面したときに、都市がレジリエンスを保つ方法について理解を深めるための試験的研究をおこなうことだった。最初の試験的研究の対象として選ばれたのはベトナムのダナンという都市で、RAIはIBMのエグゼクティブ・サービス・コープスがこの地の輸送システムと給水システムについて調べ、水の管理と食品の安全を一体に考えるべきと提言した最初の報告書に基づいて活動している。

二〇一二年六月にはRAIに参加する七社（シェル、マッキンゼー、デュポン、IBM、シーメンス、スイス・リー、ユニリーバ）のエネルギー効率の専門家が国内外から集まり、成功事例について話し合い、この試験的研究をはじめた。シェルとデュポンのチームは大規模なエネルギー計画に携わったことで培った専門知識をもたらした。マッキンゼーとIBMのチームは新しいデータ、プロセス、システムを組み合わせた経験があった。シーメンスのチームは技術協力の経験があった。スイス・リーのチームはリスク評価について理解していた。ユニリーバのチームは経済や実施に関する経験があった。二〇一二年末には現地の技術・営業チームを雇用し、二〇一三年はじめにはフルタイムのプロジェクトマネジャーが着任した。シェルでシナリオプランニンググループを束ねているジェレミー・ベンサムは次のように説明する。[17]

重要なのは、制度と資源の両方についてレジリエンスを高めることです。そのためには力を合わせることがきわめて重要となります。私たちは各企業に何ができるのかを尋ねる必要がありました。企業はリーダーシップを発揮し、アイデアをもたらし、手本になることができます。

協力が重要なのは、こうしたストレスが民間企業と公的機関の垣根を越え、業種の垣根を越え、部署の垣根を越えてのしかかるからです。協働を実現するのは大変です。たとえば、制度が違えば時間枠が違います。そのため、実験的な活動をおこない、下から上に展開する必要があります。現状維持がまずいのは明らかです。イノベーションと創造性が必要なのです。

〉〉〉まとめ

世界が直面している問題のほとんどは複雑で不透明な問題であり、その解決に多くのさまざまなステークホルダーが携わっている。こうした問題を解決するには、積極的に協力できる人々が多くの組織から集まって取り組まなければならない。

マルチステークホルダーとの協力は、ＮＧＯと企業が一対一で協力するよりも厄介だ。しかし、世界のレジリエンスを高めるためには、こうした協力が欠かせない。グローバルな問題に立ち向かうための協力体制やグループづくりを主導するのは、多くの場合、企業の経営者である。

こうしたリーダーは説得力のあるメッセージを発信し、未来のためのビジョンを持ち、明確な基準を持っている。第５部では、これからのリーダーシップの話をしよう。

PART V
Reimagining Leadership

第5部

リーダーシップを再定義する

リーダーが長期にわたって自社のレジリエンスを高く保つために乗り越えなければならない障壁はますます高くなっている。株主や肥大化した金融市場から高い業績を厳しく求められているために短期的な視野を持って経営せざるを得ない経営者もいれば、株主価値を極大化することが自社の最優先事項になっている経営者もいる。ほとんどの経営者は市民運動の高まりや企業への信頼低下に直面している。

大きな変化が起こっているのは企業の外側の世界だけではない。企業の内側でも、リーダーとフォロワーの間に確固として存在していた階層的な関係が崩壊しつつある。フラットなコミュニケーションが当たり前になり、階層的な意思決定が廃れつつあるいま、フォロワーは、リーダーが強い目的意識を発信して、生身の人間として手本を示すことを期待するようになった。

こうした変化は、リーダーの行動やリーダーの育成方法にどのような影響を与えるだろうか。この問いは私にとって非常に重要だ。二〇一一年、私は世界経済フォーラム（ＷＥＦ）で新たに創設された「新しいリーダーシップモデルに関するグローバル顧問評議会」で議長を務めた。この評議会が創設された背景として、いまこそリーダーは前向きに考え、未来に関する説得力のあるメッセージを発信して、フォロワーを惹きつけるときであるという考えが、かつてないほどWEF内で広まっていたことが挙げられる。研究者、企業の経営者、NGOの代表らが名を連ねていたことからも、リーダーに対する期待が急激に変化しているのは明らかだった。[1]

二〇〇八年以降、私の主宰している「働き方の未来コンソーシアム」でも、このテーマについて研究している数千人を相手にリーダーシップの未来について議論を重ねてきた。最初にロンドン、ムンバイ、ニューヨークでワークショップを開催してリーダーシップの未来について議論し、それから幅広く意見を集めるためにオンラインコミュニティプラットフォームを開設した。世界各地から数千人が四八時間のオンラインディベートに参加してくれた。参加した四〇社以上の企業の幹部が、リーダーシップのあり方に関する考え方が激変していると確信しており、かつてのような、階層的に指揮統制をおこなうリーダーシップが通用しなくなるだろうということについては大筋で一致した。代わりに主流となると思われるのは、透明性を高めた本物のリーダーが平等な立場で指導するという方法だ。しかし、こうしたリーダーを育成する方法は定かではなかった。

ダグ・レディが主催するロンドン・ビジネススクールのリーダーシップ開発プログラムにおける議論で私がテーマの中心としていたのは「こうした状況はリーダーシップ開発にどのような影響を与えるか」だった。[2] リーダーシップ開発の専門家として、参加者たちは従来型の「トーナメント方式」のキャリア構造が生み出している問題や、内省と対話を通じてリーダーの成長を支援する方法を確立する必要性について議論した。

この先数十年のうちにリーダーになるであろう若者たちは、このリーダーシップの変容についてどう考えているのだろうか。私は、二〇一一年以降ロンドン・ビジネススクールのMBA学生向けにおこなっている授業の出席者とこの疑問について議論した。彼らの多くは企業が世界の問題に対してより中心的な役割を果たすべきだと考えており、より信頼できて、決断力のある新たなリーダーシップへの希望も持っていた。一方で、リーダーになることにプレッシャーを感じ、そのために乗り越えなければならない障壁も意識していた。授業の最後に大企業のリーダーになりたいと思っている人は何人いるかと尋ねたところ、手を挙げた受講生がごくわずかだったのに驚いたが、いまの企業をとりまく状況を考えれば当然かもしれない。さまざまな議論を通じて、私はいままさに古い秩序からまったく新しい秩序に変化している最中なのだと確信した。古い秩序の象徴となっていたのは強力なリーダーシップであり、さまざまな業務報告書に支えられ、従業員に対しては「親」のように振る舞っていた。新しい秩序では階層がなくなりつつあり、リーダーに対するフォロワーからの要求が厳しくなる。

この変化はまだ完了したわけではなく、いまこそ新たなリーダーシップの手本がどこで生まれているのかについて議論を重ねて探すべき時期である。リーダーのあり方が変化すると同時に、資本市場によってリーダーには短期的な業績を上げるというとてつもないプレッシャーがのしかかり、かつてないほど声高に意見を主張する一般市民が世界じゅうで集まってグループをつくり、群衆の威力によって企業の方針に影響を及ぼしている。企業のリーダーになることを望んだＭＢＡ学生がほとんどいないのはむしろ自然なことかもしれないが、それによって世界から失われるチャンスもある。企業がその潜在能力を十分に発揮できれば、そのリーダーは世界全体にとってきわめて大きな役割を果たすことになるのだ。第12章では本物のリーダーになることについて、第13章ではリーダーの持つべき世界観について述べていこう。

Chapter 11 Transformation of Leadership

第11章 リーダーシップ像の変容

企業をとりまく世界は大きな変化の波にさらされている。リーダーも、そしてリーダーの育成過程も、こうした凄まじい変化の波に飲まれている。実際、リーダーが確固として持っていた役割の一部は徐々に失われ、代わりにまったく新しいリーダーシップのあり方に関する考え方が生まれている。

これにより、リーダーが果たす役割、リーダーとして能力を高めるためにすべきこと、リーダーが伸ばすべきスキルや能力についての理解も変わりつつある。さらに、社外の投資家から社内のフォロワーまで、リーダーが日常的にかかわる人々との接し方も変化している。リーダーシップのあり方を変える可能性を持つ多くのトレンドのうち、特に影響力が大きいのは次の五つである。

1 金融市場における短期主義
2 市民運動の激化
3 企業の信用低下

4　増長するフォロワー
5　可視化と透明性

金融市場における短期主義

企業は金融市場、貿易市場、人材市場など、世界じゅうのさまざまな市場で活動している。アダム・スミスから現在の経済学者までが口を揃えて述べているように、市場システムは多様な方法で社会に価値をもたらす。効率的な資源の利用を通じて国家を繁栄させ、市民の生活水準を引き上げ、イノベーションを促し、自立性を高め、やりがいのある仕事を提供する。だがすでに見たように、市場が良い影響ばかりもたらすとは限らない。格差を広げ、資源を搾取し、環境を破壊して、金融不安を生んでいるのもまた市場なのである。

企業が活動している市場システムは危機に陥っているという見方が広がっている。たとえばハーバード大学の教授であるジョセフ・バウアー、ハーマン・レオナード、リン・ペインの三人は、資本の流れの速さと不透明さ、保護貿易主義の高まり、高すぎる幹部への報酬と政府の弱体化または崩壊による収入格差の拡大、企業統治や国家制度など既存の制度の機能不全などの原因によって世界の市場システムが危機に瀕していると主張する。[1] マッキンゼー・アンド・カンパニーのグローバル・マネージング・ディレクターであるドミニク・バートンは、世界じゅうの政財界のリーダー四〇〇人以上と話し合った末に次のような結論に至った。[2]

今回の対話は、政財界それぞれ、多かれ少なかれ課題を抱えているものの、資本主義はこれまで生み出された社会システムのなかでも繁栄をもたらす最大の原動力であったし、将来もそうであるという確信を裏付けるものだった。そして、今後も長きにわたって「雇用と富を創造するゲームの頂点には資本主義が存在する必要がある」という考えで、両者は一致している。同時に、この危機で明らかになった根本的な課題は依然解決されておらず、システムが再び破綻すれば資本主義制度のみならず市民の間で結ばれた社会契約は本当に破棄されることになりかねず、そうなると、その結果は予測できないが、深刻な打撃をもたらすという懸念が高まっている。

こうした懸念の中心となっているのは、企業やその活動の場である市場が短期収益を過剰なまでに重視し、株主価値を極大化することに執着しすぎているという考えである。

時計の針

企業が四半期収益のみを重視している姿は好ましいものではない。経営者が効率、スピード、収益を常に追い求める世界では、労働者にとっては辛い日常が待っている。きわめて裕福になる人もいるが、自由が奪われて非人間的な扱いをされる人もいるだろう。非情で冷酷な上司が部下をこき使い、無節操に振る舞うかもしれない。それは過酷なリストラをすることから「チェーンソー・アル」と呼ばれたアル・ダンロップ、タイコのデニス・コズロウスキー、リーマン・ブラザーズのリチャード・ファルドといった苛烈な経営者たちが幅を利かせる世界である。

確かに、短期収益を求めるあまりに非人間的な仕事を押しつけるのはいまにはじまったことではない。だがそれ以上に、かつてないほど激しいグローバルな競争や、投資機関や経営陣への巨額の報酬のために社内で大きなプレッシャーが生まれているのは明らかである。このプレッシャーのせいで組織の核となる社内のレジリエンスを徐々に失い、社外の問題に目を向けられなくなるかもしれない。この短期主義のプレッシャーによって、投資家や資本市場に短期的な利益をもたらすという使命を果たすためならどんな労も惜しまないという野心を持った「不条理」なリーダーがこれまで以上に高く評価されかねないのである。彼らは何よりもこの使命を優先する。この使命をCEOに求める取締役会もあるし、この使命を部下に求めるCEOもいる。少なくともしばらくの間は、こうしたリーダーがマスコミでもてはやされることが多いようだ。表面的には、彼らは理想的なリーダーの資質を持ち合わせている。つまり、猛烈に働き、野心的で勇敢であり、意志が強い男性たちだ。[3]

一部の企業でのリーダー育成はこうした資質を重視する。「トーナメント方式」でリーダーを選ぶ場合、次のリーダーに指名して莫大な報酬を与えるという約束と引き換えに、野心的な出世頭に非人間的な仕事を押しつけることになりかねない。こうなるのは、社外からのプレッシャーのせいだと言う経営者もいる。資本市場の要求が厳しくて選択の余地がなく、市場システムの限界のせいで自発的な行動がとれない、というわけだ。

しかし、短期収益に対する要求が厳しくなると苦痛を感じるのはリーダーだけではない。短期収益ばかりを重視することで生まれるストレスにより、社内全体に大きなプレッシャーがのしかかり、核となる社内のレジリエンスを高めるためにきわめて重要な、働く人々の活力が奪われてしまう。短期収益を重視すると従業員の成長が軽視され、とりあえずいま持っている能力を発揮することだけが重視されるのだ。

一方で、こうした短期収益のプレッシャーはあるものの、リーダーは自分たちが思っているほど無力ではないという考えも広まっている。なかにはこの短期主義に打ち克つために実際に行動を起こしている経営者もいる。ただし、そのためには大きな障壁に立ち向かわなければならない。アスペン研究所の「ビジネスと社会プログラム」で事務局長を務めるジュディス・サミュエルソンは「短期主義は『野獣のエンジン』だ」と話す。彼女は、短期主義とは企業の目的を定義する「時計の針」のようなものととらえていて、この「時計の針」がつくる短期的な時間幅で成功が計測されると考えている。四半期収益目標などの短期的な時間幅は、針の進みを加速させる。それが従業員の意欲、CEOの持ち株、短期収益と長期的な価値やレジリエンスのどちらを優先するかに影響し、投資家の焦燥感を駆り立てる。

アスペン研究所が主張するように、ほとんどの株式会社が四半期収益目標を発表している限り、CEOや取締役会がそれをやめたいと思ったとしても「集団行動」を乱すという問題が生じる。サミュエルソンは次のように話す。

ほとんどの株式公開企業を悩ませている短期主義という問題に「風穴をあける」ために四半期収益目標に見切りをつける企業もあります。そもそも収益目標（または見通し）の発表は義務ではありません。さらに、企業の目標の一つとして発表した四半期収益目標を達成することや、それ以上の成果を上げることに時間をかける経営者は、研究開発や優秀な人材の雇用にあまり時間と資金をかけていないという証拠がいくらでもあります。つまり、株式公開企業として長く活動を続けるという責任を放棄しているか、少なくとも軽視しているのです。四半期予測に資源と活力を奪われ、長期的な視野を持って機能を高めることができなくなるのです。いまこそ、こうした短期的な未来予測はやめて、代わりに長期的な価値について話し合い、こうした価値を高めることに力を注ぐべきです。

実際、経営者やその企業がこうした短期主義に打ち克とうと思えば、方法はいくつもある。特にアメリカの穀物商社カーギルやアパレルメーカーのリーバイ・ストラウスのような同族会社の場合、これまで四半期収益予測を発表する必要はまったくなかった。しかし上場企業のなかにも、長期的な業績に視点を移すことで「時計の針」に追われるのを逃れたところがある。ユニリーバではポール・ポールマンがＣＥＯに就任した初日から四半期収益を予測しないことを明らかにした。二〇一二年一〇月にウィーンで開かれたグローバル・ドラッカー・フォーラムで彼は次のように話した。

私たちの決定は九〇日でおこなうものではありません。もっと重要な使命があります。四半期収益を予測しても意味がありません。幸い、私がユニリーバでCEOに就任した初日に四半期目標を廃止すると決めることができました。これをやったのは、就任初日に解雇されることはないと考えたからです。アナリストは私の真意を疑っていたため、株価は八％下がりました。短期主義は麻薬のようなものです。私たちはそこからの脱却に賛同してくれる株主を集めようとしています。短期主義と決別してから、株価は安定し、資本コストも削減されました。こうした動きを波及させるにはヨーロッパ各国の政府と力を合わせて他社を納得させ、銀行・金融業界が短期収益を要求しない環境を整えることが重要です。

ポールマンは二〇〇九年と二〇一〇年に、世界的な不況で先行きが不透明になっていると指摘し、収益目標を発表しなかったことで、確かに一部の投資家から敬遠された。それでもユニリーバは具体的な財務目標を発表せず、最新の販売実績だけを発表することにこだわっている。

ポールマンだけでなく、コカ・コーラやフォードのCEOも収益目標を発表しなくなり、ウォーレン・バフェットは自身が名を連ねているすべての取締役会で収益目標を発表しなくなった。IBMでかつてCEOを務めていたサム・パルミサーノは、IBMが四半期目標をわずかに上回るか下回るかではなく長期的な収益目標を達成できるかに投資家の目を向けさせるため、一連の五カ年計画をつくった。[4]

短期主義という障壁は必ずや乗り越えられるだろう。しかしそのためには、リーダーが強烈な自意識と独自の価値観を持ち、勇気を持って、ただ短期的な業績を上げるだけでなく長期的にレジリエンスを高めることにも重点を置くと決意しなければならない。後で述べるように、これはリーダー自身が内面を磨き、長期的な視野を持って体系的に考える能力を高め、リーダーのあるべき姿について自分なりの考えを身に付けて、難しい判断を下す際に勇気を示すことに他ならない。

株主価値の偏重

市場からのプレッシャーがかかることでリーダーが長期的にレジリエンスを高めることよりも短期的な業績を伸ばすことを偏重する可能性は確かにある。こうした市場のプレッシャーにより、リーダーは従業員やサプライチェーンの人々などのステークホルダーのニーズを差し置いて、株主価値を極大化するようにもなる。

企業の唯一の責任は事業収益を極大化することで株主の代理を務めることだけだと主張する人もいる。経済学者ミルトン・フリードマンの有名な言葉に「企業《ビジネス》の唯一の仕事《ビジネス》は事業《ビジネス》であり、経営者の唯一の社会的責任は利益を求めることである」というものがある。[5] その主張に従えば、環境や社会に配慮した方針を採用すると、経営者は企業の戦略や収益目標に直接関係のない問題に気を取られるため、株主価値を損なうおそれがあるということになる。また、さまざまな関係者に気配りをすると賃金が高くなったり、不況時に従業員をすぐに解雇できなくなったりして、経費がかさむようになるかもしれない。あるいは、経営陣がＮＧＯの圧力に屈して調達方法を改めると、それによって製造コストが増加し、低価格な製品を提供する競合他社に顧客を奪われるリスクもある。[6]

こうした状況の下では、リーダーは「傍観者」に成り下がる。その役割は株主価値を極大化することで、世界のレジリエンスを高める役割を各国政府やNGOといった組織任せにしてしまうのだ。経営者は株主の忠実な手下となり、社会貢献に資金を投じるのはルール違反で、なおかつ自分の仕事の範疇には入らないものとして片付けてしまう。

こうした考え方はどれほど的を射ているだろうか。コーネル大学法学部のリン・スタウト教授は「株主価値という概念は単なるイデオロギーであり、現代の企業に対して法的に要求されているものでも現実的に要求されているものでもない」と考えている。[7] 彼女の考えを裏づけるように、企業はただ株主価値を極大化すればいいわけではないことを示す研究結果が増えている。実際、こうした研究により、株主価値を偏重すると業績が悪化し、投資家、消費者、従業員からそっぽを向かれるおそれがあることが明らかになっている。

ここで「企業は何を実現するために存在していて、リーダーはそのためにどんな役割を果たすのか？」という根本的な問いに立ち返らなくてはならない。他の要素を犠牲にするのは、本当に株主の利益を極大化するためだろうか。これに関して、経営思想家のチャールズ・ハンディは興味深い見解を述べている。[8]

一九世紀に生まれた二つの優れた発明は、思いもよらない結果をもたらした。株式会社と有限責任である。これらの二つの社会的な発明により、経済は目覚ましい革新と飛躍的発展を遂げたが、このような進化は我々を危険な方向に追いやってもいる。株式会社の制度が確立され、理論上の会社の所有権が経営者から分離された結果、株主が競馬場に足を運ぶギャンブラーのような存在になってしまった。彼らは株を馬券のように買って自らが選んだ企業に賭けるだけで、その企業に対して調教師や馬主のような役割を果たすわけではない。また、有限責任の制度が導入された結果、経営者は個人的にコストを負担することなく自由に商売ができるようになった。

実際には、優れた企業は株主に十分な利益をもたらすと同時に、世界を視野に入れた目標を持つこともできるようになりつつある。これは、企業の業績と戦略について調べた最近の研究結果から、長い目で見ると、持続可能性とレジリエンスの両方に関する目標を掲げる企業の株価は下がらないことがわかっている。それどころか、持続可能性に関する目標を掲げている企業は、そうでない企業よりも最終的には業績が上回っているのだ。ある研究によると、一九九三年はじめに持続可能性に関する目標を掲げていた企業のポートフォリオに一ドル投資した場合、二〇一〇年末の時点でその価値が二二・六ドルまで跳ね上がっていたのに対して、そうした目標を掲げていなかった企業のポートフォリオに一ドル投資した場合、同じく二〇一〇年末の時点でその価値が一五・四ドルまでしか上がっていなかった。[9]

そもそも株主とはどんな人々なのだろうか。株主構成についての研究によると、株主が共通点の多い似た者同士の集まりであることはめったにないことがわかっている。株式による利益のほとんどは、年金基金や投資信託を通じて直接的または間接的に個人が得ているのだ。欲求や願望は人それぞれである。ハンディの言葉通りに利益をすぐに上げようと「競馬場に足を運ぶギャンブラー」のように行動する人もいれば、投資先の企業が倫理的・社会的責任に基づいて活動することを望む人もいる。スタウトは、利益の極大化を最優先すれば、「投資家はせっかちで、日和見主義で、自滅的で、他人の幸福にまったく関心を示さない最低な人間（人間以下かもしれない）として振る舞う」と述べている。

自分は人間以下ではないと考えたい私たちにとって良いニュースは、株主価値について見直そうという力強い重要な議論が交わされていることである。企業のリーダーはさまざまな方法で株主価値の扱いを適正に戻すことができる。ユニリーバのポール・ポールマンをはじめとする一部のリーダーは、こうした投資家たちを積極的に管理しようとしている。ポールマンは二〇一二年にロンドンでユニリーバの持続可能性について報告した際に次のように話した。

典型的なユニリーバの株主を定義するのは難しく、長期的な成長を見込んで投資する人もいれば、投機を目的にする人もいます。私の仕事は、すべての株主を満足させることではなく、戦略を貫くことです。あらゆる要望に反応して全員を満足させようとして企業を正しく経営できるでしょうか。経営者は戦略を練り、自分の戦略に関心を持つ株主を集めるように努めなければなりません。ＣＥＯに求められるのは、自分の戦略を受け入れる株主を集めるために改善していくことです。当社は、株主を歓迎しなかったことも歓迎したこともありました。株主の構成は少しずつ変わってきたのです。当社の株式を保有してビジネスモデルを支持してくれる人々は、とても満足しています。

自社の活動について幅広く報告することでこの問題を解決したリーダーもいる。[10] たとえば二〇〇七年、ネスレのCEO、ポール・ブルケは、二年ごとにグローバルな「共通価値の創造報告書」の発行を開始し、二〇一二年には毎年詳しい報告をおこなうように変えた。この報告書には、環境への影響（水の使用量など）、農村開発への影響（農産物や商品の相場など）、顧客への影響（栄養や健康など）、従業員への影響（満足度、意欲、研修、安全性など）などを含むレジリエンスに関する主要な業績および指標に基づいた進捗状況が盛り込まれている。ジョンソン・エンド・ジョンソンやＩＢＭなどの企業も同様の報告書を出している。

こうした議論は、勇気を持って本物のリーダーを目指す必要があることを示唆するとともに、企業が多くのステークホルダーと協力体制を築いているこの世界について理解を深める必要があることも示唆している。

市民運動の激化

リーダーにできること、リーダーがすべきでないことに関する考えを持っているのは株主だけではない。経営者の発言や行動を間近で観察して不満を感じた人々も次第につながりを強め、声高に要求を口にするグループをつくっている。こうしたグループは世界じゅうの人々が企業の役割についてどのように考え、どのような期待を抱いているかを示すような問題提起をしている。

企業の活動に関心を持つ人やグループは昔からいた。だが一九九〇年代に、闇雲に企業が成長を目指したことによる弊害が明るみに出ると、企業に対する態度やその活動に対する期待について幅広く議論されるようになった。その結果、人々は企業に対して地域社会のレジリエンスを高め、世界の問題に立ち向かうことを求めるようになった。環境問題を例に挙げよう。一九七一年には環境保護団体グリーンピースの会員数は二五〇人だったが、九〇年代後半には一七〇万人を超え、大義名分のもとに過激な活動をおこなうようにまでなっていた。

グリーンピースのリーダーたちは、気候変動や石油会社への関心を次第に深め、石油会社こそが「石油中毒」の元凶であるとして、アメリカの石油メジャーであるエクソンモービルに狙いを定めた。二〇〇二年、グリーンピースの会員は「不正工作の一〇年——気候変動に対する世界の取り組みを邪魔するエクソンモービル」と題した小冊子を発行し、同社が気候変動を否定する団体に資金を提供していると記した。二〇〇三年にはさらに過激な活動をおこない、テキサス州アービングのエクソンモービル本社に侵入して、その本社こそが地球温暖化の犯行現場であると糾弾する横断幕を掲げた。[11]

企業やその経営者の活動に不満を抱いているのはグリーンピースの支持者だけではない。実際、二〇〇四年には四万以上のNGOが世界じゅうで活動し、その九〇%以上が一九七〇年以降に結成されたものである。[12] そのうちおよそ六〇〇〇は「さまざまなものに噛みつく」攻撃的な団体で、政府や企業に対して行動を起こしている。[13]

市民や消費者がこのような期待を持つようになったのは、企業をつくり変えたのとまったく同じトレンドの影響である。企業に対する期待が変わったのは、グローバルなコミュニケーションが可能となり、最新のツールを使ってさまざまなグループ間で情報交換できるようになったからだ。

結果として、企業活動に対する監視の目はさらに厳しくなった。気候変動に関する企業活動を例に挙げよう。経営者がエネルギー使用量の削減やサプライチェーンとの前向きな協力、あるいはグローバルな問題の解決を話題にするのは、従業員や消費者向けの広報活動に過ぎないというシニカルな見方をする人もいる。ちなみにこの主張に従えば、企業は株主価値を高めることしか考えておらず、環境に配慮するふりをするのは、もっと都合の悪い活動を隠したいからだということになる。あるいは、金にものを言わせた慈善活動は、自社が起こした問題を解決しているに過ぎないということになる。こうした取り組みを単なる「火消し」と見ている皮肉屋もいる。[14]

こうした否定的な見方が広がると、企業の正統性も揺らぐ。その影響はきわめて大きくなりうる。ナイキやイケアで実際にあったように、消費者が不買運動を起こして売上を圧迫し、ブランド価値を下げることもあるのだ。行動を起こすのは消費者だけでなく、政府や規制機関が活動の自由を制限することで圧力をかけることもある。個人投資家として、あるいは預金や年金を通じて、人々は好ましくない活動をしている企業に投資しないことを選択できる。投資家に逃げられると、企業の資本コストは増大することになる。労働者としては退職する、あるいは入社しないことで企業に対する不満を示すことができる。ビジネスパートナーやサプライヤーであれば、取引を停止することで不満の声を上げられる。最終的にリーダーシップに対する自信が揺らぐと、企業の評価額が下がり、敵対的買収のリスクが高まるおそれもある。

企業の信用低下

二〇一一年におこなわれた企業の信用に関する調査によると、アメリカでは企業やCEOを信用すると答えた人は五〇%にも満たなかった。これはかつてないほど低い数字だ。[15] アメリカでこれほど企業が信用されていない理由はいくつかある。財界と政界の争いが長く続いていること、失業率が高いこと、国民の期待より景気回復のペースが遅いこと、そして二〇一〇年にメキシコ湾原油流出事故や製品のリコール、証券取引委員会(SEC)によるゴールドマン・サックスに対する調査など、派手に報道される企業がらみの事件が続いたことなどだ。こうした評判の低下により、グローバルに展開している企業の正統性が揺らいでいる。

人々は一部の業界を他の業界よりも信用する傾向がある。たとえば多くの国ではテクノロジー、自動車、通信関係の企業は銀行よりも信用されている。逆に中国では銀行が繁栄を後押ししているとして高い評価を受けており、九〇%の人々が銀行制度を信用している。

ただし、人々の企業に対する態度は実際は非常に複雑だ。信用していないと言いながら、企業が販売する商品を喜んで購入し、企業が提供するサービスを利用しておおいに満足しているのだ。矛盾はそれ以外にもある。企業に属していない人は「大企業」を嫌い、信用していないかもしれないが、企業で働く人々は自分がその一員であることに誇りを持っている。これは、毎年ほとんどの企業で実施されている従業員の満足度調査の結果からも明らかである。通常、こうした調査では従業員が仕事にどれだけ意欲を持っているか、リーダーや同僚についてどう思っているか、その企業で働いていることを他人に話すのは誇らしいかなど、いくつもの質問をする。面白いことに、大企業で働く大多数の従業員がそこでの仕事に満足し、同僚を高く評価して、自分の企業について他人に話すのを誇らしいと思っていることが明らかとなっている。

これらの調査によると、二〇一一年時点で、人々が企業に関する情報を探すときに一番頼りにしていたのは検索エンジンで、次にニュースサイトや活字媒体、放送媒体が続いた。このデータから、賢い消費者は最初に検索エンジンで関心のあるテーマについて情報を集めてから、従来型のメディアで調べたばかりの内容を確認したり追加情報を集めたりしていることがわかる。

これらの調査をおこなった会社を率いるリチャード・エデルマンは、政府、企業、リーダーに対する期待が変わったと考えている。かつては、企業とはブランドを保護し、情報を制御し、パートナーを軽んじて、株主の利益だけを極大化するものであるという見方がほとんど固定化していた。しかし今日では、企業に対して、株主のためだけではなく社会のために活動し、その活動内容や収益構造についても包み隠さず公表するべきだという期待が高まっているとエデルマンは見ている。

リーダーに対する期待は明らかだ。たとえ自分の利益にならなかったとしても、人々の願望に沿って活動をすることである。ステークホルダーとの最も好ましい協力の仕方についても考える必要がある。これからのリーダーは、自分の価値観と理念を積極的に示すことが求められる。

増長するフォロワー

リーダーはフォロワーなしでは成り立たない。ロンドン・ビジネススクールの私の同僚、ロバート・ゴーフィーはこのように問う。「なぜ、あなたがリーダーなのか?」と。[16] リーダーシップが本当にフォロワー次第だとすると、この先数十年間にわたってフォロワーが持つ希望についてどんなことが言えるだろうか。十年後の経営者はY世代を率いることになる。この世代はフォロワーとしてグローバルな世界で頭角を現しはじめたばかりであり、これから世界を変え、さらにリーダーに対する期待をも変えていく。

Y世代の多くは、以前の世代よりも自身の働き方をコントロールしようとするだろう。つまり、これまでとは違う生き方や働き方を望み、多くは仕事とプライベートを両立させることを重視し、結果的に個人のレジリエンスを高めようとする。[17] 彼らは次第に、リーダーを健全でバランスのとれた生活を送るための手本と見なすようになるだろう。この世代は創造性を重んじ、有意義な仕事や目的意識を求める傾向にある。したがって、自分自身について語り、強烈な価値観や目的意識を持つリーダーに刺激を受け、惹かれる。もちろん、この世代はおそらくこれまでのどの世代よりも、自分たちの身に降りかかる社会や資源に関する問題について十分に理解している。[18]

Y世代の日常生活にはソーシャルメディアが浸透し、次第にその影響を強めている。これにより、かつての階層的組織では見られなかった行動の透明性が実現されている。そのためY世代にとってリーダーとは、権力や権威というより、尊敬に値して積極的に学ぶことができると思える相手を意味する。このことは、「働き方の未来コンソーシアム」でリーダーシップの未来について世界規模の話し合いをしていたときに明らかになった。当時、マンパワーグループのイノベーション担当上級副社長を務めていたタミー・ジョーンズは、Y世代をフォロワーに持つリーダーの新たな役割がきわめて複雑であるということについて次のように話した。

世界は透明性が高まっているため、若者たちが世界を変えるために（テクノロジーと協働を通じて）結集しているのは驚くまでもありません。金銭的な報酬をあまり求めず（ただし、一般的に信じられているよりは重要視している）、仕事の進め方を気にします。仕事で高く評価されようとは思わず（ベビーブーム世代はボーナス目当てで手柄をアピールしていた）、その代わり、変化を起こせるようになりたいと考えているため、はるかに複雑な状況が生まれ、彼らを率いるのが難しくなっています。

フォロワーの力が相対的に増しているのは先進国だけではない。たとえば中国では、前の世代より高い教育を受けた野心家の多いY世代の間でリーダーに対する期待が急速に高まり、要求も厳しくなっている。彼らは世界じゅうで同じ考えを持つ人々をつなぐテクノロジーにも詳しく、先進国の若者と自分たちを比べているのだ。[19] インドでは、Y世代に関する最近の企業調査で、仕事とプライベートの両立とやり甲斐のある仕事が企業のメリットとして最上位にランクされていた。

世界が次第にネットワークによるつながりを深め、互いへの依存を強めるなかで、フォロワーはより公平で民主的に導かれることを要求するようになった。自分の意見に耳を傾けることを求め、意思決定に参加することを願っている。彼らがリーダーに求めているのは、指揮や統制ではなく協調と協働なのだ。

今後はリーダーの力が相対的に弱まり、フォロワーが相対的に強くなるかもしれない。未来のリーダーが成功するには、グローバルな問題への取り組み方を変え、まったく新しいかたちの協力体制を築かなければならない。

可視化と透明性

新聞を少し眺めるだけでも企業のリーダーが政界のリーダーに似てきていることが見て取れる。彼らの名前や顔は有名とまでは言えなくとも多少は人に知られていて、もはや自分たちの行動を灰色のカーテンで覆い隠したり、名前を伏せて仕事をしたりすることはできない。

このように経営者が「丸裸の状態」になったのは、膨大な量の科学的・知的資源が生み出されている(おそらく意図せざる)結果である。世界じゅうの数十億人がつながり、テクノロジーによって群衆がアイデアや情報を共有し、データを収集・分析できるようになっている。この科学的・知的資源は労働者と企業をつくり変えつつあり、リーダーシップにも大きな影響を与えている。

企業のリーダーが名前を知られるのは、高度に専門的な広報活動による場合より、ツイッターで炎上した場合のほうが多い。かつては、広報活動の専門家や大規模な広報チームがオーラをつくり出し、それによってリーダーの社会的地位を高めていた。広報チームはリーダーのシナリオを用意し、広告代理店がマスコミを操っていた。だがもはや時代が違う。ツイッターなどのソーシャルテクノロジーによって情報が筒抜けになるため、リーダーの発言と日々の活動がどれほど一致しているかを知りたいと思えば誰でも調べることができるのだ。[20]

透明性が高まって企業のリーダーが丸裸にされると同時に、企業内外から聞こえる声がより厳しく、より大きくなり、より遠くまで届くようになっている。[21] ハーバード大学ケネディ行政大学院のバーバラ・ケラーマン教授の言葉を借りよう。[22]

ジョン・ケネディがホワイトハウスにいた頃、アメリカ人は、彼が分別も見境もない無作法な人間だとは知りませんでした。フランクリン・ルーズベルトがホワイトハウスにいた頃、アメリカ人は彼には麻痺があり、車椅子生活を強いられているとは知りませんでした。また、ウッドロー・ウィルソンがホワイトハウスにいた頃、アメリカ人は、彼が脳卒中により重度の障害者となり、政権末期の一八カ月は妻のイーディス・ボーリング・ガルト・ウィルソン夫人が事実上政務をおこなっていたことなど誰も知りませんでした。

フォロワーがリーダーに親近感を覚えて敬意を払わなくなると、リーダーシップの権威が失われてかつてのリーダーが保持していた権力や影響力の大半が失われるように思える。

だが、リーダーにとってこれは新たなチャンスでもある。このチャンスを生かすには、真のリーダーとして目的意識を持ってメッセージを発信しなければならない。それができるリーダーには、自分自身を世間に知らしめ、自分の情熱、目標、価値観を世界じゅうに発信できるというとてつもないチャンスが生まれる。ソーシャルメディア革命によって、指揮統制をおこなう従来型のリーダーシップから、影響を与えて仮想グループをつくり、橋渡しをして協力体制を築く新しいリーダーに重点が移っているのだ。

私が議長を務めた世界経済フォーラムの「新しいリーダーシップモデルに関するグローバル顧問評議会」における議論は、ソーシャルメディアやリーダーシップに関する考えについて、評議会メンバーの一人であるマックス・レヴチンの影響を強く受けた。レヴチンはペイパルの共同創業者の一人で、かつてはグーグルでエンジニアリング担当バイスプレジデントを務めていた。予想にたがわず、彼はソーシャルメディアの透明性がリーダーシップをつくり変える、それも良い方向につくり変えるだろうということについて明確な考えを持っていた。私たちが執筆した最初の評議会の報告書で、レヴチンは次のように述べている。[23]

ソーシャルメディアは、実質的に平等な立場の相手しかいないプラットフォームでコミュニケーションをとる機会をリーダーに与えます。カーテンを開けてそこにいる人たちと直接つながりを持ち、一人の感情を持った人間として振る舞える機会を得るのです。リーダーは、彼らのなかに入ってコミュニケーションをとることで信用を得ることができます。

直接のコミュニケーションによってフィードバックループは日単位から分単位に短縮されます。話し合いは、プロではあっても会社員にすぎない一新聞記者に対して一方的に単発でおこなう説明から、やる気にあふれた情熱的な参加者同士がおこなう対話になります。ソーシャルメディアは、本人のありのままの姿を伝えます。リーダーにとっては、素直な意見を言ってくる相手と一対一で向き合い、批判してくる相手と向き合い、自分に疑いを持つ相手と議論し、有意義に自分なりのメッセージを発信する機会となるでしょう。

実際、リーダーがつながりを持つことで恩恵を受けていることを示す証拠が増えている。[24] にもかかわらず、二〇一〇年になってもアメリカのCEOの六四%は、取締役会や従業員、顧客とのつながりを持つためのソーシャルメディアをまったく活用していなかった。[25] レヴチンが述べているように、リーダーにとっては自分の意見を伝え、自分がどんな目的を持ち、何が重要だと考えているかを世間に知らしめる大きなチャンスである。その過程で、リーダー自身の真の姿を見せることの重要性が浮き彫りになる。隠れる場所を失ったリーダーは次第に、日々の活動、プレッシャーのかかる状況で下す判断、そして発言内容と行動の整合性によって評価されるようになっている。これが、自分自身に関するメッセージの発信がきわめて重要な理由である。

》》》まとめ

企業のレジリエンスを高く保ち続けるのは非常に勇気がいることだ。短期主義や株主価値の偏重といった障壁を乗り越える勇気、かつてないほど声高に要求してくる市民に対応する勇気、現在と未来をつなぐメッセージを発信して説得力を生み出す勇気である。リーダーに従う人々は、リーダーを観察してこの勇気があるかどうかを見きわめる。未来にきわめて重要な存在となるのは、この勇気を持つリーダーである。

Chapter 12　The Leader's Journey to Authenticity

第12章 本物のリーダーの条件

フォロワーはリーダーの内面、価値観、目標などを理解し、リーダーの思いや情熱について聞きたいと思っている。そしてまた、リーダー自身の人生経験がどのように行動や選択と結びついているのかを知りたいと望んでいる。それに応えられるリーダーになるのは容易ではない。特に「トーナメント方式」でリーダーが選ばれる場合、過去の失敗や自信を失ったときのことには触れず、自分の性格や人生について隙のない説明をしたほうがリーダーの座に近づきやすいことが多い。また、内向的な性格のリーダーは自分の過去やプライベートを人に知られるのを嫌がるものだ。しかし、かつては外交的な人が圧倒的に多かったリーダーの座に内向的な人がつくケースが増えている。[1]

自分の生き方や価値観を他人に伝えることで認められ、信用を得るリーダーも確かにいる。第9章で、ポール・ポールマンが彼自身の原動力について話した内容を紹介した。[2]

私たちはすべてを欲しがり、結果として次の世代から資源や雇用機会を奪ったのです。いまこそ状況を改善しなければなりません。私たちは変化を起こすことができます。状況を改善して世界を正しい方向に導くことができます。そのために努力しなければなりません。

あなたのリーダーとしてのモチベーションは何かと尋ねられて、ポールマンは答えのなかに経済や戦略の用語を使わなかった。その両方について明確な目標を設定しているにもかかわらず、である。代わりに、子どものころの話や、個人的な価値観で企業についての考え方が変わったことを持ち出した。彼は自分の生き方や価値観について極端に楽観的な見方をしているわけではない。彼は自分を含むベビーブーム世代が後の世代に残した遺産の負の側面を認めている。それによって、フォロワーに対して、自分の経験、考え、価値観を織り込んだストーリーがリーダーとしての行動や目標と一致していることを示しているのだ。このストーリーは、ポールマン自身にとってもフォロワーにとっても重要である。フォロワーはそのストーリーを自分自身に置き換えることができる。ポールマンはプレッシャーのなかでも自分自身について話すことができるリーダーだ。

説得力のあるメッセージはむこう何十年にわたって生き続ける。ダノンの創業者、アントワーヌ・リブーの言葉をもう一度紹介しよう。[3]

企業の責任は、工場や事務所のなかにとどまるものではありません。企業の仕事は、すべての人の生活に影響を及ぼします。企業は燃料や原材料を消費しますが、それによって地球環境が変わります。われわれは社会からこの産業社会に責任を負っているという現実を突きつけられているのです。

この地域社会や世界のレジリエンスに関する考え方こそが、現ＣＥＯの指針となり、ダノンの多くの労働者が活動する原動力となってきたのだ。リーダーの多くは、過去から受け継いだ遺産を現在と結びつけ、さらに未来の展望に結びつけるストーリーを語ることができる。ここで、スタンダードチャータード銀行（ＳＣＢ）の現ＣＥＯであるピーター・サンズの言葉を紹介しよう。[4]

スタンダードチャータード銀行の遺産と価値観は、「Ｈｅｒｅ ｆｏｒ Ｇｏｏｄ」というブランド理念にはっきり示されています。基本的に私の原動力は、業績をできるだけ高めるとともに、働きやすく本当に社会を良くできる組織をつくることです。

深い経験や厳しい試練を通じて、世界観が変わったリーダーもいる。[5] 中東の武装組織から直接話を聞いた経験から彼らに対する理解と共感を強め、暴力組織のメンバーと協力するアイデアを考えついたグーグル・アイデアズのジャレッド・コーエンのことを思い出してみよう。彼が痛切に感じたのは「彼らは本当は武器よりもペンを持って勉強したいと思っている迷える人々」であるということだった。[6]

リーダーが「丸裸」にされる時代には、共感、内省、メッセージの発信がかつてないほど重要になる。リーダーが自分なりに過去と未来を結びつけるストーリーをフォロワーに伝え、それが共鳴を起こすことで、ありのままの自分をフォロワーに示す。言葉が重要なのは確かだが、フォロワーが気にするのは、価値観が試される困難な状況に直面したときにリーダーがとる行動であり、下す判断である。

本物のリーダーと自分で下す判断

フォロワーが相手を本物のリーダーかどうか判断する基準の一つは、知行合一ができているかである。ジェフリー・フェファー教授とロバート・サットン教授が明らかにしたように、リーダーが「これが重要である」と発言したところで、その知識に基づいて行動するとは限らない。[7] 知識と行動の食い違いは、結果が見えない状況でリーダーが判断を迫られたときに特に明らかになる。こうした状況で、借りものでない価値観に基づいて判断できるかどうかがリーダーのキャリアの分かれ目になる。

リーダーシップの研究者ウォレン・ベニスとノール・ティシーは、難しい判断を迫られたときに最も適切な判断を下す可能性が高いリーダーとは、自分自身をよく理解し、その自己認識と寸分の違いもない人物であることを突き止めた。[8] この自己認識は、どのように学習すればいいか、どのように現実と向き合うか、どのように見聞を広めるかを理解するのに役立つ。どれだけ積極的に自分を磨くかも重要だ。正しい判断を下せる人は、この自己認識をうまく利用し、自分を磨き、周囲を巻き込んで強力なチームを築き、フォロワーが良い判断を下せるように助言や指導をできるものである。

リーダーが大きなプレッシャーのなかで迅速な判断を迫られるケースが多いと聞いても驚くにはあたらない。必然的に、ほとんどのリーダーはしっかり分析したうえで判断を下すのではなく、直感や経験則、そして自分のストーリーやメッセージに基づいて判断することになる。したがって、それらが強力で価値観と結びついているほど、リーダーは意思決定をしやすくなる。さらに、この価値観を公約として発表していれば、苦しいときでもそれを守ろうとする意識が強まるだろう。

リーダーが本物を目指すのを阻む障壁

本物のリーダーを目指す過程は経験を自分のものにするための「内なる旅」と呼べるかもしれない。実際、多くの心理学者や精神分析家が気づいているように、充実した人生とは「内省のある人生」である。[9]

本物を目指すには経験が必要だ。リーダーが本物に近づけるのは、自分を試し、世界についての理解を深める「厳しい試練」を経たときであり、内省を通じて自分自身や自分にとって大切なものについて理解を深めたときであり、挫折を経験してそこから学ぶことができたときであり、周囲の人が率直に意見を聞かせてくれたときである。

だが、社内にはリーダーの「内なる旅」を妨げかねない大きな障壁がいくつもある。極度のプレッシャーが内省する時間を奪い、周囲のへつらいが正しいフィードバックを得る機会を失わせる。日々の現実に直面し、凄まじいプレッシャーが常にのしかかっているリーダーにとって、内省を習慣にするのは難しい。電子メールは間髪をいれずに送られてくるし、週末は出張で時間が潰れ、夜中まで電話に応じなければならない。グローバルなつながりによるプレッシャーはリーダーを目指す人に悪影響を及ぼしかねない。プライベートを浸食し、友人、パートナー、子どもたちと確かな絆を深めるのがきわめて難しくなる。

企業の権力構造や階層によって内省はさらに複雑になる。階段を上るように出世していく組織ではつきもののフォロワーのへつらいによって、本当の自分を理解するのが難しくなることもある。多くの企業でリーダーシップの源泉となっているのは権力だ。権力がリーダーの行動を正統化する。だが地位と権力は個人として学ぶために欠かせない率直で深いフィードバックを得る機会を大きく妨げるおそれもある。

リーダーを目指す人にとって、自分のものとして表現できる価値観を身に付け、難しい判断が迫られる状況でもその価値観に基づいて行動できることがかつてないほど重要になっている。だがその過程には、極度な仕事のプレッシャーやへつらいが障壁として立ちふさがることも多い。こうした障壁を乗り越えて「内なる旅」を後押しできている企業は、さまざまな取り組みをおこなっている。

1　「組織の周辺」を経験させる
2　「厳しい試練」を与える
3　内省と対話を促す

「組織の周辺」を経験させる──ノボノルディスク

世界経済フォーラム（ＷＥＦ）の同僚でマサチューセッツ工科大学教授のオットー・シャーマーは、リーダーを目指す人が彼の言う「組織の周辺」に置かれることの重要性について述べている。他人の立場で考えることができるようになるのはこうした現実に直面したときなのだ。[10]

ボストンカレッジの心理学者フィリップ・マービスは経営者がこの「組織の周辺」の経験をどうとらえているかを理解するために、デンマークの製薬会社ノボノルディスクのバイスプレジデントの団体に同行して、サンパウロの医療施設を訪れた。こうした医療施設には、世界に通用する小児がん施設もあれば毎日数千人の患者が押し寄せる病院もあり、リオの貧民街につくられた仮設の診療所もあった。[11]

マービスはリーダーについて研究するなかで、「組織の周辺」の経験は不可欠だが、変化を起こし、世界観を変えて自分のメッセージを新たにする機会を得るためには、内省する必要もあると主張した。ノボノルディスクの団体と一緒に彼らの言う「地域診断」に参加したときに、マービスはこの内省の過程を目の当たりにした。訪問を終えるたびに、彼らは時間をかけて自分たちが見た状況について考え、こうした状況についてどう理解しているか分析していたのである。自分たちにとってこれは何を意味するのか、未来に備えてレジリエンスの高い企業を率いるためにどんな意味があるのかについて、彼らは考えを巡らせていた。こうした経験は彼らの価値観と対立するものであり、自らのリーダーとしての役割とは何か、他の人が自分たちの仕事をどのように考えているのかについて気づきを与えるものでもあった。マービスは、参加した幹部の一人が次のように話していたと報告している。[12]

がん診療所のパレリ医師には心を動かされました。「私たちは保険に関係なく、親が費用を支払えるかに関係なく、すべての子どもにドアを開いています。最新のテクノロジーを使い、多くの子どもを治療しています。それでも命を落とす子どもはいます。私はこうした子どもたちに、命を落とすのは病気のせいであって、ブラジル人だからではないと知ってもらいたいのです[12]」

パレリ医師は無一文から糖尿病診療所をつくりました。実現に導いたのは、自分の行動に対する揺るぎない情熱と信念です。人や資金が足りないとか、障壁があるなどと不満を言うことはありませんでした。彼のビジョンと意欲を妨げるものは何もなかったのです。

この幹部はがん診療所のリーダーについて振り返り、自分自身の「人や資金、障壁」に関する不満について思い返し、資源がほとんどなくても「ビジョンと意欲を妨げられることなく」リーダーになることを考えられる人がいると気づいて反省していた。

このように自分を見つめ直すことは、自他の世の中に対する理解の仕方の違いを理解するために重要な役割を果たしていると言えるだろう。ただしマービスはこれが自分の内面だけでおこなわれるものではないとも述べている。幹部たちが自分の経験について話し合うと、その議論は個人的な認識や教訓から、集合的な考えや教訓にも発展する。マービスが見たところ、ノボノルディスクの幹部たちは互いに情報を共有することで、各自の価値観や態度を見直す機会を得ていた。

ノボノルディスクの幹部たちは、続いて官僚や現地幹部らと話し合うことで、この経験をさらに強く自分たちの心に刻んだ。そのことによって幹部たちは世界観を持ち、複数のステークホルダーの立場でこの経験を見直すことができた。こうした話し合いはきわめて重要な経験だったのである。自身でリーダーシップについて考えるときに、この幹部たちは他者のリーダーシップ観や勇気に強く影響を受けることが多かった。

こうした「組織の周辺」の経験を通じて、リーダーは自社の社会的、道徳的、環境的な影響について理解を深めることができる。マービスの研究が示すように、リーダー自身の世界観によってリーダーが率いる企業のレジリエンスに関する目標達成のペースと方向性が決まるのだ。[13]

「厳しい試練」を与える――ヒンドゥスタン・ユニリーバ

リーダーを目指す人は、「厳しい試練」を経る必要もある。私自身の人生を振り返ると、大学二年生のときに一〇〇ポンドだけを持って中東でヒッチハイクし、トルコやシリア、ヨルダンを旅した。この旅を通じて私は他人の人生に思いを寄せる「共感」を学び、自意識を試される厳しい試練を経験した。共感はきわめて重要である。ウォートン・スクールのスチュワート・フリードマンは

「人間関係が生まれて深まるのは、あなたが相手のなかに自分自身を見て、自分自身のなかに相手を見る場合であることは間違いありません」と述べている。[14]

世界経済フォーラムの「新しいリーダーシップモデルに関するグローバル顧問評議会」の一員であるダニエル・ゴールマンが次のように話したときに、私は自分の若いころの経験を思い出していた。[15]

人は安らかな生活から飛び出すものです。たとえば、わずかなお金を持って外国暮らしをするなどして辺境での現実を知ろうとします。違う文化での暮らしを体験すると、知らなかったものの考え方に気づき、他人の立場から自分の文化を見られるようになります。これはどんな組織を分析するのにも役に立つ体験です。あまりお金を持たずに生活すれば適応力が鍛えられ、知らないことや危険に対して物怖じしなくなります。その他に、しばらく社会奉仕に携われば能力が鍛えられるかもしれません。つまり、貧しい国でNGOの活動に参加するなど、ただ一番を目指すのではなく他人の要望を最優先にする役割を担うのです。いまでも発展途上国で生活するには常識を疑ってかかる必要があります。つまり少数派の立場で考えるのです。

あなた自身にも安全地帯を出て、自分でもとまどうような非日常経験をしたことがあるだろう。こうした厳しい試練にはジレンマや受け入れがたい事実がつきまとい、それを乗り越えなければならないことが多い。

未来のリーダーを育てる過程で、早いうちからこうした厳しい試練をあえて与えている企業もある。ヒンドゥスタン・ユニリーバ（HUL）が実践している「僻地勤務」を例に挙げよう。私は、アジアを拠点にしている農産物商社オーラムのCEO、サニー・ベリーズからその話をはじめて聞いた。二〇一〇年にシンガポールで開催されたヒューマン・キャピタル・サミットのCEOグループの一員であったベリーズに話を聞いていたときのことだ。私は彼がリーダーとして成長するためにどんな経験が一番大きかったかと尋ねた。彼は一九八二年に有名なインド経営大学院アフマダーバード校でMBAを取得していたので、私はその話をするだろうと予想していた。ところが、多才な経営者として知られるリーダーにしては意外なことに、彼は大学院生のときに六カ月間滞在したインドの農村での話をした。ベリーズは村人たちの暮らしぶり、願望や期待を肌で感じて理解し、共感を覚えた。彼は村々を巡って自社製品を売り歩き、客が製品をどのように使っているかを自分の目で見て、インド人の考え方や風習を体に染み込ませていった。そこで得たリーダーシップに対する考え方は彼のキャリアを通じて根強く残った。彼がグローバル企業オーラムのCEOにまで登り詰め、同社のリーダーシップの象徴となっている深く明確な価値観を築けたのはインドの農村での経験を通じて認識を深めたおかげなのだという。

サニー・ベリーズが二〇年以上前に経験した「僻地勤務」はHULの発展の基盤となり、現在でも続けられている。インドでも指折りの消費財企業として、同社はインド全土に一〇〇万以上の小売店を持ち、結果として厳しい試練を与えられるのが当たり前になっている。HULのエグゼクティブダイレクター、レーナ・ナーイルは次のように考える。[16]

感受性の強い若手マネジャーが現場で現実を目の当たりにすると、多くは大都市で育ったときには感じなかった感情を抱くようになる。こうした村落での経験はキャリアを通じて残り、より人間的なマネジャーになるために大きな役割を果たす。僻地勤務は三〇年以上前から幹部教育プログラムの一環として続けられており、ＨＵＬが長年リーダーシップの質を維持するのに重要な役割を果たしてきた。

由緒ある同社にとって、僻地勤務を続ける決断は易しいものではなかった。勤務は長期にわたり、外国で教育を受けた若い新入社員はインドの村落で卸売業者に石鹸や紅茶、シャンプーを売り歩きたいとは思わない。実際、この仕事の大変さは、二〇年以上前にサニー・ベリーズが体験したときと変わっていない。新人はいまでも一番暑い時期や雨季に長距離を移動し、訪問販売員と生活をともにし、同じロッジに滞在して同じ食事を摂り、怪しげな色の液体を飲む。

いまでは僻地勤務の期間は短縮されて六〜八週間になったものの、ＨＵＬの一二カ月間におよぶ研修プログラムの大事な要素であることに変わりはなく、大学を卒業したばかりの若者がインドの農村での暮らしを体験し、地域社会に貢献する機会を提供している。最近では、新人が村落での暮らしを体験する間に、地方の特産品を直接取引するためのサプライチェーンを築き、手洗いの利点について人々の認識を高め、家族計画に関する教育を地域でおこない、現地の学校で指導するようになっている。

内省と対話を促す——スタンダードチャータード銀行

こうした経験も、それだけではほとんど意味がない。この経験の意味を把握し、自分の人格形成に取り込む機会をつくるのは、「理解して吸収する」という過程である。この吸収という過程には、他人と濃密で有意義な話し合いをすることが欠かせない。おそらくどんな人よりも、いまリーダーを務めている人やリーダーを目指す人は、相手と話し合って内省することが不可欠だろう。自分に対して心を開いて率直に意見を言ってくれる相手、自分が直面しているプレッシャーについて理解してくれる相手が必要なのだ。

スタンダードチャータード銀行を例に挙げよう。同行では、ここ二〇年ジェラルディン・ヘイリーがリーダー候補の育成に携わってきた。この取り組みは創業当時からおこなわれ、長年務めてきた歴代のCEOが重要な役割を果たしてきた。歴代のCEO(一九九八~二〇〇一年のラーナ・タルワー、二〇〇一~〇六年にCEOを務めた後に二〇〇六~〇九年に会長になったマービン・デイビス、二〇〇六年から現在までCEOを務めているピーター・サンズ)は、同銀行の使命について語り継いできたのだ。その中心となるのが二〇一〇年につくられた「Here for Good」という理念である。この言葉は、同銀行にとってきわめて重要な核となるレジリエンスと、地域社会にもたらすべき価値の両方を指している。

この価値観と理念を明確に示す言葉は、リーダーシップ開発の基準となっている。[17] ジェラルディン・ヘイリーは次のように話している。[18]

当行では、従業員が非日常の素晴らしい体験をする機会があります。さまざまな国籍・世代の人と一緒に働けるのです。したがって、このばらばらな従業員を一つにまとめる説得力のある言葉が目的意識となります。私たちは当行のすべてのリーダーに「あなたの核となる目的は何か？」「その目的は『Ｈｅｒｅ ｆｏｒ Ｇｏｏｄ』という理念とどう関係しているか？」と尋ねます。リーダーが全人格を仕事に生かすことを望んでいるのです。自分が暮らすこの世界で変化を起こすことを期待しています。

従業員が目的意識の高い本物のリーダーを目指すのを同行が支援する方法はいくつもあるが、ヘイリーの経験では、最も大きな影響を与える取り組みは四つある。新たに加入した幹部を最初の一〇〇日間支援すること、経営陣が本物のチームになること、メッセージで影響を与えること、さまざまなジレンマや判断についてリーダーにじっくり考えさせることの四つだ。

【最初の一〇〇日間について振り返る】

一般的に後継者選びの担当者はリーダーの七〇～八〇％を社内で育成し、残り二〇％のリーダーは社外から幹部として招聘している。ＳＣＢのように急成長している組織や、新たな業種や地域に進出した企業では、この割合が通常高くなる。新しいアイデアやスキルを外部から取り入れるのはリーダーシップを活性化するために重要だが、新しく着任した幹部が企業の価値観や理念に合った行動をとるのに苦労すると、混乱を生むおそれもある。

外部の人材を選ぶ過程が、自社の価値観に最も合うと思われる価値観を持つ人材を見きわめるために重要な役割を果たすのは明らかだ。しかし慎重に人材を選んだとしても、社内で適応するまでの期間が多くの幹部にとって成功を左右する可能性もある。この問題を解消するために、SCBで新たに指名された幹部は、社内で選抜された場合でも社外から招聘された場合でも、「失敗」の経験よりも「成功」の経験に重点が置かれる。成功の確率を高めるために、最初の一〇〇日間、グローバルな幹部をはじめて経験する全員が密接に連携して働く。多くの入社研修と同じように、新任の幹部にとって特に重要なのは、同銀行のリーダーたちから五日間にわたって指導を受けるグローバル研修だ。これは、経営陣から企業の目的に合った日々の振る舞い方や生活の仕方について話を聞ける貴重な機会となる。

最初の一〇〇日間、新任の幹部に必ず世話役《ファシリテーター》がつくというのは少し珍しいかもしれない。世話役の目的はその幹部と密接に連携することである。そのため、たとえば幹部に従って最初のチームミーティングに出席し、ミーティングの成果について一緒に反省するといった重要な活動で幹部の支えとなる。世話役の役割は、幹部に対してあるべきリーダーの姿について自分なりに分析させ、他人との接し方について反省を促し、それが企業の価値観とどれだけ一致しているか考えさせることである。

【経営陣がチームになる】

現実には、リーダーが成功するか失敗するかは、自分のチームをどう導くか、経営陣というチームの一員としてどう活動するかによって決まる。優先順位の高い事業に関わるチームには、最初のうちはフルタイムで付き添う世話役があてがわれる。経営会議で幹部同士が親交を深められるようにするという取り組みはすでに当たり前になっている。そのため、各幹部が自分の人生について、自分が影響を受けた経験について話すよう求められる。ヘイリーは次のように話す。[19]

チームの振る舞いを変えるには、ざっくばらんに話し合って互いに理解を深められる機会をつくる必要があります。最初はぎこちない会話になりますが、会話がぎこちないうちに敢えてしっかりとした絆をつくることで、ブレインストーミングを加速させています。

チームが結成されたばかりのときにおこなわれる話し合いが、往々にして経営陣の行動に大きな影響を与える。初期のミーティングはうまく進まないこともあるため、ほぼ決まって世話役がつき、通常はこの世話役を務めた従業員が二〜三年後にチームに加わる。世話役は常に、リーダーに対して「状況に敏感でなければならない」という一貫したメッセージを伝える。これは、リーダーはチームの活動を取り巻く状況を十分に理解し、チームの文化的なニュアンスや価値観に共感しなければならないという意味だ。リーダーや経営陣の信頼性を高め、業績を伸ばす可能性を高めるのはこの理解と共感なのである。

なければならない。ヘイリーは次のように話している。[20]

「一対一の指導やチーム支援は、SCBでレジリエンスと目的意識の高いリーダーを育てるために重要な役割を果たしている。同銀行のリーダーが自分の仕事や私生活、これまでに直面してきた問題、現在抱えている問題について、包み隠さず話す責任も同じく重要である。そのため、幹部は何を支持するのか、どのように学んできたのか、どのような間違いをしてきたのか、自分なりに語れなければならない。」

このように自分について話すことで自己認識が深まり、強力なメッセージとなって新風を吹き込む可能性もあります。それは真のリーダーになるために欠かせない過程なのです。なぜなら、この過程で、幹部自身が自分の弱さや間違いをさらけ出すことで彼らについて語られるさまざまな神話が誤りであることに気づかせるためです。それがリーダーとフォロワーの距離を縮めることにもなります。企業が次第に透明性を高めてつながりが強まり、リーダーの役割が権力や立場を利用することから率直に問題を分かち合うことになってきているなかで、これは重要なことです。リーダーは自分について話すことでフォロワーとの距離を縮め、親近感を生むのです。

【メッセージとリーダーシップ】

ホールセールバンキング担当CEOのマイク・リースにとって、自分についてのメッセージの発信とは、同社の上位二〇〇人が受ける研修プログラムで世話役の一人になることである。このプログラムの一環で、リースは自分自身の経験やかつての過ちについて率直に包み隠さず話した。すなわち、子ども時代の経験が現在の自分に与えた影響や結婚生活、さらには仕事のプレッシャーが家族に与えた影響について話したのだ。彼はこうやって自分をさらけ出すことが部下たちの手本になると考えている。それにより、ノール・ティシーの言うところの「指導可能な視点」を身に付け、自分のアイデアや価値観を伝え、部下が明確に重要な判断を下すのを手助けしているのだ。[21]

【ジレンマと判断】

厳しい試練を経験し、指導と助言を受けることは、幹部の内なる旅を支えるために重要な役割を果たす。ヘイリーはSCBでの経験を振り返り、もう一つ重要な役割を果たす取り組みがあると考えている。それは、経営陣がジレンマに陥り、判断を迫られたときに支援することだ。

その狙いは、同行の核となる価値観を示す「Here for Good」という理念の真価を問うことにある。考えるべき疑問は「環境的・社会的な基準を満たすために、どうすれば取引先と協力して『永久に社会貢献できる力』になれるか?」「社会貢献しなかった場合、地域社会にどんな影響を与えるか?」である。すべてのジレンマがそうであるように、いつも結果がわかっているとは限らない。場合によっては、既存の取引先への融資を断るのが正しいかもしれない。場合によっては、環境や社会に与える悪影響を軽減することと、プロジェクトが経済や周辺地域にもたらすメリットのどちらが重要かを経営陣が比較検討しなければならないこともある。ウォレン・ベニスとノール・ティシーによるリーダーの意思決定についての研究からも明らかになっているように、こうした判断がどのようにおこなわれるかを理解することは、幹部の価値観や理念を支えるためにきわめて重要となる。[22]

まとめ

かつてないほど透明性が高まり、リーダーが説得力のあるメッセージを発信することをY世代が期待しているいま、リーダーが目的意識を持つことがきわめて重要である。しかし、リーダーの行く先にはさまざまな障壁が立ちふさがる。極度な仕事のプレッシャーによって内省の機会が奪われ、権力構造に縛られていて、周囲のへつらいから逃れるのは難しい。しかし、これまで見たように、企業という構造のなかでもリーダーを目指す人が自分は何者なのかを見つめ直し、他人との関わり方について考える機会をつくり出すことは可能なのだ。

Chapter 13 The Leader's Journey to a Worldview

第13章 世界を見据える視座を持つ

未来企業のリーダーシップとはどのようなものだろうか。グローバルな視野を持つリーダー、社内だけでなく社外にも目を配れるリーダー、長期的な視野に立てるリーダー、世界の複雑な仕組みに気づき、互いに依存していることを受け入れるリーダーの姿が、私には見える。今日のリーダーたちは、グローバルな問題（温室効果ガス排出や気候変動など）や地域の問題（人口動態や人口増加など）から、国家や地方の問題（不況、失業、政治体制の機能不全など）まで、社外で起こっているさまざまな問題に取り組んでいる。リーダーとはいまや特定の地域、状況、国についてだけ考えるのではなく、さまざまな状況、さまざまな国のニーズについて考え、応える存在なのだ。そのためには、世界を見据える視座を持つリーダーを目指さなければならない。世界経済フォーラム（WEF）の「新しいリーダーシップモデルに関するグローバル顧問評議会」の仲間で、心理学者でもあるダニエル・ゴールマンは「二つの方向に気を配れるリーダー、つまり組織全体に目を配ると同時に、微妙な兆候にも気づくことのできるリーダーが必要だ」と述べている。明敏なリーダーは、この世界の相互依存性を積極的に見抜いて理解し、ありがちな盲点を見逃さない。[1]

こうした問題を体系的に見れば、現在だけについて考えるのではなく、長期的な視野を持ち、一部の人ではなく、多数の人を考慮して意思決定をするのが容易になります。明日のリーダーに求められるのは、いま運営している組織の枠組みにとらわれず、組織の未来のあり方に目を向けることです。

リーダーにとって難しいのは、これ以上ないほど複雑な未来を理解することだ。この先直面していく問題は、白黒をはっきりつけられるようなものでも、合理的・論理的に考えて容易に解決できるようなものでもない。むしろ、厄介で複雑でさまざまな要素が絡み合ったものであり、問題の一面を解決しようと対策を講じると、別の一面で思いがけない結果を招く可能性が高い。つまり、問題の多くは、いくつもの問題が絡み合ったもっと大きな問題の一部なのだ。WEFの同僚オットー・シャーマーは次のように述べている。[2]

リーダーシップにはさまざまな次元があり、リーダーは組織の垣根を越えて考え、感じ、行動しなければならない。リーダーはまた、エコシステム全体のレベルで共感知し、共創造できなくてはならない。企業のリーダーは自社の影響が及ぶ範囲で考え、行動する必要がある。NGOや政界のリーダーは従来の目的や地域の枠を越えて考える必要がある。現在のリーダーシップにおける最大の課題は、エコシステムと〝エゴ〟システムの矛盾に対処することである。リーダーの新しい仕事は、個人やグループが（狭い利益集団を満足させる）〝エゴ〟システムから、

（全体を満足させる）エコシステムに意識を切り替える手助けすることである。〝エゴ〟システムからエコシステムの認識に移行するには、存在と自己の源に至る、知性的、感情的、社会的な旅をしなければならない。

幹部の世界観を広げるために企業がおこなっている取り組みは三つある。

1 「裁量の時間幅」を長くする
2 多様性のある広範な人脈を築かせる
3 協力体制を築く

「裁量の時間幅」を長くする—— ロイヤル・ダッチ・シェル

企業の幹部にとって未来を意識するのは大事だが、短期的なプレッシャーに常にさらされていると、長期的な視野に立って複雑な判断をおこなうのが困難になる。過去から現在を経て未来に思いを馳せることのできる「時間的展望」とでも呼ぶべき、長期的な視野を鍛えることが重要になる。ロンドンにあるタビストック人間関係研究所の共同創業者の一人、エリオット・ジャックスはこの時間的展望について「裁量の時間幅」という言葉を使って説明している。この「裁量の時間幅」には三段階の成熟度がある。[3] 第一段階は業務計画レベルで仕事をする能力。仕事の目標は現在の価値を高めることで、その成果は二年以内に明らかになる。第二段階は、業務計画レベルを超えて組織レベルで活動する能力である。この場合、目標は戦略計画や戦略的意図の策定で、組織の長期的な目標に重点を置く。この第二段階では、個人の活動期間は最長一〇年に及ぶ。最も高い第三段階は戦略計画レベルで活動する能力であり、長期的な戦略を機能させて、組織を後世に持続させる可能性を重視する。この段階における知的活動の時間幅は二五年を超えることもある。

リーダーシップに関して言えば、最も長い「裁量の時間幅」で活動できる人材を見つけて育成することがますます重要になってくるだろう。ジャックスは、リーダーがキャリアを積み、より多くの機会と問題に直面するにつれて、第一段階から第三段階へと移行していくと考えた。最も長い「裁量の時間幅」で活動することがとりわけ重要な企業もある。ロイヤル・ダッチ・シェルのヨルマ・オリラ会長は、二〇一二年一〇月にニューヨークで開かれたフィナンシャルタイムズのビジネスブック・オブ・ザ・イヤー授賞式の席上でおこなったスピーチで次のように話している。[4]

未来のグローバルな問題に立ち向かおうとする政財界のリーダーが備えているべき不可欠な資質があります。これまでの商売や政治のやり方では、目的を達成できないでしょう。この新時代のリーダーは、謙虚な気持ちで、他人の立場で考え、人々の原動力は何かを理解する必要があります。成功するには他人の便宜を図らなければならないことを認識する必要があります。レ先見の明を養って、日々のわずかな変化からトレンドや問題を見つけ出す必要があります。

ジリエンスを高めて、激変する世界のもたらす問題に立ち向かう必要があるのです。

未来を見通す力は、シェルの成功にきわめて重要な役割を果たした。一九七〇年代はじめから、経営陣は従来の石油備蓄量の予測やその影響によって、未来への視野があまりに狭く限定的になっていることに気づきはじめていた。石炭から液体燃料への移行に時間がかかったことからもわかるように、この業界は一般に変化がゆっくり起こるが、アメリカのシェールガス革命が示しているように急激な変化が起こることもある。

同時に、シェルの経営陣は、アメリカ軍が冷戦の間に核戦争の可能性など、各種の「思いもよらない」未来のシナリオをつくり、それについて議論していることも知っていた。軍は、シナリオを公開することで、戦略を単純な一次元の未来モデルからはるかに動的で複雑なものに変えられるということに気づきはじめていたのだ。ジャックスが考えていたように、認知思考の幅が広がれば、「裁量の時間幅」も広がる。シェルの経営陣も同様の認識を持った。そして、思いもよらない未来のシナリオの概念を戦争という領域からビジネスという領域に発展させたのである。

初期のシナリオでは、アラブ諸国の原油禁輸措置やそれによる原油価格の高騰に与える影響など、さまざまな可能性を探った。実現する可能性のあるこのシナリオを通じて考え、世界じゅうの幹部とともに、計画実行についてのリハーサルを重ねて備えていたため、シェルの経営陣は一九七三年にこのシナリオが現実のものになったときに素早く行動に移すことができた。結果として、シェルは石油会社のなかでオイルショックの影響を真っ先に脱した。それ以来、ピエール・ワック、キース・ヴァン＝デル＝ハイデン、アリー・デ・グースといった歴代のシナリオプランナーは、この考え方をさらに発展させ、磨きをかけてきた。[5] シェルのシナリオ開発における草分けの一人であるピーター・シュワルツは次のように述べている。[6]

シナリオを効果的な計画ツールにするためには、組織の成功に関連するさまざまな未来の姿を、興味をかきたてると同時に説得力のある表現によって示す必要があります。十分に考えたうえで信頼性の高い筋書きを書けば、リーダーはシナリオに夢中になり、シナリオが現実になったときに起こる変化に対して組織がどう対処できるかについて、新しい角度から理解を深めることができるでしょう。リーダーがシナリオに夢中になればなるほど、重要であっても気づきにくい隠れた意味に気づくことができます。そのうえ、夢中になれるような筋書きのシナリオは組織内で迅速に回し読みをすることができ、あらゆるレベルの管理をおこなう意思決定者の記憶に残りやすくなります。

二〇一〇年の時点で、このシナリオには未来に関する二つの異なるビジョンがあった。「未来の青写真シナリオ」と「争奪戦シナリオ」である。[7] 後者が示していたのは、残ったエネルギー資源を巡って国と国が入り乱れて競い合う二〇三〇年の世界である。この争いによって二酸化炭素濃度が急上昇し、気候変動がさらに加速する。「未来の青写真シナリオ」では、国や企業がより協調的で、グローバルな協力体制が築かれ、結果として資源の消費が抑えられて、代替エネルギーの分野で多大な投資がおこなわれる。

私は長年、グローバルビジネス環境チームで現在主任政治アナリストを務めるチョー・コーン博士と一緒に仕事をしているが、彼はこの状況について次のように述べている。[8]

シナリオ構築の過程は、大きな投網を打ってから狭めていくという作業に他なりません。理想としては、目の前の問題ができるだけ意欲をかき立てる困難なものであってもらいたいと思っています。良いシナリオとは、可能性の高い問題だけでなく、可能性の低い問題も探るものであり、読み手の常識を覆すような関連のある問題を示し、大きな問題が迫ったときの心構えを促すものです。こうしたシナリオによって議論するのに都合の良い状況が生まれ、方針や戦略が見直され、共通の認識がつくられて、行動を起こす約束につながります。

シェルの数十年にわたる歴代のシナリオプランナーは、おそらくどの組織よりも前向きに取り組み、長期的な世界観を持つために時間と資源をつぎ込み続けてきた。鍵となっているのは、事実と話し合いのバランスをとることだ。

【事実と対話を通じて先見の明を養う】

それぞれのシナリオづくりは、人口増加、社会動向、氷河融解、異常気象といったトレンドについて研究・分析している専門家を世界じゅうから探すことからはじまる。シナリオが強力なのは、非常に幅広い事実、トレンド、メッセージを組み合わせているためだ。こうした事実を集めてトレンドの可能性を見つけ出し、シナリオチームと社内外の専門家が話し合って磨きをかけていく。事実については前段階のワークショップで議論を重ねているため、シェルの意思決定者は主要なトレンドによる影響についてじっくり考えることができる。この過程で、トレンドが洗練されてシナリオメッセージとなるのだ。こうした話し合いには、年齢、職種、社歴、国籍、経験がばらばらの従業員で構成された社内のグループだけでなく、社外の人材もカンフル剤として参加することが多い。チョー・コーンが述べているように、これはきわめて重要なことである[9]。

> 参加者は経営陣や専門家だけではなく、根っから好奇心が強く、自分自身について、周囲の世界についてもっと深く理解したいという意欲にあふれたあらゆる人々です。

この集合的対話の過程を経て、未来に関する知識やメッセージが交換され、グループは重要な問題について共通の理解を深めていく。

しかし、歴代のシナリオプランナーが証言するように、シナリオの価値は事実やトレンドのなかにだけあるのではない。これらがシナリオの枠組みになるのは確かだが、残りの価値は話し合いやグループディスカッションをおこなうことから得られる。シナリオが未来について考えるための素晴らしい枠組みとなり、話し合ってアイデアや見識を交換することでこうしたアイデアを吸収する機会が生まれる。プレッシャーのかかる状況で一致団結した行動を迫られるシェルのような企業では、このグループディスカッションによって、すべての幹部が世界を見据え、確かな視点を持つことができるようになる。こうした話し合いについて、チョー・コーンは「彼らはワークショップの最後に『これを行動に移す必要がある』と話すことが多く、とるべき行動について確信と勇気を強めます」と話している。

シェルのシナリオプランニングの過程とシナリオの精度を高める一連の話し合いは、経営陣や未来のリーダーたちが世界観を持つに至る道筋を示すものだ。この過程を経てきた人々の経験から、多様な事実について考えることとグループでの対話がその鍵であることは明らかである。

［グループでの対話］

長年にわたって私は何度もこうしたシナリオワークショップに参加してきた。シェルのシナリオワークショップでは実際にどんなことがおこなわれているのか。典型的なやり方として、まず、およそ三〇人が一日または半日のワークショップに参加する。会場では互いの顔がよく見えるように席につく。ときには輪をつくるように椅子が並べられていることもある。そこでどんなことが起こっているのか、理解を深めるために、一九九六年に物理学者デヴィッド・ボームが集団のなかでアイデアがどのように生まれ、保たれるかについて著した論文、『ダイアローグ』をひもといてみよう。[10] 彼はこんなふうに述べている。

コミュニケーションで新しいものが創造されるのは、人々が偏見を持たず、互いに影響を与えようとすることもなく、また、相手の話に自由に耳を傾けられる場合に限られる。まずは双方の話し手が、真実と、一貫性のあることに関心を持つことが大事だ。

対話やグループディスカッションに関するボームの考え方は、シェルでシナリオプランニングを担当してきた歴代の組織開発の専門家に大きな影響を与えてきた。ボームは、集団レベルでアイデアが保たれるのは、一五～四〇人のグループで各自が対話に臨む準備ができている場合のみだと考えている。こうした対話では、質の高さがきわめて重要となる。科学者として、ボームはグループでの話し合いが「ピンポンのように人々が考えをあちこちに打っている状態になり、ゲームの目的が勝つか、自分のために点を得ること」になっている場面を何度も見てきた。しかし、シェルでシナリオづくりに携わる人々と同じように、彼は対話には「ともに参加するという以上の意味があり、人々は互いに戦うのではなく、『ともに』戦っている。つまり、誰もが勝者なのである」と考えている。[11]

ボームが理想とする対話の多くを、私はシェルのシナリオワークショップで体験した。グループで話し合うときに、誰かが決まったテーマについて一方的に話すのではなく、さまざまな方向に展開し、繰り返し語られるおかげで、自分が前提としている事実に隠された意味をじっくり考えることができた。落ち着いて考えることで偏見から自由になり、好奇心を高める余裕が持てたこともあった。こうした話し合いができるおかげで、互いの話をじっくり聞くため、似た者同士であろうとなかろうと、グループ内で互いへの思いやりが深まったのである。

こうしたグループでの対話はかなり珍しい経験であり、私は心理学者として、そこでおこなわれていることに強い関心を持っている。一九七〇年代以降、シェルの歴代のシナリオチームは、世界各地の従業員が裁量の時間幅を長くして、より複雑な世界観を構築する大きなきっかけをつくってきた。

【多様性のある人脈を築かせる】

ロイヤル・ダッチ・シェルで展開されるシナリオプランニングの過程を間近で見たチョー・コーンは、人脈の広さ、深さ、多様さが幹部の世界観をおおいに高めることをはっきりと理解した。彼は次のように話している。[12]

話し合いで最も大きな役割を果たす人とは、さまざまな情報源から認識を深められる人です。そのため、人脈が狭く限られている人は、あまりアイデアをもたらしません。

したがって、シェルの経営陣が長年にわたってさまざまな方法で幹部の人脈を広げようと試みてきたのは驚くまでもないだろう。たとえば、優秀な若者たちをシナリオワークショップに参加させるだけでなく、シナリオチームの一員に加えてきた。また、経営陣は、外部とのつながりを築き、研究者、専門家、ＮＧＯのメンバー、地域社会の指導者などと交流を深めることが世界を見据えるために重要であることも理解している。

スタンダードチャータード銀行でも、同じように幹部の人脈づくりに力を注いでいる。ジェラルディン・ヘイリーは「世界じゅうで何が起こっているかを認識して分析するという、リーダーに欠かせない能力をもたらすのはこうした人脈です」と話す。[13] WEFのような平等な立場に基づく人脈を利用する幹部もいれば、NGOのリーダーとしての活動に時間を費やす幹部、第三セクターでの協力体制に積極的に乗り出す幹部もいる。こうした人脈を利用することで、素早くビジネスに関する認識を深め、未来の傾向を確実に把握するための情報が迅速に集まってくる。また、他の人がおこなっている試みを学び、成功と失敗の両方を学ぶ機会にもなる。

本書で紹介した多くの人々は、人間関係や人脈の重要性をはっきりと理解していた。ダノンのフランク・リブーがムハマド・ユヌスと協力したこと、グーグルのジャレッド・コーエンが社会人になりたての頃に築いた人脈がその後の活動を大きく加速させたことを思い出してほしい。

この一〇年間、私はこうした人脈を築くには何が必要かについて研究を重ねてきた。企業について前に記した『Ｈｏｔ Ｓｐｏｔｓ』では、エネルギーにあふれてイノベーションが活発なチームでは必ず多様性のある人脈が築かれていて、そのおかげでチームのメンバーは新しい情報源を得て、その情報源から革新的な組み合わせが生まれることを示した。[14] その続編の『Ｇｌｏｗ』では企業や社内のチームから個人に視点を移し、大きな成功を収める人とは、人生のなかで自分とは違う人々に手を差し伸べる機会をつくる人であることが多いと述べた。[15]『ワーク・シフト』では数十年後の人間関係や人脈がどうなるかについて考察し、緊密で親密な人脈「ポッセ」だけでなく、大規模で多様性のある人脈「ビッグアイデア・クラウド」を築くことも重要であると書いた。[16]

リーダーが小規模で濃密な「派閥」の人脈しか築いていない場合、世界に対する見識が狭くなりやすい。対照的に、広範な人脈のある人はより客観的に世界を見据えている。しっかりと人脈を築けるリーダーは、特定の資源、良い機会、新たな情報へのアクセスの面で有利である。[17] 彼らは人脈に乏しいリーダーよりも早く好機をとらえることができ、互恵的な人間関係に基いて信頼関係を築き、協調を実現できる。[18]

多様性のある広範な人脈を築く――アーラ・フーズ

従業員が多様性のある広範な人脈を築き、入社直後から世界観を持つように促している企業を紹介しよう。七二〇〇人のスウェーデンおよびデンマークの牛乳業者が所有する共同会社で、一三カ国に製造施設を持ち、さらに二〇カ国に販売拠点を持っていて、アーラ、キャステロ、ルアーパックといったブランドを抱えるアーラ・フーズだ。一国で成功していた多くの企業がそうであるように、アーラ・フーズの事業が拡大するにつれ、経営陣は未来のリーダーシップについて考え直す必要があった。そのために、まずは未来に欠かせなくなると思われるリーダーシップの四つの能力を特定した。学び続けること、グローバルな考えを身に付けて偏見を捨てること、自己啓発を怠らないこと、そして人脈を築くことである。次に、こうしたリーダーシップの能力を高められる人材探しに乗り出した。

まずは、もともと好奇心が強く、世界的視野をある程度持っている若者を集めることにした。履歴書を丹念に読み、長期にわたって外国での就労、生活経験のある者を第一次選抜で通し、その後いくつもの心理テストを実施して候補者たちの価値観や姿勢を明らかにし、一日がかりの評価セミナーを実施して各自の好奇心の強さや率直さを見きわめた。

こうした若者たちが実際に入社すると、課題は人脈づくりと世界観の醸成に移った。これを実現するために、リーダーシップ育成チームは二年間のプログラムを用意して、八カ月ごとに外国で専門外の業務を担当させた。若者たちはアルゼンチン、カナダ、ロシア、スウェーデンなどに派遣され、そこで暮らしながら人脈を築いて人間関係を深め、それを足掛かりにして次のプロジェクトへと進んだ。この二年間のプログラムでは、プロジェクト管理、自己啓発、リーダーシップ研修などをおこなう一週間ごとの五つのセッションを通じ、若者たちのスキルと能力を高めた。その後、若者たちは二つの主要なプロジェクトに携わる小規模なチームの一員となり、学んだ知識を実践する機会を与えられた。こうしたプロジェクトはそれぞれ六～八週間続き、業務上の重要な問題やアーラ・フーズが直面している問題に重点的に取り組むよう若者たちに促した。

これらの取り組みのなかで特に私が気になったのは、未来のリーダーに世界観を持たせ、好奇心をかきたて、多様性のある広範な人脈を築かせるために莫大な資金を投じている企業が存在するという点だ。人事担当グループ長のオーラ・アルビドソンは、アーラ・フーズの経営陣がこうした投資を続けた理由には、そうすることにさまざまな利点があるからだと説明してくれた。新入社員がグローバルで大局的な見方を身に付け、偏見を克服するのは間違いない。また、興味深いことに、この取り組みのなかで核となっている自己啓発の習慣はその後も失われないようで、プログラムを通じて磨いたスキルは仕事を進めるための基盤になっている。最も重要なのは、豊富な人脈を築くことで大きな恩恵が受けられることだろう。多様性のあるグループの各メンバー同士にも強力な人間関係が築かれるが、配置転換やプロジェクトを通じて、世界じゅうで多様性のある人脈を築く機会も得られるのだ[19]。

セレンディピティを可能にする――LG

私は同僚のスマントラ・ゴシャールと一緒に、香港であるエグゼクティブセッションに出席したときのことを鮮明に覚えている。一九九〇年代はじめのことで、ロンドン・ビジネススクールの「グローバル・ビジネス・コンソーシアム」プログラムを指揮するためだった。スマントラと私は、ともにリーダーシップには人脈が重要であると考えるようになっていたため、世界じゅうの六つの企業から六人ずつのリーダー候補を部屋に集めていた。私たちの目的は、この三六人のグループをヨーロッパ、南アメリカ、アジアに派遣し、世界がどう変わっているのか肌で感じてもらい、それが自分の企業にとって、あるいは他の企業にとって何を意味するのかを考えてもらうことだった。まずは、各参加者に自分の性格をよく表すエピソードを詳しく話してもらった。

香港で彼らから聞いた話のなかで特に印象深かったのは、韓国企業、金星社の幹部の一人が話したストーリーである。彼は未来のリーダー候補として、一年間の有給休暇が与えられたときのことを話した。そのとき部屋にいた参加者の多くは、彼がその一年の間にハーバード・ビジネススクールのエグゼクティブプログラムを受けるか、マサチューセッツ工科大学のスローン経営大学院に通ったと思ったことだろう。しかし、そこにいた誰もが驚いたことには、彼はその一年間を趣味であるオペラについて理解を深めるために使うことにしたというのだ。室内を見渡すと、驚きの表情を浮かべる者もいれば、純粋に面白がっている者もいた。もしかすると、自分自身の上司に世界じゅうのオペラハウス巡りをしたいからという理由で一年間の休暇を願い出たらどうなるか想像してみていたのかもしれない。

私はこの話をよく思い出して、受講生たちにも折に触れて聞かせてきた。話には続きがある。二〇一二年までに金星社は社名をＬＧと改め、例のオペラ好きの幹部はヨーロッパに展開する多数の電子部門の責任者になった。ちなみにそのグローバル収益は五〇〇億ドル、営業利益は一〇億ドルである。興味深いことに、世界的視野を持つことはＬＧがヨーロッパに進出するためにきわめて重要なことで、例のオペラ好きの幹部にとっては一年間の有給休暇中の経験が、その後の仕事に必要な世界観をつくるために重要な役割を果たしたことになる。だがそれは、アーラ・フーズの場合と違って経営陣が意図した結果ではなかった。むしろ「セレンディピティ——意図せざる体験、思いがけない出会い」だったのである。

若く才能のある韓国人の企業幹部が一年間オペラ漬けになるとどうなるか少し考えてみよう。世界じゅうを旅するなかでさまざまな人と知り合い、少しずつ他の人との交流を深めていく。オペラ歌手やオペラファン、指揮者や演出家、資金調達者、舞台監督と知り合う。実際、オペラに携わる人は世界じゅうにいる。オペラはニューヨーク、ロンドン、シドニー、北京、ウィーンなど世界各地で上演されているため、彼は世界各地を転々とすることにもなる。そしてもちろん、自分の専門分野とはまるで違う、独自の感性やスタイル、創造性が求められる分野でモノづくりの過程を肌で感じられる。一年の間に独自のビッグアイデア・クラウドを築ける可能性がある。さまざまな人が世界じゅうで自分とはまるで違う分野の仕事に取り組んでいるのだ。

こうした多様性のある人脈がオペラ三昧の一年が終わった後も彼の支えになるとしたらどうなるだろう。その一年間で、彼は明らかに世界的な視野を手に入れた。創造的な感性について学んだのだ。この体験は、欧米市場向けの電子製品をデザインして販売するために、LGにとってはきわめて重要だった。指揮者と出会い、オーケストラを観察することで、複雑な協調を実現するための見識が広まる。英語でコミュニケーションし、世界各地の暮らしを体験し、その過程で他の音楽ファンと交流を深める。おそらく最も重要なのは、垣根を越えて関係を築き、それによって自分なりの世界観を持つことの重要性を認識することだ。

協力体制を築く——セーブ・ザ・チルドレン

「組織の周辺」を経験することで人生が変わる人もいる。WEFのメンバーでセーブ・ザ・チルドレンのCEO、ジャスミン・ウィットブレッドは自身の経験について次のように述べている。[20]

私ははじめての異業種への転職でセネガルに移り（それまではボストンのトムソン・ファイナンシャルで働いていました）、二〇〇〇年、ダカールの「万人のための教育」会議に出席しました。会場にはあらゆる目的・規模のＮＧＯの代表が集まり、当時の私の目には混沌として見えた雰囲気のなかで、一億二〇〇〇万人という気が遠くなるような数の学校に通えない子どもたちに手を差し伸べるためには何を変えるべきかについてさまざまな意見が飛び交っていました。それは前職でおこなっていた分析やプロセスに基づき、プロジェクトを管理して厳密に決められた予算の範囲内でリーダーシップを発揮するというやり方とはまるで違っていて、率直に言えば、こんな話し合いに意味があるのだろうかと懐疑的でした。そもそも誰が責任者なのかもはっきりしなかった。しかしそれから一〇年もしないうちに、学校に通えない子どもの数は半分近くにまで減っています。あのときの協力体制がなければこの変化を実現することは絶対にできなかったでしょう。

ジャスミン・ウィットブレッドは「組織の周辺」を経験することで、理論的・論理的な自己形成の方法から、現状を試し、否定するような経験と向き合うことに目を向けるようになった。この「組織の周辺」という経験は、世界観を持ち、それに基づいて行動するためにきわめて重要な場合がある。この多様性のある人脈とその人脈を形成するマルチステークホルダーとの協調は、ジャスミン・ウィットブレッドをはじめとする幹部らがセーブ・ザ・チルドレンを二一世紀に合った組織に改革するためにも重要な役割を果たし続けている。セーブ・ザ・チルドレンのようなＮＧＯは明確な目的を持っているが、大規模に展開して機能を高めるには企業との協力が不可欠だ。組織を改革するために、彼女たちは独自の機能を高めているさまざまなベンチャー企業と手を組んできた。たとえばボストン コンサルティング グループ（BCG）のチームが戦略を練り、人材スカウト会社のエゴンゼンダーのメンバーが有能な人材を集めて組織の基盤をつくり、フレッシュフィールズの弁護士が他のボランティア団体との合併に関して助言したりしている。

こうした協力体制づくりの経験を振り返り、彼女は二つの所見を述べている。一つは、協力体制を築くコツは、「何を選択すべきか理解する」ということだ。ウィットブレッドは、「いまやこうしたマルチステークホルダーの取り組みは多数あります。リーダーシップを発揮することで、最も大きな影響を与えられる取り組みを後押しするのです」と語る。もう一つは、協力体制を築くために重要なリーダーシップの役割がいくつかあるということだ。

このような異業種間の協調は、全員の考え方が少しずつ違い、管理する人間がいないため、厄介で手に負えない場合があります。協調をうまく実現するために必要なリーダーシップの態度を言葉で説明するのは簡単ではありませんが、見ていればわかります。大胆で謙虚、（過程については）辛抱して、（結果については）辛抱せず、固い信念を持ってゆるく管理するというなんとも微妙な状態です。[21]

ウィットブレッドは、セーブ・ザ・チルドレンのような組織の未来にとってこのように協力体制を築くことがきわめて重要だと考えている。

この経験をすぐに生かし、これから数年間の活動で現在のミレニアム開発目標の達成に重点を置く必要があります。この経験を生かし、二〇一五年以降に次の「大きな問題」について意見をまとめなければなりません。前回の目標はほとんど国連が一部のNGOと協力して立てていましたが、次の目標はマルチステークホルダーとともに立てることになります。目標や説明責任の内容が薄くなるのを防げれば、世界を良くするためにリーダーシップの幅を広げて協力して取り組むことで、良い影響を与えられるはずです。

そこで、クリントン・グローバル・イニシアティブやWEFなどの場が重要となる。こうした組織ではグローバルな問題に重点を置いて議論を前に進め、話し合いの場をつくっている。WEFのダボスフォーラムはまさにそういう場だ。毎年数千人のリーダーがスイスの小さなリゾート地に詰めかけて、顔を合わせて議論をし、意見をまとめる。各国政府、国際機関や多国籍機関、NGOなどの代表者もいれば、社会起業家や大学教授もいる。事業、成長、収益性とはまるで関係のない面々だと思うのは甘い。経営者にとっては顧客やサプライヤーと最も効率的に出会える場となっているのだ。だがそれだけではない。ここに集まっているのは、世界が直面している多くの新しい問題におけるステークホルダーなのである。議論は小さな円卓で話し合うこともあれば大規模なパネルディスカッションのこともあるが、収益の極大化だけでなく、世界をより安全で公平な場にすることがテーマとなっている。こうしたフォーラムは、多様性のある協力体制を築く大きな機会を生み出しているのだ。

〉〉〉まとめ

リーダーシップはおそらくもっとグローバルに、そしてほぼ間違いなく長期的な視点を持って発揮されるようになる。このことを重視している企業は、リーダーを育成するためにさまざまな取り組みをおこない、未来のリーダーの時間的展望を伸ばし、その視野を広げようとしている。

Chapter 14 The End of the Love Letter

第14章 未来企業のリーダーとフォロワーへの手紙

私は四〇年以上前にブリティッシュ・エアウェイズで初めて働いたときからロンドン・ビジネススクールで実践的経営論を教える現在に至るまで、企業やそこで働く人々への興味を一貫して持ち続けている。その間、企業やその経営者から刺激や驚きを与えられてきた。昨今では、企業を取り巻く状況のこれまでの変化、これからの変化について研究するなかで、企業をかたちづくり、企業に問題と機会をもたらしている大きなトレンドを目の当たりにしている。

企業はこの世界でますます大きな役割を果たしつつあることが明らかになってきている。企業は財やサービスを世界にもたらし、そのサプライチェーンは数十億人の生活に関わっていて、その過程で消費者需要を生んでいる。私はかねてより、企業はその活動を拡大することによって、消費者や投資家に多くをもたらすだろうと思っていた。ある意味でこの想像は当たっていた。

世界に無数にある企業は実際にさまざまなモノやサービスをもたらし、その過程で圧倒的な規模の協調を実現してきた。世界でも特に優秀な人材を集め、研究・開発をおこない、イノベーションを実現できる場を提供してきた。さらに企業ごとに構造、価値観、取り組み、仕事の進め方がまったく違うなかで、それぞれが実験を続け、イノベーションを実現して変化を起こすための能力を高めてきた。

いまやこうした企業の機能はかつてないほど重要になっている。世界が脆弱で不安定になっているいま、個人、組織、社会が持つ資産のなかで最も貴重なのは知性と知恵である。最も優れた企業は、数百万人の頭脳が持つ知性と知恵を最大限に活用できるような環境を築いている。社内の知性を体系化し、協調を実現する素晴らしいツールを開発した企業もある。人々を満足させて幸福にすることが知性が目指すことのできる最も大切な目標であり、企業はこの目標を実現するためのツールの一つになり得る。ほとんどの人にとっては人間関係が価値観の源である。企業で働けば濃密で重要な、そして多様性のある広範な人脈を築く大きなチャンスが生まれる。

この本で主張してきたように、企業は世界を良くするために人々の力を結集させることができる。そのために、企業は資源を搾取するのではなく管理して再開発し、それぞれが競い合うのではなく互いに協力して協調しなければならない。

私たちは分岐点に立っている。いまこそ、企業のあるべき姿を見きわめるときだ。それには想像力を働かせて考えを根本から改め、まだ明らかになっていない企業の潜在能力を引き出す必要がある。

冒頭の「ラブレター」で約束したように、企業はどんな役割を果たすことができるのか、どんな役割を果たすべきなのかについて議論を展開し、インスピレーションや行動の基盤になり得る考え方や事例を紹介するという私自身の役割を、本書で少しでも果たせたなら嬉しく思う。今度は、あなたが自分の役割を果たす番だ。

未来企業のリーダーとなる人へ

いまリーダーの立場にある人、あるいはリーダーになろうとしている人は、ハーバード大学のバーバラ・ケラーマンの次の言葉をじっくり考えてもらいたい。[1]

リーダーシップは時代遅れとなる危険性がある。リーダーが時代遅れになるのではない。リーダーはいつの世にも存在するが、フォロワーシップより重要な存在としてのリーダーシップはもう古いのである。

どうやら、企業を変化させているのとまったく同じトレンドがリーダーシップをかつてないほど透明で説明責任の重いものに変えているようだ。実際、大企業やその経営者の信用が低下し、力を失い、規制が強化される未来も考えられる。

リーダーシップが時代遅れになるおそれがあるいまこそ、この変化を起こしているトレンドがつくり出す機会を生かし、視野を広げて大局的に考えるときである。社内のことだけではない。この本で示したように、高い失業率や収入格差の拡大といった、いつの間にか進行している問題から目を逸らさないように、社外での新たな取り組みについて考えなければならない。

世界で最も複雑で最も進んだ機能を持つ組織のリーダーとして、あなたには変化を起こす役目がある。変化を起こすために果たすべき義務があり、守るべきコミットメントがある。

本書で述べた最初のリーダーシップの責任は、未来に合った企業をつくると従業員や株主に約束することだ。未来の企業は、この不安定な世界では避けようのない外部からの衝撃に耐え、世界が結びつきを強め、革新的で創造的になったことでもたらされる計り知れない恩恵も受ける存在でなくてはならない。リーダーが未来に合った企業をつくるという約束を守るには、絶えず社内のレジリエンスを高め続けなければならない。そのためには、組織内のあらゆる人々の知性と知恵をどこまでも増幅し、人々の気力を高めて満足させ、多様性のある人脈や深い人間関係がもたらす刺激やイノベーションを生かす機会をつくらなければならない。

では、この責任を果たすだけで十分だろうか。リーダーとして、後世のための土台を築き、価値のある遺産を残すために時間を費やしたと思えれば、それで十分だろうか。

この問いに対する答えは、組織としての機能というよりも、個人の指針となる道徳的指針や生きる支えとなる、価値観に関係している。どのリーダーも、レジリエンスの高い企業をつくるために何が必要かはわかっている（はずだ）。すでに見たように、つながりを築いて知識をやり取りできるテクノロジーが急速に進化した結果、階層的なリーダーシップは時代遅れになった。優秀な従業員たちがつながりを深めることで、かつては重役室でおこなわれていた戦略に関する重要な仕事も現場において十分にこなせるようになっている。

意思決定も資源配分も非集中的になり、フォロワーがかつてないほど積極的になったことで、時代遅れのリーダーになってしまうことに不安を感じるかもしれないが、有能なリーダーであれば、多くを望むことが十分に可能である。多くを望むのは重要なことだ。数十年後のリーダーシップは、リーダーが社内で何をおこなうかという選択だけでなく、世界のなかで何をおこなうかという選択によっても変わる。道徳的指針についても改めて考える必要がある。世界の一員としての企業の役割とは何だろうか。サプライチェーンで働く人々に対してどのような責任を負うだろうか。企業の経営者は若年層の失業率や気候変動といった社外の問題に取り組んだり、資源を投入したりする必要があるだろうか。先に紹介したように、積極的に社会貢献する企業ほど高い投資利益をもたらす傾向があるとわかっている。こうした調査結果を知っておくのは大事だが、私が言いたいのは、企業が近隣やサプライチェーンとのつながりを深め、グローバルな問題に立ち向かう意志と機能を備えるためには、経済的必要性とリーダーシップの道徳的指針の両方に基づいて行動する必要があるということだ。

こうした多くの望みを叶えるにはどうすればいいかは、個々の企業がそれぞれの立場で考えるべきものであり、経営陣がそれぞれに自問自答しなければならない問題である。この本で紹介したアイデアやストーリーがこうした話し合いのきっかけとなり、情報源となれば嬉しく思う。とはいえ、これらのストーリーのほとんどが、開始直後の取り組みやまだ十分に展開できていないプロジェクトに関するもので、多くの場合、世界を変えるまでには至っていない。プロジェクトが持つ潜在能力をフルに発揮するには、はるかに大きな規模で考える必要がある。その点で、企業やその経営者には確かな強みがある。すでに示したように、大企業は現在あるどのような組織よりも桁外れの研究力や革新力を備え、大きな展開力と動員力を持ち、複数のステークホルダー間で協力体制を築くために何が必要かを理解している。こうした機能を生かせば、この本で説明したような同時に生まれつつある多くのアイデアやプロジェクトを展開し、社会を良くするための企業の潜在能力を十分に発揮することができる。

レジリエンスを高め、地域社会とのつながりを強め、グローバルな問題に立ち向かっている企業をより詳しく見ると、そこではリーダーが重要な役割を果たしている。リーダーはフォロワーが目指すべき目標を設定し、資源を適切に配分して多くのグループに影響を与え、思いやりを持って社会貢献する行動を支援するとともにその手本となり、さまざまなステークホルダーにこの壮大な取り組みへの参加を促している。リーダーたちは、社内でも社外でも、強さを発揮しようとしている。世界を良くしたいと考える先駆者たちは急速に増えつつあり、こうしたリーダーたちはその一員なのである。

このような気運の高まりは、リーダー同士の会話や、ここ数年の間にこのテーマで書かれた多くの本からも伝わってくる。企業が打ち出すメッセージは、より幅広い役割を意識したものに変化しつつあるようだ。

そのような幅広い役割について考えた場合、リーダーはいくつかの重要な問題に直面している。まず、こうした動きの先駆者となるにはどうすればいいか、という問題である。すでに見たように、行動を起こすために勇気が求められる場合、同じ考えの仲間とつながりを持ち、多様性のある広範な人脈を築くことがきわめて重要である。もちろんこれはごますりや前例主義を防いで、眼前の危険にいかにして目を向けるために最も重要なことは何かと言う問題でもある。

もっと深い問題もある。リーダーシップとは創造的な活動で、リーダーはそのために教育を受け、生涯をかけて学び続けることになる。どのような導き方を選択するかに自分自身との向き合い方がよく表れる。

短期収益を求める市場のプレッシャーに立ち向かう勇気はあるか。資本市場の最も悪い面と向き合う勇気はあるか。社内やサプライチェーンで、誇りにできるものをつくりたいと願う人々の声に耳を傾けることができるか。問うべきことは多い。

リーダーシップを生涯学び続けるにはどうすればいいだろうか。この終わりなき学習は自分に何をもたらすだろうか。どのような厳しい試練によって世界の見方が変わる可能性があるだろうか。どのような話し合いやグループでの対話によって自分自身を見直すことができるだろうか。どのような経験によって道徳的判断力を鍛えられるだろうか。

未来企業で働くすべての人へ

企業で働く人々の世界は変化を遂げた。これからも大きく変化し続けるだろう。退職できる時期は少しずつ遅くなり、結果として、多くの人にとって仕事は短距離走ではなくマラソンになる。そのため、自分自身のレジリエンスを高めて精神的活力を保つことが重要だ。同時に、世界じゅうの労働市場において、仕事の空洞化によって高度なスキルが要求される仕事に就くのがますます難しくなると同時に、キャリアの足掛かりとなる仕事も見つけにくくなっている。したがって、やり甲斐のある仕事をしたいと願う人々にとって、知性と知恵を増幅し、多様なつながりのなかにある知識を活用することが鍵となる。だがそれだけではない。労働者として、保護者として、介護者として、私たちはますます不安定になる世界の守り手でもある。この不安定な世界の好ましくない面から目を背けたり、逃れたりするのはますます難しくなっていく。

こうした幅広い変化と並行して、従業員と雇用主の関係も着実に変化している。私は一〇年以上前に、職場における「親子」のような関係、つまり、企業が「親」で労働者が「子」であるという暗黙の了解がなされた関係は終わると予想した。代わりに「大人対大人」の関係が出現し、従業員と雇用主の両方の責任が重くなると考えた。それ以来、この従業員と雇用主の関係は加速度的に変化してきた。さまざまな要因を考慮すると、この「大人対大人」の関係は従業員と雇用主の関係としてはベストだと思うが、こうした変化は働き方に大きな影響をもたらす。労働者は自分の仕事に対してこれまで以上に責任を負うことになり（指図をする親がいない）、同時にその選択の結果をこれまで以上に受け入れなければならない（守ってくれる親がいない）。本書からは、フォロワーとして目的や働きがいのある仕事人生を確かなものにするために強化できる側面をいくつも読み取ってもらえることだろう。

「大人対大人」の関係への変化は居心地のよいものではないかもしれないが、フォロワーシップの力を引き出す効果もある。実際、その力はかつてないほど強くなっている。では、フォロワーとしてこの新たな力をどう生かすのがベストだろうか。三つの点について考えてもらいたい。自分自身の仕事をどう考えるか、リーダーについてどう考えるか、企業と外側の世界との関係についてどう考えるか。

この仕事というマラソンを走り切るには、当然、働きながら自分自身のレジリエンスを高めなくてはならない。そのためには知性を増幅し、精神的活力を高めて、深く広範な人脈を築く必要がある。たとえば、「自分の仕事は考える力を伸ばし、実験やイノベーションを可能にするか？」「仕事とプライベートの関係は活力を生み出して高める源になっているか？」「他人と協調して濃密で深い人間関係を築きながら働いているか？」と自問自答してみたとき、その答えがいずれも「ノー」だとすると、自分がしている仕事、自分が働いている企業について考え直してみる必要がある。

チームのリーダー、部署のリーダー、企業のリーダーとの関係は、今後も変化し続けるはずだ。変化の象徴が、先に述べた「親子」の関係から「大人対大人」の関係へのシフトである。このシフトは、フォロワーにとっては不確かな影響ももたらす。当然だが子どもではなく大人として、自分自身で判断しなければならないことが増えるだろう。自分のスキルをどのように磨けばいいか、どのような役割を担えばスキルを磨くことができるか、レジリエンスを高めるのに最適な企業とはどのような企業かを自分で判断しなければならない。そのためには目的意識を持ち、積極的に意思決定をして行動する必要がある。大人として、リーダーに何を望むか、リーダーにどんな行動を期待するか、リーダーにどんな振る舞い方を期待するか、最も説得力を感じるリーダーのメッセージとは何かについてもはっきり意見を述べる必要があるかもしれない。

本章の前半で、「リーダーシップは時代遅れとなる危険性がある。リーダーが時代遅れになるのではない。リーダーはいつの世にも存在するが、フォロワーシップより重要な存在としてのリーダーシップはもう古いのである」というバーバラ・ケラーマンの言葉を引用した。[2] 彼女の考えでは、フォロワーがつながりを強め、知性を高め、洞察力を身に付けて目的意識を持つようになると、リーダーよりも重要な存在になる。「賢い群衆」を支えるための取り組みについて振り返ってみよう。協働のためのテクノロジーは、階層的な指揮統制から平等な立場に基づく意思決定や資源配分へと根本的に変えるプラットフォームをもたらした。現実的には、リーダーとフォロワーの関係が上下の階層的な関係から、リーダーと賢い群衆へと進化を遂げたフォロワーが互いにより率直に目的意識を持って影響を与え合う関係に変わった。協働を実現するためのテクノロジーを最大限に活用して、アイデアを共有する集団の一員となれば、重要だと思われる事柄について仲間とともに声をあげ、それを遠くまで届け、やがては聞き入れてもらえるようになる。

そうなると、個人として何を重要だと思うかが大きな意味を持ってくる。ここで「企業と外側の世界の関係についてどう考えるか？」という三つ目の問いに立ち返ることになる。それについて考えるには未来に思いを馳せる必要がある。次のような予測について少し考えてみてほしい。いま何もしなければどんな事態につながるかがわかるだろう。

人口が九〇億人に達し、人口構成がきわめていびつな世界。日本では二二〇〇万人以上が七五歳を超える一方で、ナイジェリアでは人口増加率が五〇％に達し、結果として人口三億九〇〇〇万人の国であるにもかかわらず大多数が三〇歳未満という状態になる。

都市化する世界。二〇二五年にはアジアだけでもジャカルタ、ダッカ、カラチ、上海、ムンバイなど、人口二五〇〇万人以上の巨大都市が一〇都市になる。二〇五〇年の中国では、都市の数が五〇〇都市増加し、空港も一〇〇カ所増えていると見込まれる。

膨大な量の天然資源を食い尽くす過去に類を見ないほど消費する世界。いまでもアメリカの中流階級は毎年六七着もの衣類を購入する。二〇五〇年には、さらに数十億人がこのように激しく消費する階級に加わる。二〇三〇年には、中国で消費の激しい階級の人口が現在の三億人から八億人に増加し、インドでは五億八三〇〇万人になる。

天然資源が急速に失われる世界。多くの科学者は、二〇五〇年には石油とガスの埋蔵量がほとんどゼロになり、二一一二年には石炭の埋蔵量もほとんどゼロになると予測する。

水不足の世界。二〇三〇年には世界全体で必要な水分量が現在の供給量を四〇％上回るようになる。現在供給されている水の大部分は補給が不可能な「化石水」と急速に溶けている雪解け水であり、二〇二五年には一八億人以上が水不足の地域で暮らすことになる。

異常気象の世界。二〇世紀に二酸化炭素濃度が上昇して気温が〇・六度上昇したのとは比べ物にならないほど大きな変化が起こり、最も楽観的な予測でも一・八度、もっと悲観的な予測では四・〇～五・〇度気温が上昇すると言われている。これにより、北極の氷床が溶け、大規模な干ばつを招く。

もちろん、これらがすべて現実のものになるとは限らない。私たちが九〇代まで健康に暮らし、消費量を抑えることを覚え、新たな食糧供給の方法や新しいエネルギー源を見つけて、気候変動に対する解決策を見出し、若者のために有意義な仕事を創出できる可能性もある。これらのいずれかを実現できるとしたら、それは企業が独自の活動をおこなうか、他の企業と協力体制を築くか、政府やNGOと複雑なマルチステークホルダー戦略に基づいた協力体制を生かして、こうした取り組みを実現できた場合である。すべては、企業が社会貢献する素晴らしい存在になるように求める私たち次第なのだ。

これから企業で働くあなたにはどんな役割が果たせるだろうか。企業と個人が「大人対大人」の関係に変化すると、個人の責任は重くなる。就職活動で面接を受けるときも、ただ質問に答えるだけでなく、この本で私が説明してきた三つのレジリエンスの領域で、その企業のリーダーが実際に何をおこなっているのか、できれば聞いてみてほしい。――どのようにして従業員のレジリエンスを高めているのか。近隣やサプライチェーンに対して何をおこなっているのか。そして、不安定な世界の問題に対してどのように取り組んでいるのか。ある企業がいかにも環境に対して配慮しているように装っていたとしても、すぐに真に受けることなく、本当はどのような活動をおこなっているのかを自分で突き止めよう。こうした質問をぶつけることはとても重要だ。経営者は新入社員が入社時にどんなことに興味を持っているかによって大きな影響を受ける。即戦力となるスキルを身に付けた有能な人材にとっては、売り手市場だ。自分がその企業に何を求めているか、そこで何をしたいのかをはっきり述べよう。

すでに企業で働いている人は、自分の企業がレジリエンスに関する三つの領域に関してどのように取り組んでいるか明らかにしよう。活動範囲が限られていたり、まだはじめたばかりだったりするかもしれないが、ほとんどの企業は何らかの取り組みをおこなっている。この本で私が説明した三つの領域のなかで、自分がどの領域に興味を持っているのか、どの領域に情熱を注げるのか考えよう。ゼネラルミルズの研究者たちが、人の役に立つスキルを持っていることにどうやって気づいたか思い出してみよう。興味を持てる団体に参加してみるのもいい。

最後に、消費者として自分の買う商品を製造・販売している企業の価値観や目的についてもっと認識を深めよう。おそらく、この先数年のうちに、企業が世界に価値をもたらすことを求める声が大きくなり、言葉に行動が伴っているかをより厳密に監視するシステムの必要性が高まるだろう。

私がこの本を執筆したのは、未来について研究するなかで、このままいくと世界がどうなるかがはっきりと見えたからである。このままいけば企業内のレジリエンスが失われるおそれがあるのは間違いないし、地域社会のレジリエンスが失われて環境を破壊するおそれもある。しかし、すでに示したように、人々が生き生きと働ける場をつくり、地域を活性化して、後世に残したいと思えるような世界をつくることも可能なのだ。

私が最も恐れているのは、問題から目を背け、何もせずに未来を迎えることである。私が最も望んでいるのは、グローバル企業、そしてその経営者や従業員がイノベーションを起こし、勇気を持ち、自分たちが少なくとも世界で起こっている問題のいくつかを解決する鍵になるという決断をしてくれることである。

謝辞

Acknowledgement

まずは、二〇年以上前から私の研究拠点となっているロンドン・ビジネススクールの同僚たちに感謝したい。特に、アンドリュー・リキアーマンとアプルフ・バグリは喜んで手を貸してくれ、ダン・ケーブル、ロバート・ゴーフィー、ガレス・ジョーンズ、アンドリュー・スコット、マイク・ブロウフィールドは素晴らしい話し合いをおこなうための話題を提供してくれた。この本を執筆していた二年間、私を支え続けてくれたパッティ・ルオンには大変感謝している。私がロンドン・ビジネススクールで担当している働き方の未来に関するＭＢＡの選択授業はインスピレーションの宝庫であり、歴代の熱心な受講生たちに感謝したい。彼らの目を通して未来企業の姿が目に浮かんだ。

五年前にホットスポット運動のチームと協力して働き方の未来コンソーシアムを立ち上げ、この本で紹介した企業のケーススタディをおこなってきた。特に働き方の未来コンソーシアムで私と一緒に働いているジュリア・ゴガ＝クック、ホットスポット運動グループのリーダーを務めているティナ・シュナイデルマン、創造的なインスピレーションをもたらしてくれたマルツィア・アリコ、働き方の変化について研究しているマックス・モケット、それにケーススタディで素晴らしい働きをしたハニアー・シャウカット、そしてプロジェクト全体に目を配ったジャイナ・パテールに感謝する。

この本を書く作業は私が執筆したどの本よりも大変で複雑だった。これまで私は企業に関する研究として企業の「内部」で業績を高め、協働的な企業をかたちづくる働き方、取り組み、文化、リーダーシップ、組織構造に注目していた。前著『ワーク・シフト』では企業の「外側」に目を向け、働き方の変化《シフト》が人々にとって何を意味するのかを考察した。そして本書『未来企業』では、こうしたシフトが企業にとって何を意味するのかを理解しようとした。したがって、企業の外側であるサプライチェーンや近隣で何が起こっているのかをより綿密に調べる必要があり、これまで以上にリーダーシップについて深く考えなければならなかった。そのため、以前とは比べものにならないほど大規模な「ビッグアイデア・クラウド」の協力が必要だった。これは信じられないほど刺激的なことだったが、気が遠くなるほど大変なことでもあった。

企業や非政府組織（NGO）のリーダーの地位にある多くの人々が時間を、アイデアと洞察を提供してくれた。アーラ・フーズの人事担当グループ長のオーラ・アルビドソン、ユニリーバのCEOのポール・ポールマンおよび最高サステナビリティ責任者のゲイル・クリントワース、サファリコム／ボーダフォンのボーダフォン・グループのサステナビリティ責任者のジョエル・ロクスバーグ、ボーダフォン・グループの企業責任のリーダーのクリステル・デルベ、ボーダフォンの商業・戦略、携帯電話での支払いに関する責任者のクレア・アレクサンドル、インフォシスのシニア・バイス・プレジデントで製品、プラットフォーム、ソリューションに関するグローバル責任者のサンジェイ・プロヒット、教育・研究のグローバル責任者のナンディタ・グルジャール、ＢＴの人事・方針に関する指導者のキャロライン・ウォーターズ、ＢＴグローバル・サービスの主任人事責任者のナイジェル・パークス、ＢＴグローバル・サービスの人事・組織開発の責任者のビビアン・ラインスター、デロイトの副会長のキャシー・ベンコ、ＴＣＳのＣＥＯのＮ・チャンドラセカラン、イギリスおよびアイルランドにおける人事部長のヌプル・シン、人材管理のアンシュー・カプーア、ロイヤル・ダッチ・シェルのシェル・インターナショナルの主任政治アナリストのチョー・コーン、セーブ・ザ・チルドレンのＣＥＯのジャスミン・ウィットブレッドおよび人事部長のジョアン・コイル、ジョン・ルイス・パートナーシップの人事部長のローラ・ホワイト、ダノンの人事担当バイス・プレジデントのミュリエル・ペニコー、学習およびデジタル変換ディレクターのニコラス・ローランド、スタンダードチャータード銀行の視覚障害者支援活動の地域社会投資マネジャーのジャネット・マッケナ、持続性および地域の企業行動に関するグループ長のマーク・デヴァダソン、未来の組織およびリーダーシップの効率性に関するグループ長のジェラルディン・ヘイリー、ＤＳＭのＤＳＭと国連ＷＦＰのパートナーシップにおける持続性のある開発およびプログラムディレクターのフォッコ・ウェンテス、持続性に関する取り組みの責任者のアルバ・タイリー、食糧問題解決のパートナーの創設時の事務局長のジェフ・ダイクストラ、ボストン コンサルティング グループのパートナーおよび最高経営責任者のクレイグ・ベイカー、マンパワーのプレジデント・オブ・グローバル・コーポレート・アンド・ガバメント・アフェアーズのデービッド・アークレス、前の戦略責任者のタミー・ジョーンズ、ＲＡＩイニシアティブのシェルにおける企業広報担当バイス・プレジデントのノーバート・ボスに感謝申し上げたい。

この本で紹介した例の多くでは、目的意識が高く勇気のある本物のリーダーが登場する。私は、こうした未来についての考えやレジリエンスについての考えがリーダーシップという分野でどんな役割を果たすのかを、とことん突き止めようとしたかったのだ。幸いなことに、私は新たに立ち上げられた世界経済フォーラムの「新しいリーダーシップモデルに関するグローバル顧問評議会」で議長に就任するよう要請された。世界経済フォーラムのギルバート・プロブスト、セリマ・ベンチエナア、カーステン・ズートホフに感謝したい。長時間にわたってリーダーシップに関する話し合いに参加してくれた協議会のメンバー、ハーバード大学医学大学院のフェローでマドリードを拠点に活動しているマリオ・アロンソ・ピュイグ、ラトガース大学のダン・ゴールマン、グロービスの堀義人、ハーバード・ビジネススクールのナンシー・コーン、カナダのアイスホッケーチームのコーチを務めるラルフ・クリューガー、グーグルのエンジニアリング担当バイス・プレジデントを務めていたマックス・レブチン、ロードアイランド造形大学の学長であるジョン・マエダ、ソーシャルメディアおよびテクノロジーに関する本を執筆しているシャーリーン・リー、ロンドンのノーウエア・グループのCEOであるニック・ユーダル、セーブ・ザ・チルドレンのCEOであるジャスミン・ウィットブレッド、ナイジェリアのリーダーシップ・エフェクティブネス・アカウンタビリティ・アンド・プロフェッショナリズム（LEAP）のンディディ・ンウネリ、スタンフォード大学のボブ・サットン、MITで活動するオットー・シャーマーにも感謝している。

この本で、私は安全地帯を脱して新たな分野に足を踏み入れた。そのため、この本を執筆している間、かつてないほど多くの人に草稿を読んでもらった。特に、この本の草稿を読んで信じられないほど有益な感想を寄せ、論旨を明確にしてくれた人々に感謝したい。社会哲学者のチャールズ・ハンディ、スローター・アンド・メイのパートナーのナイジェル・ボードマン、PFDのCEOのキャロライン・ミシェル、BTのグループ人事ディレクターのクレア・チャップマン、ロイヤル・ダッチ・シェルの最高人事責任者兼執行役員のヒュー・ミッチェル、SAPの最高ソリューション・アーキテクトのエリック・ブルネル、ウォートン・スクールの法律研究およびビジネス倫理の教授のダイアナ・ロバートソン、ロンドン・ビジネススクールのエグゼクティブ教育の副学部長のサビン・ヴィンク、ジャーナリストのサイモン・カウルキン、ロンドン・ビジネススクールの経済学教授のアンドリュー・スコット、ドラッカー財団の会長のリチャード・シュトラウブ、エデルマンの前戦略部長だったステファン・スターン、ロンドン・ビジネススクールのMBA学生のルエン・リエン・チューン、マンパワーのグローバル・ワークフォース・ストラテジー担当シニア・バイス・プレジデントだったタミー・ジョーンズ、エグゼクティブ・ボード・ディレクターのジュリー・ヒル、ピープル・イン・エイドの前人事部長のベン・エンメンス、ロンドン・ビジネススクールの戦略および起業の准教授のイオアニス・イオアヌ、UCLA公衆衛生大学院の学部長のジョディ・ヘイマン。彼らが草稿を読んで寄せてくれた意見は非常に貴重なもので、彼らのアドバイスに従ったおかげで、最初に読んでもらったときよりこの本の内容が明解になったはずだ。

これまでの本と同じように、タミー・エリクソン、ギタ・ピラマル、ピーター・モーラン、ギャリー・ハーメル、ドミニク・ホールダー、トブシャ・ラーナー、デイブ・ウーリッヒといった私の

「ポッセ」が手助けをしてくれた。数十年にわたり支援し続け、アイデアを提供し、愛を与えて知恵を授けてくれたナイジェル・ボードマンに感謝する。

私の「もう金輪際本は書かない」という宣言を何度も聞かされている長男のクリスチャンと次男のドミニクの忍耐にも感謝する（『ワーク・シフト』を読んで彼らがどんな仕事に就こうと思っているのか興味をお持ちの方に向けて書いておくと、クリスチャンは歴史を学び、いまも執筆と研究に関連したキャリアを模索しており、ドミニクはロンドン大学ユニバーシティ・カレッジで医学を学んでいる）。私のエージェントであるＰＦＤのキャロライン・ミシェルは、いつも私の仕事の後押しをしてくれるかけがえのない友人である。作家、ティム・バインディングは何杯ものコーヒーと素晴らしい文章で、私を元気づけ一番辛い推稿の時期を乗り越えさせてくれた。マグローヒルの編集者、ノックス・ヒューストンは容赦なく文章を削ってとてもわかりやすい内容にしてくれた。日本の未来を理解するために協力を惜しまなかったプレジデント社の編集者、中嶋愛には特に感謝したい。

この『未来企業』を執筆するために、私は敢えて安全地帯から遠く離れなければならなかった。私の著作のなかでも群を抜いて大変な労力が必要だった本であり、私が最後まで書き続けられるように四年以上にわたって知恵を授け、活力を与えてくれたすべての人々に最大級の感謝をささげたいと思う。

旅路のその先へ向かわれる方へ

本書で取り上げた問題は複雑で、多岐に及ぶ。したがって本書を読むのは長い旅路の一歩目にすぎず、ここで紹介したサイトにアクセスして、本書で取り上げた問題についてさらに深く探求することを願っている。

手はじめに、本書に関連したワークブックをダウンロードしていただきたい。このワークブックは、さまざまな質問に答えることで、本書で取り上げた問題についてさらに考えを深め、決断して行動に移せるようになっている。ワークブックは以下のサイトからダウンロードできる。

http://www.hotspotsmovement.com/resources/alias-5.html

本書を読んで自分が働く会社の未来におけるあり方に興味を持った方は、「働き方の未来コンソーシアム」についてより深く知っていただきたい。私が立ち上げたHot Spots Movementチームが運営するこのコンソーシアムは、大規模なグローバル組織から専門家の力を結集し、働き方の未来がどうなるのか、本書で述べてきたように企業がレジリエンスを高めるためにはどのように働き方を変えていく必要があるのかについて予測している。参加方法は以下のサイトにある。

http://www.hotspotsmovement.com/research-institute.html

[21] 世界経済フォーラムのリーダーシップモデルに関する協議会におけるジャスミン・ウィットブレッドの発言より。http://reports.weforum.org/global-agenda-council-on-new-models-of-leadership/

❖第14章

[1] B. Kellerman, The End of Leadership (New York: HarperBusiness, 2012)［邦訳『ハーバード大学特別講義――リーダーシップが滅ぶ時代』（板谷いさ子訳、ソフトバンククリエイティブ）］.

[2] ibid.

生み出す技術』（中土井僚・由佐美加子訳、英治出版）］.
［3］E. Jaques, R. O. Gibson, and D. Isaac, *Levels of Abstraction in Logic and Human Action: A Theory of Discontinuity in the Structure of Mathematical Logic, Psychological Behaviour, and Social Organisation* (London: Heinemann Educational, 1978); and E. Jaques, S. Clement, and R. Lessem, *Executive Leadership: A Practical Guide to Managing Complexity* (Oxford, UK: Blackwell, 1994).
［4］2012年10月にニューヨークで開かれたフィナンシャルタイムズのビジネスブック・オブ・ザ・イヤー授賞式でヨルマ・オリラがおこなったスピーチより。
［5］P. Wack, "Scenario's Unchartered Waters Ahead." Harvard Business Review 63(5):73—89, 1985; K. Heijden, Scenarios: The Art of Strategic Conversation (London: Wiley, 1996); and A. P. De Gues, *The Living Company: Growth, Learning and Longevity in Business* (London: Nicholas Brealey, 1997).
［6］2010年9月12日から15日までシンガポールで開かれたレジリエンスを高めるためのグローバル・フューチャーズ・フォーラム総会でのピーター・シュワルツの発言より。
［7］シェルの2050年までのシナリオ。http://www.leader.co.za/printarticle.aspx?s=6&f=1&a=2305
［8］2012年11月にチョー・コーン博士（シェル・インターナショナルのグローバル・ビジネス環境チームの主任政治アナリスト）と交わした会話より。
［9］ibid.
［10］D. Bohm, *On Dialogue* (London: Routledge, 1996)［邦訳『ダイアローグ——対立から共生へ、議論から対話へ』（金井真弓訳、英治出版）］.
［11］ibid.
［12］2012年11月にチョー・コーン博士（シェル・インターナショナルのグローバル・ビジネス環境チームの主任政治アナリスト）と交わした会話より。
［13］2012年5月にジェラルディン・ヘイリー（スタンダードチャータード銀行の未来の組織およびリーダーシップの有効性のグループ長）と交わした会話より。
［14］L.Gratton, *Hot Spots: Why Some Companies Buzz with Energy and Innovation—and Others Don't* (London: FT Prentice Hall, 2007)
［15］L. Gratton, *Glow: How You Can Radiate Energy, Innovation, and Success* (San Fransisco: Berrett-Koehler, 2009).
［16］L. Gratton, *The Shift: The Future of Work is Already Here* (London: HarperCollins, 2011)［邦訳『ワーク・シフト——孤独と貧困から自由になる働き方の未来図〈2025〉』（池村千秋訳、プレジデント社）］.
［17］M. Granovetter, *Getting a Job: A Study of Contacts and Careers* (Cambridge, MA: Harvard University Press, 1974)［邦訳『転職——ネットワークとキャリアの研究』（渡辺深訳、ミネルヴァ書房）］.
［18］J. S. Coleman, *Foundations of Social Theory* (Cambridge, MA: Harvard University Press, 1990)［邦訳『社会理論の基礎』（久慈利武訳、青木書店）］.
［19］2011年10月にオーラ・アルビドソン（アーラ・フーズの人事担当グループ長）と交わした会話より。
［20］World Economic Forum, Council on New Models of Leadership; http://reports.weforum.org/global-agenda-council-on-new-models-of-leadership/

[7] J. Pfeffer and R. Sutton, *The Knowing-Doing Gap: How Smart Companies Turn Knowledge into Action* (Boston: Harvard Business School Press, 1999) [邦訳『なぜ、わかっていても実行できないのか――知識を行動に変えるマネジメント』(長谷川喜一郎監修、菅田絢子訳、日本経済新聞出版社)].
[8] W. Bennis and N. Tichy, *Judgment: How Winning Leaders Make Great Calls* (New York: Penguin Group, 2007) [邦訳『JUDGMENT 決断力の構造――優れたリーダーの思考と行動』(宮本喜一訳、ダイヤモンド社)].
[9] この考え方の概要については、たとえばJ. Hollins, *Creating a Life: Finding Your Individual Path* (Toronto: Inner City Books, 2000)などを参照。
[10] O. Scharmer, *Theory U: Leading from the Future as It Emerges* (San Francisco: Berrett-Koehler, 2009) [邦訳『U理論――過去や偏見にとらわれず、本当に必要な「変化」を生み出す技術』(中土井僚・由佐美加子訳、英治出版)].
[11] P. Mirvis, "Executive Development through Consciousness-Raising Experiences." Academy of Management Learning & Education 7(2):173—188, 2008.
[12] Ibid.
[13] P. Mirvis and B. Googins, "Stages of Corporate Citizenship." California Management Review 48(2):104—126, 2006.
[14] S. Friedman, *Total Leadership: Be a Better Leader, Have a Richer Life* (Boston: Harvard Business School Press, 2008) [邦訳『トータル・リーダーシップ――世界最強ビジネススクール ウォートン校流「人生を変える授業」』(塩崎彰久訳、講談社)].
[15] ゴールマンの発言は次のサイトで読むことができる: World Economic Forum—Council on New Models of Leadership: http://reports.weforum.org/global-agenda-council-on-new-models-of-leadership/
[16] S. Remedios, S. Eight weeks in a village goes a long way in making compassionate leaders—Hindustan Unilever's Rural Immersion Program, Management Innovation eXchange.(2011)
[17] R. Eisenstat and F. Norrgren, *Higher Ambition: How Great Leaders Create Economic and Social Value* (Boston: Harvard Business School Press, 2011).
[18] 2012年5月にジェラルディン・ヘイリー(スタンダードチャータード銀行の未来の組織およびリーダーシップの有効性のグループ長)と交わした会話より。
[19] Ibid.
[20] Ibid.
[21] N. Tichy and E. Cohen, "How Leaders Develop Leaders." Training and Development 51(5):58—63, 1997.
[22] W. Bennis and N. Tichy, *Judgment: How Winning Leaders Make Great Calls* (New York: Penguin Group, 2007) [邦訳『JUDGMENT 決断力の構造――優れたリーダーの思考と行動』(宮本喜一訳、ダイヤモンド社)].

❖第13章

[1] World Economic Forum, Council on New Models of Leadership; http://reports.weforum.org/global-agenda-council-on-new-models-of-leadership/
[2] O. Scharmer, *Theory U: Leading from the Future as It Emerges* (San Fransisco: Berrett-Koehler, 2009) [邦訳『U理論――過去や偏見にとらわれず、本当に必要な「変化」を

ル・トラストの指標で、アメリカでは2011年に企業に対する信用が史上最低だった。
[16] R. Goffee and G. Jones, *Why Should Anyone Be Led By You: What It Takes to Be an Authentic Leader* (Boston: Harvard Business School Press, 2006) [邦訳『なぜ、あなたがリーダーなのか?』(アーサー・D・リトル(ジャパン)訳、英治出版)].
[17] Y世代と彼らの期待についてはこれまでブログ(www.lyndagrattonfutureofwork)で書いてきたが、間違いなくこうした傾向は続いている。この世代の人々が親になるときにその選択の仕方がどうなるのかについては、とても興味深い。
[18] T. Erickson, "Gen Y in the Workforce." Harvard Business Review 87(2):43—49, 2009.
[19] B. Kellerman, The End of Leadership (New York: HarperBusiness, 2012) [邦訳『ハーバード大学特別講義——リーダーシップが滅ぶ時代』(板谷いさ子訳、ソフトバンククリエイティブ)].
[20] B. George, "How Social Networking Has Changed Business." HBR Blog Network, 2010.
[21] D. Tapscott and D. Ticoll, *The Naked Corporation* (New York: Free Press, 2003).
[22] B. Kellerman, *The End of Leadership* (New York: HarperBusiness, 2012) [邦訳『ハーバード大学特別講義——リーダーシップが滅ぶ時代』(板谷いさ子訳、ソフトバンククリエイティブ)].
[23] Max Levchin, World Economic Forum, Council on New Models of Leadership; http://reports.weforum.org/global-agenda-council-on-new-models-of-leadership/
[24] Q. Huy and A. Shipov, "Social Media's Leadership Challenges." HBR Blog Network, 2010.
[25] Weber Shandwick's 2010 study, "Socializing Your CEO: From (Un) Social to Social," は、CEOによる、ソーシャルメディアの利用に関する初期の定量的研究の1つである。この分析により、世界の大企業のCEOのほとんど(64%)がソーシャルメディアを利用していないことが明らかになった。つまり、社外のステークホルダーとオンラインで接することがなく、自社の評判を高めて顧客との関係を強める機会を逃していることになる。

❖第12章

[1] S. Cain, *Quiet: The Power of Introverts in a World that Can't Stop Talking* (New York: Viking Press, 2012) [邦訳『内向型人間の時代——社会を変える静かな人の力』(古草秀子訳、講談社)].
[2] 2012年にウィーンで開かれた第4回グローバル・ドラッカー・フォーラムで『エコノミスト』誌の管理エディター兼「シュンペーター」コラムニストのエイドリアン・ウールドリッジがユニリーバのCEO、ポール・ポールマンにインタビュー。http://www.youtube.com/watch?v=vgpaHKCohio&feature=youtu.be
[3] リブーの発言はhttp://ecosysteme.danone.com/danone-ecosystem-fund/genesis-and-mission/a-vision-of-danone-s-role/で確認できる。
[4] M. Beer, Higher ambition: How Great Leaders Create Economic and Social Value (Boston: Harvard Business School Press, 2011)で引用。
[5] W. Bennis and R. Thomas, "Crucibles of Leadership." Harvard Business Review 80(9):39—46, 2002.
[6] 2011年5月におこなわれた「99パーセント・カンファレンス」でのジャレッド・コーエンのスピーチより。

❖第5部

[1] World Economic Forum, Council on New Models of Leadership, http://reports.weforum.org/global-agenda-council-on-new-models-of-leadership/
[2] D. Ready. L. Hill, and J. Conger, "Winning the Race for Talent in Emerging Markets." Harvard Business Review 86(11):62—70, 2008.

❖第11章

[1] J. Bower, H. Leonard, and L. Paine, Capitalism at Risk: Rethinking the Role of Business (Boston: Harvard Business School Press, 2011) [邦訳『ハーバードが教える 10年後に生き残る会社、消える会社』(峯村利哉訳、徳間書店)].
[2] D. Barton, "Capitalism for the Long Term." Harvard Business Review 89(3):84—91, 2011.
[3] S. Ghoshal and P. Moran, "Bad for Practice: A Critique of the Transaction Cost Theory." Academy of Management Review 21:13—47, 1996.
[4] D. Barton, "Capitalism for the Long Term." Harvard Business Review 89(3):84—91, 2011.
[5] M. Friedman, "The Social Responsibility of Business Is to Increase Its Profit." New York Times Magazine, 1970; http://www.colorado.edu/studentgroups/libertarians/issues/friedman-soc-resp-business.html
[6] R. G. Eccles, I. Ioannou, and G. Serafeim, "The Impact of a Corporate Culture of Sustainability on Corporate Behavior and Performance." Harvard Business School working paper, Cambridge, MA., 2011.
[7] L. Stout, *The Shareholder Value Myth: How Putting Shareholders First Harms Investors, Corporations, and the Public* (San Fransisco: Berrett-Kohler, 2012).
[8] C. Handy, "The Unintended Consequences of Good Ideas." Harvard Business Review 90(10):36, 2012.
[9] R. G. Eccles, I. Ioannou, and G. Serafeim, "The Impact of a Corporate Culture of Sustainability on Corporate Behavior and Performance." Harvard Business School working paper, Cambridge, MA, 2011.
[10] ハーバード・ビジネススクールの教授であり、国際統合報告委員会やアビバ・インベスターズにも名を連ねているロバート・エクレスがすでに研究をおこなっている。R. Eccles and M. Krzus, *One Report: Integrated Reporting for a Sustainable Strategy* (New York: Wiley, 2010).
[11] S. Coll, *Private Empire: ExxonMobil and American Power* (New York: Penguin Press, 2012).
[12] M. Edwards, *Civil Society* (Cambridge, UK: Polity Press, 2004) [邦訳『「市民社会」とは何か——21世紀のより善い世界を求めて』(堀内一史訳、麗澤大学出版会)].
[13] G. Lodge and C. Wilson, *A Corporate Solution to Global Poverty* (Princeton, NJ: Princeton University Press, 2006).
[14] P. Moran, "Is Your Social Reputation True, False or Schizophrenic?" Academy of Management Review 40(1):1—12, 2012.
[15] たとえば、世界じゅうの過去10年間のデータを比較するエデルマン・グローバ

Paper No. 16721, National Bureau of Economic Research, Cambridge, MA, 2011.
[13] N. Hughes and S. Lonie, "M-PESA: Mobile Money for the 'Unbanked.'" Innovations 2(1—2):63—81, 2007.
[14] 2012年9月にクリステル・デルベ（ボーダフォン・グループの企業責任の責任者）と交わした会話より。

❖第10章

[1] L. Gratton, *Hot Spots: Why Some Teams, Workplaces, and Organizations Buzz with Energy—and Others Don't* (San Francisco: Berrett-Koehler, 2007); and L. Gratton, *Glow: How You Can Radiate Energy, Innovation, and Success* (San Francisco: Berrett-Koehler, 2009).
[2] D. Acemoglu and J. Robinson, *Why Nations Fail: The Origins of Power, Prosperity, and Poverty* (New York: Random House, 2012) ［邦訳『国家はなぜ衰退するのか――権力・繁栄・貧困の起源』（鬼澤忍訳、早川書房）］.
[3] J. Bower, H. Leonard, and L. Paine, *Capitalism at Risk: Rethinking the Role of Business* (Cambridge, MA: Harvard University Press, 2011) ［邦訳『ハーバードが教える 10年後に生き残る会社、消える会社』（峯村利哉訳、徳間書店）］.
[4] G. Lodge and C. Wilson, *A Corporate Solution to Global Poverty: How Multinationals Can Help the Poor and Invigorate Their Own Legitimacy* (Princeton, NJ: Princeton University Press, 2006).
[5] Ibid.
[6] これは2011年のエデルマンによる信用に関する報告から明らかだ。http://www.cipr.co.uk/sites/default/files/Trust%20Executive%20Summary_FINAL.pdf
[7] C. Shirky, *Cognitive Surplus: Creativity and Generosity in a Connected Age* (New York: Penguin Press, 2011).
[8] J. Ruggie, "Taking Embedded Liberalism Global." In David Held and Mathias Koenig-Archibugi (eds.), *Taming Globalization: Frontiers of Governance* (Cambridge, UK: Polity Press, 2003).
[9] P. Diamandis and S. Kotler, *Abundance: The Future Is Better than You Think* (New York: Free Press, 2012) ［邦訳『楽観主義者の未来予測――テクノロジーの爆発的進化が世界を豊かにする』（熊谷玲美訳、早川書房）］.
[10] A. Wolk, *Advancing Social Entrepreneurship: Recommendations for Policy Makers and Government Agencies* (Aspen, CO: Aspen Institute, 2008).
[11] 2012年11月にジェフ・ダイクストラ（食糧問題解決のパートナーの事務局長）と交わした会話より。
[12] Ibid.
[13] U.S. Department of State, "Trafficking in Persons," report, Washington, DC, 2012; http://www.state.gov/documents/organization/192587.pdf
[14] 2012年12月にデービッド・アークレス（マンパワーグループの社長でありグローバルな企業業務および政府業務の担当者）と交わした会話より。
[15] Ibid.
[16] Ibid.
[17] 2012年10月にジェレミー・ベンサム（シェルにおけるシナリオプランニングの責任者）と交わした会話より。

[11] D. Kerr, "Google Ideas Tackle Violent Extremism." Cnet; http://news.cnet.com/8301-1023_3-57421608-93/google-ideas-tackles-violent-extremism/
[12] E. Spivack, (2011). Jared Cohen on shattering misperceptions of violent extremists. Poptech. https://poptech.org/blog/jared_cohen_on_shattering_misperceptions_of_violent_extremists
[13] J. Guynn, "Google Ideas Exploring How Technology Can Address Global Troubles." Los Angeles Times, July 17, 2012; http://articles.latimes.com/2012/jul/17/business/la-fi-google-ideas-20120717
[14] J. Peterson, "Google Maps Global Arms Trade." The Daily Callers, August 7, 2012; http://dailycaller.com/2012/08/07/google-maps-global-arms-trade/
[15] M. Useem, "Jared Cohen: Google Ideas Director Fuses Technology and Statecraft." Washington Post, November 28, 2011; http://www.washingtonpost.com/national/on-leadership/jared-cohen-google-ideas-director-fuses-technology-and-statecraft/2011/11/28/gIQAk9Ld8N_story.html
[16] R. Carroll, "Google to Tackle Internet Crime with Illicit Networks Summit." The Guardian, July 17, 2012; http://www.guardian.co.uk/technology/2012/jul/17/google-tech-knowhow-internet-crime
[17] 2012年2月にスイスでジャスミン・ウィットブレッドにインタビュー。
[18] 2012年6月にロンドンでクレイグ・ベイカーにインタビュー。
[19] 2012年2月にスイスでクレイグ・ベイカーにインタビュー。
[20] Ibid.

❖第9章

[1] 2012年にウィーンで開かれた第4回グローバル・ドラッカー・フォーラムで『エコノミスト』誌の管理エディター兼「シュンペーター」コラムニストのエイドリアン・ウールドリッジがユニリーバのCEO、ポール・ポールマンにインタビュー。http://www.youtube.com/watch?v=vgpaHKCohio&feature=youtu.be
[2] A. Ignatius, "Captain Planet." Harvard Business Review 90(6):112—118, 2012.
[3] 2012年11月にロンドンでゲイル・クリントワース(ユニリーバの持続可能性の担当責任者)と交わした会話より。
[4] Ibid.
[5] Ibid.
[6] T. Johns and L. Gratton, "The Third Wave of Virtual Work." Harvard Business Review 91(1):66—73, 2013.
[7] A. Ignatius, "Captain Planet." Harvard Business Review 90(6):112—118, 2012.
[8] Ibid.
[9] M. Beer, Higher ambition: How Great Leaders Create Economic and Social Value (Boston: Harvard Business School Press, 2011)で引用。
[10] T. Suri and W. Jack, "The Performance and Impact of M-PESA: Preliminary Evidence from a Household Survey." Unpublished paper, 2009.
[11] W. Jack and T. Suri, "The Economics of M-PESA: An Update." Consortium on Financial Systems and Poverty, University of Chicago, 2010.
[12] W. Jack and T. Suri, "Mobile Money: The Economics of M-PESA." NBER Working

[7] L. Hashiba, "Innovation in Well-Being: The Creation of Sustainable Value at Natura." Management Innovation eXchange, 2012; http://www.managementexchange.com/story/innovation-in-well-being
[8] Ibid.
[9] ナチュラは、『フォーブス』誌が2011年7月に公開した調査結果のなかで、上から8番目に革新的な企業と位置づけられた。2012年にコーポレート・ナイツが実施した持続性評価でも2位に位置づけられている。
[10] B. Seale, "Blending Being Well with Well-Being." DirectSellingNews, January 1, 2012; http://directsellingnews.com/index.php/view/blending_beingwell_with_well_being
[11] Ibid.
[12] D. Mello and L. Hougland, "Companies Work to Save the Amazon Forest." Infosurhoy.com; http://infosurhoy.com/cocoon/saii/xhtml/en_GB/features/saii/features/economy/2012/07/10/feature-03
[13] B. Seale, "Blending Being Well with Well-Being." DirectSellingNews, January 1, 2012; http://directsellingnews.com/index.php/view/blending_beingwell_with_well_being
[14] K. Rawe, "A Life Free from Hunger: Tackling Child Malnutrition." Save the Children UK, London.

❖第4部

[1] L. Gratton and S. Ghoshal, "Beyond Best Practice." Sloan Management Review 46(3):49—57, 2005.
[2] J. Schumpeter, *Capitalism, Socialism, and Democracy* (New York: Harper, 1975; orig. pub. 1942)［邦訳『資本主義・社会主義・民主主義』（中山伊知郎・東畑精一訳、東洋経済新報社）］.

❖第8章

[1] R. Goffee G. and Jones, *Clever: Leading Your Smartest, Most Creative People* (Boston: Harvard Business School Press, 2009).
[2] K. Rawe, D. Jayasinghe, F. Mason, et al., *A Life Free from Hunger: Tackling Child Malnutrition* (London: Save The Children, 2012).
[3] DSM Press information; http://www.dsm.com/content/dam/dsm/cworld/en_US/documents/hidden-hunger.pdfを参照。
[4] 2012年にフォッコ・ウェンテスにインタビュー。
[5] L. Gratton, *Hot Spots: Why Some Teams, Workplaces, and Organizations Buzz with Energy—and Others Don't* (San Franscisco: Berrett-Koehler, 2007).
[6] 2012年にフォッコ・ウェンテスにインタビュー。
[7] Ibid.
[8] B. Einhorn, B. (2012). Why Is Google's Eric Schmidt Going to North Korea— Business Week.
[9] Pew Research Center report; http://www.pewforum.org/future-of-the-global-muslim-population-main-factors-age-structure.aspx
[10] E. Knickmeyer, "The Arab World's Youth Army." Foreign Policy; http://www.foreignpolicy.com/articles/2011/01/27/the_arab_world_s_youth_army?page=0,0

[10] 2012年5月にロンドンでヌプル・シンにインタビュー。
[11] 2011年10月にロンドンでロバート・コバックにインタビュー。
[12] S. Goshal and P. Moran, "Theories of Economic Organization: The Case for Realism and Balance." Academy of Management Review 21(1):58—72, 1996.
[13] D. Eden, "Self-fulfilling Prophecy as a Management Tool: Harnessing Pygmalion." Academy of Management Review 9(1):64—73, 1984.
[14] M. Nowak, Evolutionary Dynamics: Exploring the Equations of Life (Boston: Harvard University Press, 2006).

❖第3部

❖第6章

[1] M. Chandler, "Hsieh of Zappos Takes Happiness Seriously," Graduate School of Stanford Business School, Stanford, CA.
[2] T. Hsieh, *Delivering Happiness: A Path to Profits, Passion, and Purpose* (New York: Business Plus, 2010) [邦訳『顧客が熱狂するネット靴店　ザッポス伝説——アマゾンを震撼させたサービスはいかに生まれたか』(本荘修二・豊田早苗訳、ダイヤモンド社)].
[3] E. Glaeser, *Triumph of the City* (New York: Penguin Press, 2012) [邦訳『都市は人類最高の発明である』(山形浩生訳、エヌティティ出版)].
[4] NEFコンサルティングによる独自の研究により、ジョン・ルイス・パートナーズがタウンセンターの再生に大きな役割を果たしてきたことが明らかになっている。
[5] M. J. Sandel, *What Money Can't Buy: The Moral Limits to Markets* (New York: Farrar, Straus and Giroux, 2012) [邦訳『それをお金で買いますか——市場主義の限界』(鬼澤忍訳、早川書房)].
[6] D. Ariely, *The Upside of Irrationality* (New York: Harper, 2010) [邦訳『不合理だからうまくいく——行動経済学で「人を動かす」』(櫻井祐子訳、早川書房)].
[7] D. Ariely, *Predictably Irrational* (New York: Harper, 2009) [邦訳『予想どおりに不合理——行動経済学が明かす「あなたがそれを選ぶわけ」』(熊谷淳子訳、早川書房)].

❖第7章

[1] J. Hansegard, "IKEA's New Catalogs: Less Pine, More Pixels." Wall Street Journal. August 8, 2012.
[2] S. Bissell, "Incentives to Education and Child Labor Elimination: A Case in Bangladesh." In G. K. Lieten, R. Srivastava, and S. Thorat (eds.), *Small Hands in South Asia: Child Labour in Perspective* (New Delhi: Manohar, 2004), pp. 269—290.
[3] UNICEF (2012) IKEA, UNICEF programmes reach 74 million children in India, UNICEF Press Release. http://www.unicef.org/media/media_65718.html
[4] http://ecosysteme.danone.com/danone-ecosystem-fund/genesis-and-mission/a-vision-of-danone-s-role/
[5] C. K. Prahalad, *The Fortune at the Bottom of the Pyramid* (New York: Pearson Prentice Hall, 2006).
[6] M. E. Porter and M. R. Kramer, "Creating Shared Value." Harvard Business Review 89(1—2):62—77, 2011.

[15] S. Turkle, Alone Together: *Why We Expect More from Technology and Less from Each Other* (New York: Basic Books, 2011).
[16] J. Dutton, *Energize Your Workplace: How to Create and Sustain High-Quality Connections at Work* (San Francisco: Jossey-Bass, 2003).
[17] D. Cable and K. Elsbach, "Why Showing Your Face at Work Matters." MIT Sloan Management Review 53(4):10—12, 2012.
[18] 2011年5月23日にロンドンでキャロライン・ウォーターズにインタビュー。
[19] G. Pinchot, *Intrapreneuring: Why You Don't Have to Leave the Corporation to Become an Entrepreneur* (New York: Harper & Row, 1985).
[20] J. Batelle, *The Search: How Google and Its Rivals Rewrote the Rules of Business and Transformed Our Culture* (New York: Penguin Books, 2005)［邦訳『ザ・サーチ――グーグルが世界を変えた』（中谷和男訳、日経BP社）］.
[21] A. Deutschman, "The Fabric of Creativity." Fast Company, December 1, 2004.
[22] D. T. Campbell, "Blind Variation and Selective Retention in Creative Thought as in Other Knowledge Processes." Psychological Review 67:380—400, 1960.
[23] D. K. Simonton, "The Continued Evolution of Creative Darwinism." Psychological Inquiry 10:362—367, 1999.
[24] J. Gershuny, O. Sullivan, and Y. M. Kan, "Gender Convergence in Domestic Work: Discerning the Effects of Interactional and Institutional Barriers from Large-Scale Data." Journal of Sociology 45(2):234—251, 2011.
[25] 2012年12月にキャシー・ベンコ（デロイトLLPのバイス・チェアマンおよびマネージング・プリンシパル）と交わした会話より。
[26] C. Benko and A. Weisberg, *Mass Career Customization: Aligning the Workplace with Today's Nontraditional Workforce* (Boston: Harvard Business School Press, 2007).

❖第5章

[1] M. Nowak and R. Highfield, *Super Cooperators: Altruism, Evolution, and Why We Need Each Other to Succeed* (New York: Free Press, 2011).
[2] Y. Benkler, "The Unselfish Gene." Harvard Business Review 89 (7—8):76—85, 2011.
[3] M. Nowak, "Fives Rules for the Evolution of Cooperation." Science 314(5805):1560—1563, 2006.
[4] L. Gratton and T. J. Erickson, "Eight Ways to Build Collaborative Teams." Harvard Business Review 85(11):100—109, 2007.
[5] L. Gratton and S. Goshal, "Integrating the Enterprise." MIT Sloan Management Review 44(1):31—38, 2002.
[6] M. Biosot, M. Nordberg, S. Yami, and B. Nicquevert, *Collisions and Collaboration: The Organization of Learning in the ATLAS Experiment at the LHC* (Oxford, UK: Oxford University Press, 2011).
[7] European Organization for Nuclear Research (CERN), "Computing," 2013; http://public.web.cern.ch/public/en/lhc/Computing-en.html
[8] Ibid.
[9] G. Paul, "The Colleague Letter of Understanding: Replacing Jobs with Commitments," Management Innovation eXchange, 2010.

[9] L. Huston and N. Sakkab, "Connect and Develop: Inside Procter & Gamble's New Model for Innovation." Harvard Business Review 84(3):58—66, 2006.
[10] R. Wagemen, "Interdependence and Group Effectiveness." Administrative Science Quarterly 40:145—180, 1995.
[11] S. Caulkin, "Bust Bureaucracy by Liberating People to Manage Themselves," Leader, Columbus, OH; http://www.leader.co.za/printarticle.aspx?s=6&f=1&a=2305

❖第4章

[1] Chartered Institute of Personnel and Development (CIPD), "Absence Management Survey 2011," CIPD and Simplyhealth, London, 2012; http://www.cipd.co.uk/hr-resources/survey-reports/absence-management-2012.aspx
[2] S. Turkle, Alone Together: *Why We Expect More from Technology and Less from Each Other* (New York: Basic Books, 2011); and S. Cain, *Quiet: The Power of introverts in a World That Can't Stop Talking* (New York: Crown Publishers, 2012)［邦訳『内向型人間の時代——社会を変える静かな人の力』（古草秀子訳、講談社）］.
[3] S. Mennino, B. Rubin, and A. Brayfield, "Home-to-Job and Job-to-Home Spillover: The Impact of Company Policies and Workplace Culture." Sociological Quarterly 46:107—113, 2005.
[4] Organisation for Economic Co-operation and Development (OECD), "Families Are Changing," OECD Family Base, Paris, 2011.
[5] カタリスト・リサーチによると、2012年には新卒採用された人の50%が女性だったにもかかわらず、女性の割合は管理職で30%前後、取締役で10%前後だった。その後も、この割合は変わっていないようだ。http://www.catalyst.org/media/catalyst-2012-census-fortune-500-no-change-women-top-leadership
[6] G. Desvaux, S. Devillard-Hoellinger, and P. Baumgarten, *Women Matter* (New York: McKinsey & Company, 2007).
[7] T. Erickson, *Plugged in: The Generation Y Guide to Thriving at Work* (Boston: Harvard Business School Press, 2008).
[8] H. J. Wolfram and L. Gratton, "Spillover between Work and Home, Role Importance, and Life Satisfaction." British Journal of Management 25:77—90, 2012.
[9] World Health Organization (WHO), "Closing the Gap in a Generation: Health Equity through Action on the Social Determinants of Health," WHO, Geneva.
[10] M. Kivimak, S. T. Nyberg, G. D. Batty, et al., "Job Strain as a Risk Factor for Coronary Heart Disease: A Collaborative Meta-analysis of Individual Participant Data." Lancet 380(9852):1491—1497, 2012.
[11] Regus, "A Study of Trends in Workplace Stress across the globe," Regus.com; http://www.regus.com/images/Stress%20full%20report_FINAL_Designed_tcm8-21560.pdf
[12] G. Becker, "A Theory of the Allocation of Time." Economic Journal 75(299):493—517, 1965.
[13] J. Schor, *Plenitude: The New Economics of True Wealth* (New York: Penguin Press, 2010)［邦訳『プレニテュード——新しい〈豊かさ〉の経済学』（森岡孝二訳、岩波書店）］.
[14] C. Murphy, "Secrets of Greatness: How I Work." Fortune; http://money.cnn.com/popups/2006/fortune/how_i_work/frameset.8.exclude.html

融危機を再び招く』(伏見威蕃・月沢李歌子訳、新潮社)].
[13] Intergovernmental Panel on Climate Change, "Fourth Assessment Report: Climate Change 2007," Geneva; http://www.ipcc.ch/publications_and_data/publications_and_data_reports.shtml
[14] Her Majesty's Government, "The Impact of a Global Rise of 4° C (7° F)." Met Office, London; http://www.metoffice.gov.uk/climate-change/guide/impacts/high-end/map
[15]「Stern Review on the Economics of Climate Change」は、ロンドン・スクール・オブ・エコノミクス(LSE)の気候変動と環境に関するグランサム研究所の所長およびリーズ大学とLSEの気候変動の経済学およびポリシーセンター(CCCEP)長を務めるニコラス・スターンによって2006年10月30日にイギリス政府に提出された700ページに及ぶ報告書。http://webarchive.nationalarchives.gov.uk/20130129110402/http://www.hm-treasury.gov.uk/stern_review_report.htm

❖第2章

[1] B. Swanson, "Economic Abundance, Real and Imagined." Forbes, October 8, 2012; http://www.forbes.com/sites/bretswanson/2012/10/08/economic-abundance-real-and-imagined

❖第2部

[1] M. W. McCall and M. M. Lombardo, *Off the Track: Why and How Successful Executives Get Derailed* (Greenboro, NC: Center for Creative Leadership, 1983).
[2] B. Groysberg, *Chasing Stars: The Myth of Talent and the Portability of Performance* (Princeton, NJ: Princeton University Press, 2010).
[3] R. S. Burt, *Brokerage and Closure: An Introduction to Social Capital* (Oxford, UK: Oxford University Press, 2005).
[4] J. Nahapiet and S. Ghoshal, "Social Capital, Intellectual Capital, and the Organizational Advantage." Academy of Management Review 23(2):242-266, 1998.
[5] L. Gratton, Hot Spots: *Why Some Teams, Workplaces, and Organizations Buzz with Energy—and Others Don't* (San Francisco: Berrett-Koehler, 2007).

❖第3章

[1] ジャンプ・アソシエイツのCEO、デフ・パトナイクが多くの例を挙げてくれた。
[2] S. Bisson, "Information Overload," The Guardian, May 29, 2003; http://www.guardian.co.uk/technology/2003/may/29/onlinesupplement.insideit
[3] I. Illich, *Tools for Conviviality* (London: Marion Boyars, 2001) [邦訳『コンヴィヴィアリティのための道具』(渡辺京二・渡辺梨佐訳、日本エディタースクール出版部)].
[4] C. Shirky, *Cognitive Surplus: Creativity and Generosity in a Connected Age* (London: Penguin Books, 2010).
[5] J. Rifkin, *The Empathic Civilization: Global Consciousness in a World in Crisis* (New York: J.P. Tarcher/Penguin Putnam, 2010).
[6] 2012年11月7日に電話でナンディタ・グルジャールにインタビュー。
[7] M. Granovetter, "The Strength of Weak Ties." American Journal of Sociology 78(6):1360—1380, 1973.
[8] A. Huff et al., Leading Open Innovation (Boston: MIT Press, 2013).

原注

❖はじめに

[1] R. Reich, *Supercapitalism: The Transformation of Business, Democracy and Everyday Life* (New York: Vintage Books, 2008).
[2] G. Lodge and C. Wilson, A *Corporate Solution to Global Poverty: How Multinationals Can Help the Poor and Invigorate Their Own Legitimacy* (Princeton, NJ: Princeton University Press, 2006).
[3] ibid.
[4] S. Moss, *Chocolate: A Global History* (London: Reaktion Books, 2009)［邦訳『チョコレートの歴史物語』（堤理華訳、原書房）］.

❖第1章

[1] 国連人口局が2010年におこなった国際セミナー“Population Estimates and Projections: Methodologies, Innovations, and Estimation of Target Population Applied to Public Policies”の“World Population Prospects: The 2010 Revision”より。
[2] C. Marson, “10 fool-proof predictions for the Internet in 2020,” National Science Foundation, Washington, 2010; http://www.networkworld.com/news/2010/010410-outlook-vision-predictions.html
[3] コロンビア大学の経済学者ジェフリー・サックスなどは、これを世界じゅうでグローバルな話し合いを実現して問題を解決する絶好の機会と考えている。http://www.project-syndicate.org/commentary/connectivity-for-all
[4] R. Florida, “The World Is Spiky.” Atlantic Monthly 296(3):48—51, 2005.
[5] D. Autor, “The Polarization of Job Opportunities in the U.S. Labor Market: Implications for Employment and Earnings,” Brookings Institute, Washington, DC, 2010; http://www.brookings.edu/research/papers/2010/04/jobs-autor
[6] R. Rajan, *Fault Lines: How Hidden Fractures Still Threaten the World Economy* (Princeton, NJ: Princeton University Press, 2011)［邦訳『フォールト・ラインズ——「大断層」が金融危機を再び招く』（伏見威蕃・月沢李歌子訳、新潮社）］.
[7] G. Lodge and C. Wilson,. *The Corporate Solution to Global Poverty; How Multinationals Can Help the Poor and Invigorate Their Own Legitimacy*,(Princeton, NJ: Princeton University Press,2006)
[8] 世界銀行による貧困の概要; http://www.worldbank.org/en/topic/poverty/overview
[9] Kofi Annan, Address to the United Nations “We the Peoples, The role of the UN in the 21st Century” 1st January 2010
[10] Ibid.
[11] R. Wilkinson and K. Pickett, *The Spirit Level: Why Equality Is Better for Everyone* (London: Penguin, 2010)［邦訳『平等社会』（酒井泰介訳、東洋経済新報社）］.
[12] R. Rajan, *Fault Lines: How Hidden Fractures Still Threaten the World Economy* (Princeton, NJ: Princeton University Press, 2011)［邦訳『フォールト・ラインズ——「大断層」が金

◉著者略歴

リンダ・グラットン Lynda Gratton

ロンドン・ビジネススクール教授。人材論、組織論の世界的権威。経営学界のアカデミー賞とも称されるThinkers50ランキングのトップ12に選ばれている（2011年）。フィナンシャルタイムズ紙では「今後10年で未来に最もインパクトを与えるビジネス理論家」と賞され、英エコノミスト誌が選ぶ「仕事の未来を予測する識者トップ200人」の一人。組織のイノベーションを促進するHot Spots Movementの創始者であり、仕事の未来を考えるグローバル企業のコミュニティ、「働き方の未来コンソーシアム」を率いる。シンガポール政府のヒューマンキャピタル・アドバイザリーボードメンバー。日本で2013年ビジネス書大賞を受賞した『ワーク・シフト』をはじめ、『Hot Spots』『Glow』など一連の著作は20カ国語以上に翻訳されている。
http://www.lyndagratton.com/

◉訳者略歴

吉田晋治 Shinji Yoshida

翻訳家。東京大学理科一類中退。翻訳学校講師を務める。訳書に『マイクロトレンド』『サイバービア』『大統領のゴルフ』『ゴルフ データ革命』などがある。

未来企業

2014年8月12日　第1刷発行

著　者　リンダ・グラットン
訳　者　吉田晋治
発行者　長坂嘉昭
発行所　株式会社プレジデント社
〒102-8641　東京都千代田区平河町 2-16-1
平河町森タワー 13 階
http://president.jp
http://str.president.co.jp/str/
電話：編集 (03)3237-3732
販売 (03)3237-3731

装　丁　竹内雄二
編　集　中嶋　愛
制　作　関　結香
印刷・製本　凸版印刷株式会社

ISBN978-4-8334-2093-8
Printed in Japan